罗马禁奢法研究

The Study of Roman Sumptuary Law

李飞 著

本书系作者主持的国家社会科学基金青年项目
《古罗马的禁奢法研究》（16CFX003）的最终成果。

法律出版社
LAW PRESS·CHINA
北京

图书在版编目(CIP)数据

罗马禁奢法研究 / 李飞著. -- 北京 : 法律出版社, 2022
ISBN 978-7-5197-6626-9

Ⅰ. ①罗… Ⅱ. ①李… Ⅲ. ①罗马法—研究 Ⅳ. ①D904. 1

中国版本图书馆 CIP 数据核字(2022)第 058687 号

罗马禁奢法研究
LUOMA JINSHEFA YANJIU

李 飞 著

责任编辑 韩满春
装帧设计 臧晓飞

出版发行 法律出版社
编辑统筹 学术·对外出版分社
责任校对 杨锦华
责任印制 陶 松
经 销 新华书店

开本 880 毫米×1230 毫米 1/32
印张 10. 25 字数 178 千
版本 2022 年 6 月第 1 版
印次 2022 年 6 月第 1 次印刷
印刷 三河市兴达印务有限公司

地址:北京市丰台区莲花池西里 7 号(100073)
网址:www. lawpress. com. cn
投稿邮箱:info@ lawpress. com. cn
举报盗版邮箱:jbwq@ lawpress. com. cn
销售电话:010-83938349
客服电话:010-83938350
咨询电话:010-63939796

书号:ISBN 978-7-5197-6626-9 定价:48. 00 元
凡购买本社图书,如有印装错误,我社负责退换。电话:010-83938349

啊，感谢你，

为这一切，为这一切，

为你的愤怒，也为你的慈悲！

……为暴风雨过后照耀着我们的你的太阳，我为有此刻而感谢你！

——［俄］陀思妥耶夫斯基：《被伤害与侮辱的人们》

前　言

一、研究缘起

我对本课题的研究可谓“蓄谋已久”！读硕士研究生期间，在讲授罗马法的课堂上我偶尔接触到“禁奢法”这一概念，模糊地了解到罗马人在共和时期颁布了多部专门性的禁奢法律，这对当时的我来说是一个新奇的事物：奢侈不是道德调控的事项吗？还能以法律来规制？这激起了我的兴趣，但囿于语言和罗马法知识的限制，搜集到的文献非常有限，不足以支撑进一步的研究，也就暂且搁置了，但就此与之结下因缘。此后忙于硕士学位论文、考取博士研究生、出国以及中文和意大利文两篇博士学位论文的写作，也就无暇再顾及——实际上是遗忘了——这段因缘。直到 2013 年回国探亲期间，一个偶然的机会，在电视上看到中共中央和国务院发布《党政机关厉行节约反对浪费条例》的消息，罗马“禁奢法”这个概念瞬间从脑海中跳出,我登时决定与罗马禁奢法再续前缘。返回意大利后,我搜集了大量相关研究资料。2014年回国参加工作,我为自己拟订了十年研究计划,并将研究罗马禁奢法排在进一步完善并出版博士学位论文之后的第二位。2015年9月,博士学位论文出版,第一项任务完成。当年年底,国家社会科学基金项目的申报工作启动,我惊奇地在《2016年度课题指南》中发现“罗马法的社会文化法律史研究”,毫不犹豫就确定了“古罗马的禁奢法研究”这一申报主题,并展开论证,最终幸运地获得立项,从而名正言顺地开始了与之为期5年的朝夕相伴。呈现在读者面前的就是基于这一因缘结出的或许还不成熟的成果。

我最初的思考是,奢侈/浪费历来是道德伦理上的邪恶和政治上的痼疾,也是滋生各种违法犯罪和腐败行为的根源之一,但现代社会中的法律在禁奢领域的作用空间非常有限,奢侈/浪费因被视为个人消费行为而被“私人自治”和“个人自由”的法律原则屏蔽在法律规制范围之外,只有浪费公共财物的某些衍生行为才被纳入法律调控的轨道。中华人民共和国成立以来,奢侈/浪费相关规定主要局限于党的文件,但近年来,中央反对奢侈/浪费之风力度空前,国务院及各部委也出台了相关规定。比如,1997年5月,中共中央和国务院发布《关于党政机关厉行节约制止奢侈浪费行为的若干规定》,2013年11月,中共中央和国务院发布《党政机关厉行节约反对浪费条例》,2014年3

月，中共中央办公厅、国务院办公厅印发《关于厉行节约反对食品浪费的意见》，教育部等部委则在此意见下发布了具体部门规章。从法律性质上看，上述行政法规和规章所规制的主体行为基本限于党政机关工作人员在公共财产方面的奢侈/浪费行为，其罚则多为行政责任。迄今为止，尚未有规制奢侈/浪费行为的一般性法律，在私法领域，我国现行法中也不存在相应的制度构建。反观古罗马社会，尤其是共和中后期至帝政初期，面对日甚的奢侈之风，在传统社会机制疲于应对的情况下，罗马统治者选择诉诸法律，出台了一系列对以豪华宴饮为代表的奢侈现象进行规制的禁奢法。在制度运作中由监察官负责操盘，在私法制度中，则有浪费人制度等辅之。此三者共同构成古罗马禁奢法律制度的基石。这些以法律对奢侈/浪费进行调控的手段，虽然没有遏止罗马社会不断堕落的步伐，但在一定程度上起到了改善社会风气的作用，延缓了罗马帝国的衰亡。对古罗马禁奢法的研究可以起到以史为鉴的作用。

但需要坦诚的是，在研究过程中，我对罗马禁奢法的认识与当初的预期有不小的出入，罗马禁奢法的现实意义可能并没有当初认为的那么重要，它对我国当下对奢侈浪费的法律规制的可借鉴性也可能还有待商榷，但这或许正是社会科学研究不可避免的结果。我们不能假设一个结果，然后六经注我地去证成它，而是应当随着研究的推进，水到渠成地得出一些经得起推敲的认识,尤其对于法律史的研究更应如此。至于本研究的真正价值与意义,就留给读者去评判吧!

二、研究对象:奢侈抑或浪费

如书名所示,本研究的主题是罗马禁奢法,即对古罗马就奢侈进行法律规制的经验的研究,它涉及三个方面的问题("罗马""禁奢""法"),在此有必要对其做一个破解说明。首先是"罗马"。这涉及古罗马对奢侈进行法律规制的时间跨度——往上可追溯至《十二表法》时期,向下延展到帝政初期,但主要集中在共和中后期。其次是"禁奢"。此所谓"禁"并不十分严谨,准确地说,所要表达的乃"规制"之意,使用"禁奢"一说乃沿用学界表达惯例耳。"奢"即奢侈之简称,但何为奢侈,其与惯常语用中的"浪费"是何关系,则需进一步厘清。这也是本部分下文所要完成的任务。最后是"法"。作为本研究对象的罗马禁奢"法",既包括作为罗马法律渊源的相关立法,如民众大会制定的法律、元老院决议、元首的敕令等,还包括相关立法在实际执行过程中的配套制度表达,主要是浪费人和监察官两项制度。对该内容的简要阐述是下一部分("研究内容:立法及其运行")要完成的任务。

(一)中文语境的奢侈与浪费

在汉语中,奢侈与浪费二者的关系颇为微妙,在民间语言、规范表述以及官方文件中,二者经常相互替代或者合一使用。民间语言中对它们的使用情况自无须过多论证，稍微思忖一下我们的日常表达，抑或在网络上做一个简单的检索，相关论据比比皆是。在规范表述中，存在同样的情况。比如，《新华字典》中对“奢侈”的解释就是“浪费，用财物过度”，[①]《新华大字典》中对“奢侈”的解释是“过度花费；滥用财物；浪费”，[②]《现代汉语规范字典》中类似地以“浪费、奢华”来解释“奢侈”，[③]《现代汉语词典》对“奢靡”和“侈靡”的解释都是“奢侈浪费”。[④] 官方文件中的典型事例，远的有如1997年5月中共中央和国务院联合发布的《关于党政机关厉行节约制止奢侈浪费行为的若干规定》，其正文同其标题，皆将奢侈与浪费融为一家，诸如“近年来，党中央、国务院多次强调，各级党政机关都要厉行节约，反对奢侈浪费”“讲排场、比阔气、挥霍公款等奢侈浪费现象仍然存在”“为了……进一步制止奢侈浪费行为”；近的有如2018年6月国务院修订印发的《国务院工作规则》，其第58条规定：“国务院及各部门要严格执行财经纪律，艰苦奋斗、勤俭节约，坚决制止奢侈浪费……”再如，2020年12月22日，全国人民代表大会常务委员会法制工作委员会副主任许安标在

---

① 中国社会科学院语言研究所编：《新华字典》（第11版），商务印书馆2012年版，第61页。

② 《新华大字典》编委会编：《新华大字典》（新媒体版），商务印书馆国际有限公司2016年版，第108页。

③ 李行健主编：《现代汉语规范字典》（第3版），外语教学与研究出版社2010年版，第64页。

④ 中国社会科学院语言研究所词典编辑室编：《现代汉语词典》（第6版），商务印书馆2012年版，第176页、第1145页。

第十三届全国人民代表大会常务委员会第二十四次会议上所作关于《中华人民共和国反食品浪费法(草案)》的说明,其中就提到"反对奢侈浪费和不合理消费"。但"奢侈"与"浪费"毕竟是两个不同的语词,其含义即便有某些暗合之处,然直观来看,无论是词源还是字形,二者应该,甚至一定,有所差异,不可同日而语。通过检索并研读多部汉语辞书,的确证成了这种直觉。

我们先从相对简单的"浪费"说起。"浪"本指水名,南北朝以后,"浪"指水流奔腾成浪,又引申指流荡散漫,放纵不拘。在现代汉语中,"浪费"词组中的"浪"的含义即其引申义"放纵""没有节制""没有约束""不受约束"。"费"的本义指"用去钱财",引申泛指消耗、耗费、花费、花销,跟"省"相对。故而"浪费"通常是指"对人力、财物、时间等用得不当或没有节制"。[①] 浪费强调的是一种外在的行为,这种行为的特征体现为,在使用人、财、物等方面的放纵或没有节制,最终导致超过正常需要的消耗。我国《反食品浪费

① 参见中国社会科学院语言研究所编:《新华字典》(第11版),商务印书馆2012年版,第131页、第287页;中国社会科学院语言研究所词典编辑室编:《现代汉语词典》(第6版),商务印书馆2012年版,第379页、第775页;李行健主编:《现代汉语规范字典》(第3版),外语教学与研究出版社2010年版,第130页、第278页;倪文杰等主编:《现代汉语辞海》,人民中国出版社1994年版,第261页、第562页;《新华大字典》编委会编:《新华大字典》(新媒体版),商务印书馆国际有限公司2016年版,第228页、第498页;阮智富、郭忠新主编:《现代汉语大词典》(上册),上海辞书出版社2009年版,第1510页。

法》中的“浪费”正是这种语义的一种规范使用。①

“奢侈”的解释要相对复杂一些。该词组中的“奢”则通常与“俭”相对，如《论语·八佾》有曰：“礼，与其奢也，宁俭”；唐代李商隐的《咏史》有文：“历览前贤国与家，成由勤俭败由奢。”究其本义，“奢”指张大。《说文解字》对“奢”的解释是：“奢，张也。从大，者声。奓，籀文。”沈涛的《说文古本考》中解释如下：“《御览》四百九十三《人事部》引：‘奢，张也，反俭为奢。从大者，言夸大于人也。’旧古本尚有此十三字。”延展开来，其含义又从张大“引申指侈靡、放纵、毫不约束自己，再引申指花费大量的钱财去追求享受，还引申指某一方面的过分举动，又引申指夸张”。因此。在现代汉语辞书中，对其的释义主要是“挥霍无度”“挥霍财物，过分享受”“大手大脚乱花钱，过分追求享受”。②“侈”与“奢”基本同义。《说文解字》中明确提道：“侈，掩胁也。从人，多声。一曰奢也。”段玉裁注《说

① 《反食品浪费法》第2条第2款规定：“本法所称食品浪费，是指对可安全食用或者饮用的食品未能按照其功能目的合理利用，包括废弃、因不合理利用导致食品数量减少或者质量下降等。”

② 参见中国社会科学院语言研究所编：《新华字典》（第11版），商务印书馆2012年版，第444页；李行健主编：《现代汉语规范字典》（第3版），外语教学与研究出版社2010年版，第433页；《新华大字典》编委会编：《新华大字典》（新媒体版），商务印书馆国际有限公司2016年版，第771页；汉语大字典编辑委员会：《汉语大字典》（第1卷），湖北辞书出版社、四川辞书出版社1986年版，第542页。

文解字》曰:“凡自多以陵人曰侈,此侈之本义也。”[①]也就是说,“侈”字主要有两层含义:一层含义为“掩胁”,即骄矜自夸倚势凌人,此为其本义;另一层含义同于“奢”,在此意义上,“奢”与“侈”为非同源的通用字,为同字同义的不同形体。[②] 因此,在现代汉语中,对“侈”的解释基本与“奢”同,如“过度花费”“用财物过度”“奢华”。[③] 基于上述对“奢”与“侈”的语义分析,二者合体时,其基本含义就是“花费钱财过多,享受过分”“花费大量钱财追求过分享受”“挥霍浪费,追求过分享受”。[④] 进一步分析,无论“奢”中所蕴含的“大”还是“侈”中所蕴含的“多”,强调的都是某种超限或过度,可能是数量形式的(消耗过量财物),也可能是质量形式的(使用优质物品),但这种超限或过度花费只

---

① 汉语大字典编辑委员会:《汉语大字典》(第1卷),湖北辞书出版社、四川辞书出版社1986年版,第151页。

② 参见姚炳祺:《释“侈”、“奢”——兼评〈同源字典〉列侈、奢为“同源”》,载《广东技术师范学院学报》2007年第11期,第15~16页。

③ 中国社会科学院语言研究所编:《新华字典》(第11版),商务印书馆2012年版,第61页;《新华大字典》编委会编:《新华大字典》(新媒体版),商务印书馆国际有限公司2016年版,第108页;李行健主编:《现代汉语规范字典》(第3版),外语教学与研究出版社2010年版,第64页。

④ 中国社会科学院语言研究所词典编辑室编:《现代汉语词典》(第6版),商务印书馆2012年版,第1145页;倪文杰等主编:《现代汉语辞海》,人民中国出版社1994年版,第879页;阮智富、郭忠新主编:《现代汉语大词典》(上册),上海辞书出版社2009年版,第1074页。

是表象,其真正的目的在于追求过分享受。① 因此,奢侈强调的是一种内在的心理,这种心理就是通过超限或过度的花费来追求物质或精神层面的过分享受。②

通过上文从语义角度对“奢侈”和“浪费”的分析可以看出,二者都和财物的花费有关,而且都表现为在财物花费上的不当,这种不当往往在结果上都呈现为所耗费的财物超过正常的需求。这也是为何它们如前文所示经常共同现身的原因。至于“不当”和“正常”的判断标准,具有明显的动态性,受不同地域及不同时期的经济状况、社会状态、政治生态、公共道德和文化认知等因素的影响,但毫无疑问,一旦成为众夫所指的对象,也就意味着它们已不见容于传统的道德理念,甚而需要强力的规制。虽然具有明显的共同特征,但

---

① 在有的辞书中,更为直白地将“奢侈”解释为“以极度享乐或纵欲为特征的……牵涉大量费用的支出或费用的……挥金如土”。参见王同亿主编:《语言大典》(下册),三环出版社 1990 年版,第 3000 页。

② 西方学者在非中文语境下对奢侈的理解亦复如是。一方面,他们揭示了奢侈的相对性;另一方面,意识到奢侈的本质是对感官愉悦的追求。比较有代表性的如德国经济学家威廉·罗雪尔(Wilhelm Roscher,1817~1894 年),他认为,奢侈“是指各个个人、各个阶级或各个国家、各个时代从它们各自的立场来看是不必要的消费”,由于经济力量的不同,在一个国家被指摘为奢侈的那种享乐,在另一个国家却被认为是有益的生活享受。参见[德]威廉·罗雪尔:《历史方法的国民经济学讲义大纲》,朱绍文译,商务印书馆 2009 年版,第 42 页。另一位德国社会学家和经济学家维尔纳·桑巴特(Werner Sombart,1863~1941 年)将奢侈定义为“任何超出必要开支的花费”,并认为“所有的个人奢侈都是从纯粹的感官快乐中生发的”。参见[德]维尔纳·桑巴特:《奢侈与资本主义》,王燕平、侯小河译,刘北成校,上海人民出版社 2000 年版,第 79 页、第 81 页。

“奢侈”和“浪费”仍然有着并非不太明显的差别，前者着眼于某种通过不当（超过量）花费财物来追求过分享受的内在心理，后者侧重于不当（无节制）花费财物的外在行为本身。此外，在行为模式上，二者也有一定的差异。不经济的日常行为，如敞着门窗开暖气或冷气，所追求的并非过分享受，就只能被界定为浪费而非奢侈；质量形式的奢侈，如餐饮中使用金碗银杯，可以被界定为奢侈，但如果没有超过正常所需数量，则难言浪费。不可否认的是，在数量形式的奢侈方面，二者存在交叉，炫耀性消费等过量消耗财物的奢侈已然落入浪费的范畴。

（二）罗马法中的奢侈与浪费

本研究主题中的“禁奢”一词，从罗马立法的角度来看，奢侈对应的拉丁文是 *sumptuariae*，其含义要从 *sumptus* 说起。*sumptus* 的本义泛指各种开支花费，后引申专指与豪华享受的生活有关的开支花费。*sumptuarius* 则是 *sumptus* 的形容词形式，其阴性单数主格形式为 *sumptuaria*，阴性复数主格形式和阴性单数属格形式都是 *sumptuariae*。根据 *sumputs* 的词义可知，*sumptuarius*/sumptuariae 的字面意思就是“与开支花费有关的”，引申指“与豪华生活的花费有关的”。[①] 作为

① See Adolf Berger, *Encyclopedic Dictionary of Roman Law*, in *Transactions of the American Philosophical Society*, New Series-Vol. 43, No. 2, 1953, p. 724；谢大任主编：《拉丁语汉语词典》，商务印书馆 1988 年版，第 528 页。

本研究对象的“禁奢”指向的就是对豪华生活的花费的规制，是国家对其个体成员的开支进行限制的一种尝试。

与 *sumptuaria* 相关的另一个涉及不当花费的概念是浪费（*prodigus*）。它有名词和形容词两个词性，其含义近于汉语中的“浪费”，为“挥霍的，浪费的”和“挥霍者，浪费人”。① 根据罗马法学家乌尔比安（Domitius Ulpianus，约公元 170～228 年）②在《萨宾评注》中的描述，此等人的主要行为表现是“在花费时不分时机和分寸，而是通过分割（*dilacerando*）和挥霍（*dissipando*）浪费（*profudit*）自己的财产”（D. 27，10，1pr.）。乌尔比安从经济的角度描述了浪费人对财产无节制的浪费表现：“分割”即将在经济上连贯一体的财产分为若干个

① Cfr. E. Olivetti（a cura di），la voce “*prodigus*” nel *Dizionario Latino Olivetti*（online）；谢大任主编：《拉丁语汉语词典》，商务印书馆 1988 年版，第 442 页。

② 借此对本书中拉丁人名和原始文献的翻译和使用做一说明：（1）罗马人的姓名通常由三部分构成，即个人名+氏族名+家族名，有些还在最后加上绰号，本书所涉拉丁人名，尽可能将其全名及生卒年月列出，并按照意大利式的拉丁语发音方式译出中文。（2）有的罗马人并未保留下来全名，因而也只能标出其姓名的一部分。（3）拉丁人名有惯用中译法的，一般遵从惯例，而且依成例，有的只译出其氏族名（如 Gaius Plinius Secundus 译为“老普林尼”），有的只译出其家族名（如 Decimus Iunius Iuvenalis 译为“尤维纳利斯”，Marcus Tullius Cicero 译为“西塞罗”）。（4）文中所引原始文献，有现代语言译本的，如果文中有参照，会明确标出，没有特别标注的，皆为直接援引原文或本人依原文译出。（5）原始文献的标注方式，从通例。比如，Liv. 34，6，5 表示李维《罗马史》第 34 卷第 6 章第 5 段，Cic. *Ad Fam.* 7，26，2 表示西塞罗《友信集》（*Ad Familiares*）第 7 卷第 26 封信第二段，Pliny，*N. H.* 9，31，67 表示普林尼《自然史》第 9 卷第 31 章第 67 段。

体,从而难以进行生产性投资或者妨碍已经存在的投资;“挥霍”即将已经存在的财产消耗掉,而非将之用于储蓄和投资。①

罗马法中奢侈(*sumpuariae*)与浪费(*prodigus*)的关系,与汉语中二者的关系也基本相似。它们都与不当花费有关,是对自己的财产在正常生活需要以外的不当处置,前者是为了豪华生活而铺张花费,后者则是无节制地挥霍甚至破坏自己的财产。这两种行为都在罗马法的调整之列,主要以禁奢立法和浪费人制度规制之。但如前文分析所表明的,奢侈与浪费实际上难以截然区分,罗马禁奢立法规制的对象也及于浪费尤其是餐饮浪费,而浪费人制度所调整的浪费也涵盖一定形式的奢侈。

不仅如此,除了在中文语境和罗马法中二者存在明显的交叉甚至有时难以区分外,在现代西方学者看来,想要完全区分奢侈与浪费也极为困难,至少在理论上存在较大的争议。有一种普遍的观点认为,奢侈就等于浪费;②而前文提到的德国学者维尔纳·桑巴特认为,奢侈就是必需品以外的开支,同时,他把奢侈分为两个方面——量的方面和质的方面。他认为数量方面的奢侈即挥霍浪费。比如,让一百个仆人去干一个

① Cfr. Carlo Augusto Cannata, *Corso di Istituzioni di Diritto Romano*(I), Torino: G. Giappichelli Editore, 2001, p. 78.

② 参见[德]米夏埃尔·耶克尔:《奢侈与经济息息相关》,曹一帆译,载《社会科学报》2014年5月29日,第6版。

人就能完成的工作，或者同时擦亮三根火柴点燃一支雪茄。而质量方面的奢侈就是使用更好的商品。因此，浪费是奢侈，但奢侈未必是浪费，但多数情况下，二者是结合在一起的。[①] 美国当代哲学家加雷特·汤姆森(Garrett Thomson)类似地将奢侈界定为“既无益处亦无用处”的多余，但他所理解的多余有特定的意指：多余不等于数量或配额的冗余，而是质量的过剩，他认为奢侈的关键在于品质上的精美而不是数量的多少。如果将汤姆森与维尔纳的观点进行对比，可以发现，汤姆森所说的奢侈相较于维尔纳而言，其外延要小得多，相当于维尔纳所说质的形式的奢侈。[②]

无论如何，尽管在语义层面确实存在不能抹杀的客观差异，但无论从理论还是从法律规制的角度来看，奢侈与浪费的边界都是模糊的，因此，作为本书研究对象的“禁奢”并非——不但很难甚至也不可能——仅仅指向截然不同于“浪费”的“奢侈”，而是同时指向与不当花费有关的这两种行为，并且在很多场景下这两个概念会被等位使用。

三、研究内容：立法及其运行

本书对罗马禁奢法的研究，涉及禁奢立法和禁奢

---

① 参见[德]维尔纳·桑巴特：《奢侈与资本主义》，王燕平、侯小河译，刘北成校，上海人民出版社2000年版，第80页。

② 参见[美]克里斯托弗·贝里：《奢侈的概念：概念及历史的探究》，江红译，上海人民出版社2005年版，第25~26页。

制度运作两个层面。第一个层面展现的是停留在纸面上“死”的罗马禁奢法;第二个层面展现的是社会生活中“活”的罗马禁奢法。在立法层面,罗马人对奢侈的法律规制由来已久,最早可追溯至《十二表法》,共和中后期以后至帝政初期,则是禁奢法律的爆发期,罗马人先后出台了大量以禁奢为主题(或主题之一)的法律规范。据已有文献的不完全统计,其中有 10 部以“禁奢法”冠名的法律,1 项元老院决议,4 部未以“禁奢法”冠名但其内容涉及禁奢的法律,1 项元首敕令和 1 项监察官告示。这些法律规范最早的可追溯到公元前 3 世纪,最晚的颁布于公元前 1 世纪。这些法律文本的原貌我们已不得而知,只有零星的片段在后世学者的作品中偶被重述,但透过这些残存的片段,我们仍然可以窥知其概貌,甚至可以还原其主要条款。对此等法律规范文本的解读是我们了解罗马禁奢法最直观的路径。

在对奢侈/浪费进行法律规制的制度运作层面,浪费人制度和监察官制度则是观察禁奢法律实践的两个窗口。作为一项比《十二表法》还要古老的制度,浪费人制度穿越古罗马和中世纪,被现代各国民法典普遍继受,虽然正如我们将在后文看到的,它在规制浪费方面具有一些局限性,但其在私法的限度内通过对挥霍浪费者行为能力的限制,仍然可以达成对浪费的某种有效调控,对该制度的考察值得期待。监察官在罗马职官体系中的出现虽然较晚,但它很快就后来居上,成为共和时期宪制体系中至关重要的一环。在奢侈/浪费的规制方面,监察官是实际上的操盘手。因此,对监察官制度的生发流变及其在禁奢领域的运作方式的考察,可以使我们最为接近禁奢法律规制的社会效果。

四、研究思路

本研究以罗马禁奢法为主题,是一项法律史研究,自然是围绕罗马史上对奢侈法律规制的各个面向展开。如前文所述,其主要内容包括三个方面:一是罗马禁奢立法的文本;二是罗马禁奢法运作机制之一的浪费人制度;三是作为罗马禁奢法在实际运作中的操盘手的监察官制度。然而,在深入这一主题之前,读者或许仍然存有如同我在前文研究缘起中所提到的,我在最初接触到禁奢法这个概念时所产生的一个困惑:奢侈不应是道德调控的事项吗?还能以法律来规制?这个疑惑如鲠在喉,如果不加以消除,很难顺利地展开对罗马禁奢法具体内容的研究。实际上,我们国家目前正在制定的以反对粮食浪费为主题的立法面临同样的难题:私人自治与法律管制,或者说公与私,其界限到底如何划分?罗马禁奢法集中出现在共和时期,进入帝政时期以后,就偃旗息鼓了,对奢侈/浪费的法律规制是否与政治制度有着某种内在的关联?这些疑问都指向一个共同的问题:罗马禁奢法何以可能,或者说何为罗马禁奢法的理论基础。对该问题的回答是引论部分的主要任务。本书的最后,通过从道德—社会—政治—权力的多元维度对罗马禁奢法进一步深入解读，思考罗马禁奢法的历史遗产在今天何以继承这一极具现实意义的问题，并试图对中国禁奢法的前景进行简单勾勒。

目录

引论　罗马禁奢法的理论基础：何以可能

奢侈，一种带着道德原罪的行为，但在经济层面难谓没有积极意义，在社会层面也难谓没有其合理性，因而从统治者的角度来看，并不具有需要通过立法加以干涉的必然性，而且如果奢侈所消耗的只是个人财富，甚至通过立法加以干涉的正当性也不无疑问。然而，共和时期的罗马史上兀自矗立着十余部禁奢立法的事实不禁惹人遐思：奢侈，它究竟触了谁的逆鳞？此等法律在帝政时期以后的泯默遁形不禁惹人进一步遐思：这与社会变迁所引致的政体的改变是否具有某种内在关联？如果我们知道，也正如我们将在后文看到的，罗马禁奢法指向的主要是个人对其私产的不当消耗，那么禁奢法的前仆后继是否突破了法律与道德的边界？这些问题犹如蒙住罗马禁奢法之本体的面纱，让我们首先试着去揭开它。

一、奢侈的两面性：界限与危害

18世纪之前，人们对奢侈的评价基本都是否定性的，将奢侈与欲望联系在一起，认为奢侈是一种道德上的恶。无论是在《旧约全书》中，还是在古希腊哲学家的作品中，抑或在古罗马及至中世纪的文献中，对奢侈的道德谴责异常一致。奢侈被视为导致各种社会恶疾的主要原因之一，既是一种个人恶习，也是一种社会恶习。奢侈会使人变得娇懦虚弱，导致人们对作为国家基础的传统习俗（*mos maiorum*）的背离，因此对社会来说是一种巨大的威胁，是社会衰落的原因和症状，最终将导致国家灭亡。这种观念在罗马人中非常普遍，典型的如撒路斯提乌斯（Gaius Sallustius Crispus，约公元前86年～公元前35年）。这位政治家和历史学家于公元前44年至公元前35年完成了一系列讨论罗马共和国之衰落原因的作品，[①]在这些作品中，他大体上将罗马衰落的原因归为三个方面，即贪婪（*avaritia*）、虚荣（*ambitio*）与奢侈（*luxuria*）：自公元前146年第三次布匿战争结束以来，贪婪驱逐诚信，取而代之的是自傲、残忍与腐败；虚荣使人欺骗和背叛朋友；奢侈让人耽于声色犬马的生活，纵情于高额消费、肉欲和建造豪

① 对其的详细介绍，可参见［古罗马］撒路斯提乌斯：《喀提林阴谋·朱古达战争》，王以铸、崔妙因译，商务印书馆1995年版，“撒路斯提乌斯及其作品”部分。

华的住宅。[1] 更为致命的结果是，正如阿忒奈乌斯(Athenaeus，公元2～3世纪的希腊语法和修辞学家)所总结的，奢侈之风使个人消沉怠惰，社会物力穷竭，最终"奢侈误国"。[2] 这也就不难理解，现代各种历史教科书里关于罗马帝国衰亡的主要原因搜集起来加以统计，有50个之多，有思想文化方面的原因，有宗教方面的原因，有人口方面的原因，有政治方面的原因，有经济方面的原因，有军事方面的原因，等等，[3]但无论何种释论，奢侈以及因此带来的道德沦丧都占据一席之地。

从17世纪开始，出现了去道德化了的奢侈观念的表述，奢侈逐渐从过分道德化的舆论中分离出来。"贸易"成为这种分离过程的重要背景和推动因素。尤其在18世纪，关于奢侈的意义及其承载价值的辩论达到高潮。18世纪以后，人们对奢侈的评价已然从道德层面转向经济层面，强调奢侈对促进贸易和刺激经济的积极意义。古典经济学家和哲学家曼德维尔(Bernard Mandeville，1670～1733年)最先对传统的道

---

① See Alan K. Bowman, Edward Champlin and Andrew Lintott (eds.), *The Cambridge Ancient History* (2nd ed.), Vol. 10, Cambridge: Cambridge University Press, 2008, p. 883.

② 参见李艳辉：《评阿忒奈奥斯的"奢侈误国"理念及其循环史观》，载杨共乐主编：《史学理论与史学史学刊》2014年卷(总第12卷)，社会科学文献出版社2014年版，第224～227页。

③ [美]詹姆斯·哈威·鲁滨孙：《新史学》，齐思和等译，商务印书馆2016年版，第124～125页。

德观提出挑战。他坚持认为,私人恶习和公共繁荣之间存在不可分割的联系:对奢侈的欲求使国家更为富裕,并且为穷人创造了工作。因此,尽管奢侈仍然被视为一种恶,但它现在被视为一种可以带来繁荣的恶,对于国家的经济发展和繁荣是必要的。① 曼德维尔的理论为当时的主要哲学家所接受,如伏尔泰、休谟、亚当·斯密和孟德斯鸠等。对奢侈认识的这种转变,甚至被有些学者认为是人类观念通往现代性的重要一步。②

抛开道德和经济的外在评价视角,显然奢侈的存在与物质的丰足有着密切的联系,后者是导致前者的根本因素,但奢侈的出现除了物质的丰足之外,还与财富分配的不均有关。"奢侈和财富的不均永远是成正比例的",如果财富分配得很平均的话,便不会有奢侈,因为"奢侈只是从他人的劳动中获取安乐而已",援引孟德斯鸠的话说,"如果生活的必需等于某一个一定的金额,奢侈对于那些仅够维持生活的人们来说就等于零;如果某一个人的财产恰巧等于该金额的一

① 对奢侈的观察视角从"前现代"的道德范畴到"现代性"的经济范畴的转变的研究,可以参见[美]克里斯托弗·贝里:《奢侈的概念:概念及历史的探究》,江红译,上海人民出版社 2005 年版,第五章"奢侈的去道德化"和第六章"18 世纪的大辩论"。

② See Emanuela Zanda, *Fighting Hydra-Like Luxury*: *Sumptuary Regulation in the Roman Republic*, London: Bristol Classical Press, 2011, p. 2.

倍，那么他的奢侈便等于一”，以此类推。[①] 但即便物质非常丰足，也存在财富分配的不均，因而奢侈出现，也并不意味着就要去扼制它。奢侈的存在有其两面性或者说矛盾性，它既有邪恶在一面，又有积极的另一面。一方面它与简朴相冲突，另一方面又刺激个体欲望；它象征着不平等的分配机制，却又带动经济总体的增长。[②] 荷兰哲学家曼德维尔在《蜜蜂的寓言》中通过蜜蜂的故事所提出的“曼德维尔悖论”是这种矛盾性的通俗反映：“他们那种可爱的愚蠢与无常/见诸其饮食、家具以及服装，/那恶德虽说是格外荒唐万分，/却在推动者贸易的车轮前景。……骄傲与奢侈已经日益减少，/众蜂便不再到大海上飘摇。/不单是商号，而且所有公司，/现已将工场作坊全部关闭。/各行与各业无不弃绝扯谎”。[③] 这里讲的是一群蜜蜂为了追求豪华的生活，大肆挥霍，蜂巢的每个部分都充满恶德，结果这个蜂群很快兴旺发达起来，整个蜂国成了一个乐园，而后来，由于这群蜜蜂改变了习惯，放弃了奢侈的生活，崇尚节俭，变得诚实，不再欺骗和竞争，结果却导致整个蜂国经济萧条，衰微破败。该书副标题“私人的恶德，公众的利益”更好地揭示了对奢侈的辩证理

① 参见［法］孟德斯鸠：《论法的精神》（上册），张雁深译，商务印书馆1959年版，第114~115页。

② 参见［德］米夏埃尔·耶克尔：《奢侈与经济息息相关》，曹一帆译，载《社会科学报》2014年5月29日，第6版。

③ ［荷］B. 曼德维尔：《蜜蜂的寓言》（第1卷），肖聿译，商务印书馆2016年版，第16~26页。

解。曼德维尔在《致狄翁信》中补充解释道,“私人的恶德”与“公众的利益”之间“至少还应加上一个动词,其意思方能完整”,即“私人的恶德若经过老练政治家的妥善管理,可能被转变为公众的利益”。①

因而,对奢侈偶尔的法律规制在古代世界各种国家早期普遍存在,如在王政时期的罗马。但当这种零星的管理已经无法牵引奢侈这种“私人的恶德”走向“公众的利益”,甚至走向了对立的时候,对奢侈进行更大规模的法律干预就显得必要,而这往往发生在一个国家历史的中后期。彼时,对外征服或者与外部世界的商业接触创造了更多的财富,提高了人们的生活水平,并滋生了新的需求和欲望。这是文明进步的必然结果,但是也存在界限:新增的需求不再是更高文明的一个要素,而成为道德败坏的一个原因,这条界线的突破就是古代世界禁奢立法的动因。其主要目标在于,在个人生活中实现受某种标准所调整的平衡或均等(*exaequatio*),试图从社会中消除某些日益增长的特定的道德之恶,防止富人由于贪婪对穷人的侵犯,而这是奢侈的必然结果,以及消除嫉妒和随之而来的危险,因为富人和穷人生活之间的鲜明对比不可避免地会产

① [荷]B. 曼德维尔:《蜜蜂的寓言》(第1卷),肖聿译,商务印书馆2016年版,“译者序言”第4页。

生危险。①

19 世纪德国经济学家威廉·罗雪尔提出的奢侈的三个历史阶段论,对我们理解奢侈的社会经济面相以及国家对奢侈的法律规制很有启发意义。② 第一个阶段是低级(初级)文化发展阶段的奢侈,或者说原初蒙昧时期的奢侈,其特征是受贵族的控制,重数量轻质量,如数量庞大的婢仆、大规模的祭祀,而一般日常生活较为平凡;第二个阶段是社会完全繁荣时期的奢侈,或者说成熟时期的奢侈,其特征是大众化,广泛存在于整个生活和各个阶级,重质量轻数量,唯有该阶段的奢侈具有积极的面相,合理的奢侈促进了社会经济的发展;第三个阶段是社会衰落时期的奢侈,奢侈恢复了其阶层化的功能,下层阶级陷入贫困,富人的奢侈越来越远离真实的大众生活,商品的使用价值不再受到关注,价格成为商品最根本的因素,为了毫无意义的享乐而支出莫大的费用。对奢侈的法律规制始于第一个历史

---

① See "Sumptuariae Leges", in William Smith, LLD, William Wayte, G. E. Marindin (eds.), *Dictionary of Greek and Roman Antiquities*, London: John Murray, 1890. Recited from http://perseus.uchicago.edu/cgi-bin/philologic/getobject.pl? c.10:1:197.antiquities, 2019-11-10.

② 虽然维尔纳·桑巴特对他的这位同胞和前辈的研究颇有意见,认为"任何试图确立整个奢侈时代的企图,如威廉·罗雪尔所做的那样,都是白费劲",因此,他只是针对 1200~1800 年这一特定历史时期内奢侈的发展趋势进行了分析,但是,威廉·罗雪尔对整个奢侈史的分析同样可以用于解释某个历史时期内的奢侈发展规律,实际上,整个历史不过是某个阶段的历史的循环往复。参见[德]维尔纳·桑巴特:《奢侈与资本主义》,王燕平、侯小河译,刘北成校,上海人民出版社 2000 年版,第 120 页。

阶段至第二个历史阶段的过渡时期。映射到罗马社会,上述三个历史阶段基本对应于王政时期至共和中期、共和后期、帝政时期的奢侈状况。[①]

在第一个阶段,社会发展处在较低的阶段,经济较为落后,社会财富有限且主要被垄断在贵族手中,他们在很多方面通过奢侈行为彰显其阶层的特殊地位。此时,虽偶有对某种特定形态的奢侈现象的规制,但整体上而言,奢侈的社会危害性尚未明显呈现。在第二个阶段,随着社会的快速发展,财富急剧增加,平民中的富人群体日渐壮大,贵族对财富的垄断被打破,奢侈也不再局限于上层社会而趋于平民化和日常化。此时,尚未有规制奢侈的强烈需要,甚至在一定历史时期还会鼓励奢侈消费以促进商业发展和经济繁荣。但是随着物欲的享受和追求不断侵蚀传统的习俗和美德,奢侈“私人的恶德”的一面愈益猖獗,如果不善加管理,社会存续的肌体终将被啃噬殆尽。因而在这一阶段,国家对奢侈的法律规制诚为必要,实际上罗马禁奢法也正是在这样的背景下走上历史舞台的。第三个阶段,在延续短暂的繁荣后社会开始走向衰落,各种问题涌现,在它们的蚕食下,罗马帝国最终走向灭亡,然而奢侈肆虐之时,禁奢法却在悄然中偃旗息鼓,令人心生

① 参见[德]威廉·罗雪尔:《历史方法的国民经济学讲义大纲》,朱绍文译,商务印书馆2009年版,第43~44页;[德]米夏埃尔·耶克尔:《奢侈与经济息息相关》,曹一帆译,载《社会科学报》2014年5月29日,第6版。

疑案：这与罗马的政体由共和走向帝制的变迁之间是否存在某种暗合？

二、罗马禁奢法的政治基础：禁奢与政体

前面我们已简单提到，罗马禁奢法主要存在于共和中后期，进入帝政时期以后，有明确记载的只有首任元首奥古斯都的禁奢立法。与禁奢法的黯然离场造成对照的是，根据社会学家和经济学家们的研究，帝政初期罗马国内生产总值为100亿~200亿塞斯特斯，东方商品在帝国境内每年的销售总额达到约9亿塞斯特斯，[①]随着经济发展，社会奢靡之风愈演愈烈。

根据古罗马历史学家塔西佗（Publius/Gaius Cornelius Tacitus，约公元55年~120年）的说法，“在阿克提乌姆一役（公元前31年）之后直到使谢尔维乌斯·伽尔巴登上宝座（公元68年）的这整整一个世纪的动乱时期里，人民在吃喝方面所花的钱确乎是到了无以复加的挥霍程度”。[②] 这一说法应该是真实反映了当时的情况，有诸多其他历史记载都可以验证。罗马帝国早期著名的传记体历史作家苏维托尼乌斯（Gaius Suetonius Tranquillus，公元69~122年）记录了帝国早期几位皇帝在位期间的情况：卡里古拉“在奢侈方面，

---

① 参见陈思伟：《埃及与印度次大陆的海上贸易及其在罗马帝国经济中的地位》，载《历史研究》2018年第1期，第130页。

② ［古罗马］塔西佗：《编年史》（上册），王以铸、崔妙因译，商务印书馆1997年版，第177页。

他花钱比最无节制的浪费者还要浪费,他想出了一种新的洗澡方法和各种稀奇古怪的美食与饮料——用热的或冷的香油洗澡,饮用溶解于醋中的珍珠,给客人分发金子做的面包和肉块”,“他还建造十排桨的利布尔尼快船,船尾饰以宝石,帆是彩色的,船上附设巨大的浴池、游廊、宴会榻,甚至种植各种各样的果树和葡萄;他可以白天坐着这些船,斜倚宴榻,在歌舞声中游弋于坎佩尼亚海岸。他建造别墅和乡间住宅,无论花费多少钱,一心想的只是做人们认为不可能做到的事”;尼禄皇帝在统治前提尚崇尚节俭,颁布不少限制奢侈的新规,但后来“奢侈、贪婪和残忍在他身上逐渐表现出来”;维特里乌斯记录“他的突出特点是奢侈和残忍。他经常一天分 3 次饮宴,有时分 4 次:早宴、午宴、晚宴和长夜饮宴。由于服了催吐剂,所以每次饮宴他都能吃得进去。在同一天内,他分别让各种人物为他举办着三四次宴会,每场宴会花费都不少于 40 万塞斯特斯。最著名的一次宴会是他的兄弟为庆祝他进城而准备的。据说,为这次宴会购置了 2000 尾精选的鲜鱼和 7000 只飞禽”,在他统治的短短几个月内,用于大吃大喝的费用竟达 9 亿塞斯特斯。①

所谓上行下效,“对皇帝的尊敬和人们喜欢摹仿

① 参见[古罗马]苏维托尼乌斯:《罗马十二帝王传》,张竹明等译,商务印书馆 1995 年版,第 176 页(盖乌斯 · 卡里古拉传)、第 231~232 页和第 239 页(尼禄传)、第 295 页(维特里乌斯传)。

他的风气是比法律上的惩罚和禁止更有力量的”。[①] 皇帝们的奢侈如此令人瞠目，其治下之人也不遑多让。帝政早期一个祭司的任职晚宴就可能耗资 100 万塞斯特斯，而当时每月 3000 塞斯特斯就已经可以舒适度日。[②] 卡利古拉皇帝的第三任妻子罗丽雅·宝利娜（Lollia Paulina）在日常宴会上，所佩戴的宝石和珍珠就价值 4000 万塞斯特斯。[③] 帝政初期的作家老普林尼（Gaius Plinius Secundus，公元 23 年或 24~79 年）介绍了其生活时代的情况：厨师比马的价格要高得多，有人花三匹马的价钱购买一位厨师，花一匹马的价格购买一条鱼，阿西纽斯·切勒尔（Asinius Celer）为购买一条红鲻鱼竟花了 8000 塞斯特斯。[④] 讽刺诗人尤维纳利斯（Decimus Iunius Iuvenalis，约公元 60 年~130 年）咆哮不平地说，渔人的价值还不及一条鱼（*Saturae* 4，25~26）。除了各种鱼类，鸵鸟的翅膀、红鹤的舌、鸣禽的肉和鹅肝也都是当时宴席上颇受欢迎的佳肴。提贝流斯皇帝时期的一位美食家，以无花果喂食母鹅，为的是使它的肝变肥，然后用来加工肥鹅肝饼。[⑤] 饕餮盛

---

① ［古罗马］塔西佗：《编年史》（上册），王以铸、崔妙因译，商务印书馆 1997 年版，第 178 页。

② 参见［美］克里斯托弗·贝里：《奢侈的概念：概念及历史的探究》，江红译，上海人民出版社 2005 年版，第 73 页。

③ 参见［古罗马］普林尼：《自然史》，李铁匠译，上海三联书店 2018 年版，第 149 页。

④ Pliny，*N. H.* 9，31，67.

⑤ 参见［美］威尔·杜兰：《世界文明史：凯撒与基督》，台湾幼狮文化公司译，东方出版社 1999 年版，第 493~494 页。

宴之后，习惯上准许客人使用催吐剂把胃掏空，然后继续进食。哲学家小塞涅卡（Lucius Annaeus Seneca，约公元前4年~公元65年）谴责说："人们吃了吐，吐了吃。他们甚至没有打算去消化那些从全世界搜寻来的美食。"①其时，"奢侈和淫荡之风已无法阻止、大肆蔓延"。②

帝政时期的哲学家和演说家法沃里努斯（Favorinus，约公元81年~公元150年）有感于当时饕餮盛宴的无节制，曾发表一个盛赞制定于公元前103年前后的《关于禁奢的李其纽斯法》（*Lex Licinia sumptuaria*）的演讲，该演讲被奥卢斯·革利乌斯（Aulus Gellius，约125年~180年）的《阿提卡之夜》（*Noctes Atticae*）（15，8）记载下来，全文如下：

《阿提卡之夜》第15卷第8章：摘自从前的演说家法沃里努斯的演说的章节，谴责餐宴和奢侈，此演说作于他鼓吹关于减少开支的李其纽斯法之时。

（1）当我阅读法沃里努斯、一个能言善辩之人从前的演说时，在其演说中……我用心记下了全部内容，以便能够回想起这种方式的开销和生活实在令人憎恶。（2）抄录如下的是法沃里努斯的话："美食和奢华

① Seneca，*Ad Helviam*，10，3："*uomunt ut edant，edunt ut uomant，et epulas quas toto orbe conquirunt nec concoquere dignantur.*"中译文也可参见［古罗马］塞涅卡：《哲学的治疗：塞涅卡伦理文选之二》，吴欲波译，中国社会科学出版社2007年版，第157~158页。

② ［古罗马］苏维托尼乌斯：《罗马十二帝王传》，张竹明等译，商务印书馆1995年版，第310页（神圣的韦伯芗传）。

之领袖们会认为餐食不够豪华，除非当你大快朵颐之时，撤下食物，重新布上（*succenturio*）其他更加美味、更加丰盛之佳肴。如今在一些人们心目中，这才是宴饮的精华。他们认为奢侈和挑剔方显优雅：在他们眼中，除了柳莺，任何其他鸟都不应当整只吃；一桌宴席如果不曾提供如此之多的其他鸟类和家禽，以让宾客餍足于尾后之部，即属贫乏，以后不足为观；食用鸟或家禽的前部者，在他们看来，可谓不知辨味。若是奢华继续按此比例发展，余下可做的只能是吩咐别人代替他们进餐，免得因饱食而疲惫不堪，而将几个人凡人的床榻表面装饰以金、银、紫诸色，比起永生之神的床榻更加富丽堂皇？”①

虽然上文对帝政初期奢侈状况的描述很可能不是普遍存在的人们日常生活的情况，但即便如此，也在一定程度上反映了当时富人生活的奢靡以及奢侈已然成为一种社会风气的现实。然而，禁奢法却在此时悄然消失，除帝政初期的首任元首奥古斯都（也可能还包括第二任元首提贝流斯）对奢侈进行过法律干预外，再也难觅禁奢法的身影。对于个中缘由，后文自然会有详细的深入解析，但法国启蒙思想家孟德斯鸠从政体的角度对禁奢法律的解读为我们思考该问题提供了另一个可能的视角。

---

① 中译文在周维明等译本基础上略有改动。参见［古罗马］奥卢斯·革利乌斯：《阿提卡之夜》（11～15卷），周维明等译，中国法制出版社2020年版，第201～202页。

根据孟德斯鸠的理论,立法应与政体的原则相适应。在民主政治之下,爱共和国就是爱民主政治,爱民主政治就是爱平等。在这里,每个个人既然都应该有相同的幸福和同样的利益,也就应该享受同样的快乐,抱有同样的希望。这种情况,如果没有普遍性的俭朴,是不可能达到的,爱民主政体也就是爱俭朴。在民主国,一切名望都是由平等的原则产生的,而且在一个共和国里,如果要让人爱平等和俭朴的话,就应把这二者订入法律。当一个社会把平等和俭朴规定在法律里的时候,平等和俭朴本身就能够大大地激起对平等和俭朴的爱。财富的平等保持着俭朴,而俭朴反过来也保持着财富的平等。二者虽然不同,但是性质如此,因而不能分别存在。它们互为因果,要是民主政治失掉了其中的一个,则另外一个也必跟着消失。因此,在一个财富平均的共和国里,是不可能有奢侈的。这种分配的均等是共和政体的优越之点。因此,一个共和国,奢侈越少,便越完善。在一个共和国里,当简朴、节约、节制的精神由于过多的财富而遭到破坏,奢侈之风树立之时,人心也就随着转向私人利益,一个被奢华腐蚀了的灵魂,它的欲望会变得漫无边际,害处便来了。在急趋腐化的情势下,人人都倾向于奢侈淫逸的时候,还有什么品德可说呢?一向没人感觉到的不平等的纷乱,便产生出来,并立即为人们所看到。再要维持这种精神,就需要法律,而且这些法律应该随着贸易的增加,进行财富的分配,使每个贫穷的公民获得相当宽裕的生活,可以和别人同样地工作。这些法律又应该使每个有钱的公民的生活维持中等水平,使他不得不用劳动去保持或取得财富。

这也就解释了共和时期的罗马出现了大量以禁奢为主题的专门法律。但进入帝政时期以后,罗马的政体转型,禁奢法失却了存在的土壤。奢侈对于君主政体特别合适,君主政体并不需要节俭法律。因为按着君主政体的政制,财富的分配很不平均,所以奢侈是很有必要的,要是有钱人不挥霍的话,穷人便要饿死。要保存一个君主政体的国家,奢侈的程度就应该从农夫到手工业者,到大商人,到贵族,到官吏,到显赫的王公,到大包税人,到君主本身,一层一层地增加,否则一切就都完了。罗马的元老院是由庄严的官吏、法学家和头脑充满原始时代思想的人所组成的,提贝流斯在位的时候,市政官[①]们在元老院建议恢复古时的节俭法律,这位有卓见的君主反对这个提议,他清楚地看到,节俭法律已经不再需要了,因为此时正在建立君主政体,瓦解共和政体。因此,奢侈在君主国是必要的,在君主国,奢侈是人们享受他们从自由处所得到的东西。共和国亡于奢华;君主国亡于穷困。一般说,一个国家越穷,它的相对的奢侈便越能摧毁它,因此它便越需要相对的节俭法律,这就是共和国节俭法律的精神。一个国家越富,它的相对的奢侈便将使它更富,因此它

① 市政官(*aediles*),一译“营造官”。

应该特别谨慎,不需要制定相对的节俭法律。[①] 基于此,罗马禁奢法在共和时期大行其道,在帝政时期湮没无闻,可得一解!

三、罗马禁奢法的法理基础:公(法律)与私(道德)

在禁奢法领域,截至目前我国法学界对这一主题的研究仍十分寡少,在这些有限的研究成果中,主要强调的也只是“公法”领域中对奢侈/浪费的法律规制。在我所查阅文献的范围内,最早涉足这一研究主题的是钟明钊,他早在1983年就著文讨论了用法律手段制裁浪费的可行性,针对挥霍国有财产和集体财产的现象,提出要尽快制定单行法规,将浪费入罪,对侵犯国家或集体的公共财产的浪费行为和国家工作人员的浪费行为予以制裁。[②] 但此后的十余年间学界再无这方面的呼声,对该问题的讨论一片沉寂,直到1994年,李艳芳发文提出制定反浪费法的建议,但她也意识到“反浪费法不可能将一切浪费行为都纳入它的调整范围之中,只可能对一些主要部门的浪费现象和主要的浪费行为作以规范,对于规范之外的浪费行为只能让位于宣传教育,让位于道德规范”,反浪费法主要调整

---

① 参见[法]孟德斯鸠:《论法的精神》(上册),张雁深译,商务印书馆1959年版,第50~56页(第一卷第五章第三节至第六节)、第114~120页(第一卷第七章第一节至第五节)。

② 参见钟明钊:《试论用法律手段制裁浪费》,载《法学杂志》1983年第1期。

的是对公共资源和能源、国有资产等生产资料的浪费行为以及在公共工程建设中的浪费行为。[①] 两年后，陈伯山再次提出将浪费入罪，但仅限于“侵犯全民所有的财产和劳动群众集体所有财产的行为”。[②] 再之后至今日的二十余年间，零星（计有十余篇次）有学者、人民代表大会代表、记者等呼吁就奢侈/浪费现象进行立法，但主要也是针对公法领域的奢侈/浪费。比如，廖成忠关于制定《反浪费法》的思考，拟建构的《反浪费法》所禁止的10类浪费，除“食宿浪费”与私主体有关，其他9类浪费（重复建设、超标建设、超标用能、对地上和地下资源无序开采、浪费人力资源等）基本都指向公权力机关；[③]董克伟提出，为杜绝办公奢侈、减少行政浪费、遏制豪华楼堂馆所建设，“制度反奢”应提上政府的日程；[④]刘俊海提出，为根治公款浪费顽症，要制定反浪费法；[⑤]《法制日报》评论员指出，“反浪费更要反奢侈”；[⑥]张玉林和李洁英在提出将挥霍浪费

---

① 参见李艳芳：《关于制定我国反浪费法的建议》，载《法学家》1994年第3期。

② 陈伯山：《要运用法律手段制裁浪费》，载《法学杂志》1996年第4期。

③ 参见廖成忠：《关于制定〈反浪费法〉的思考》，载《改革与开放》2006年第4期。

④ 参见董克伟：《“制度反奢”应提上政府日程》，载《中国改革报》2007年6月26日，第3版。

⑤ 参见刘俊海：《反浪费法，根治公款浪费顽症》，载《法制日报》2013年2月2日，第7版。

⑥ 参见本报评论员：《反浪费更要反奢侈》，载《法制日报》2013年1月31日，第1版。

行为入罪时也仅指向“公款挥霍浪费”。[①]

禁奢法是通过政治手段控制人们表达欲望方式的直接范例,而在学界,就私主体对个人财产的奢侈浪费的法律规制,却鲜有学者展开研究。究其原因,可能在于被普遍接受甚至已然成为共识的一种观念,即在于公私法的分野,[②]认为现代社会中的法律在禁奢领域的作用空间非常有限,在私法领域,以意思自治为核心,法律仅在触及公共利益的场域或者出于保护性干预的考虑才能证成其介入的正当性,因而奢侈作为一种个人消费行为被“私人自治”和“个人自由”等私法原则屏蔽在法律强制干预的范围之外,即便其行为有不当之处,也是道德评价的范畴,只有公职人员针对公共财物的奢侈/浪费行为才能被纳入法律调控的轨道,对于私主体对个人财产的消费乃行使其所有权的正当

① 张玉林、李洁英:《有必要将公款挥霍浪费行为入罪》,载《检察日报》2014 年 3 月 5 日,第 3 版。

② 公私法的区分这一肇始于罗马人的理论,对后世法学尤其是大陆法系的法学理论产生了重要影响,但在后世的发展过程中,经历思想启蒙时代的洗礼,其区分的内核已然发生了重大变化,无论是乌尔比安还是西塞罗的公私法划分,都与近现代奠基于市民社会与政治国家的二元基础上的公私法相去甚远。近现代所谈论的公法与私法,其内涵已经超越了罗马法上的公法与私法,而且公私法的划分标准也极不统一,众说纷纭,甚至出现了“公法私法化”和“公法私法化”的现象以及以社会法为代表的所谓“第三法域”,从而使公私法的区分意义受到质疑。但考虑到公私法的区分背后深厚的历史源流和在法律体系中的功能与价值,否认公私法的区分是不可取的。因此,主流的观点仍然是在遵循这一区分的基础上,对其区分的有关理论进行适当的修正。参见王涌:《私权的分析与建构:民法的分析法学基础》,北京大学出版社 2020 年版,第 46~60 页(第一章第二节和第三节)。

行为，民法的意思自治原则则赋予了民事主体的民事活动以自主性。因此，即便仅有的徐爱国教授对“浪费”的法律惩戒与约束的一般性思考，对以法律手段直接规制奢侈/浪费现象似乎也表示悲观，他尝试性地提出借鉴域外经验，利用信托法、破产法和税法的相关制度间接遏制私人奢侈浪费的建议。[①]

2020年，以私主体为主要规制对象的餐饮浪费行为吸引了立法者的注意，《反食品浪费法》草案也在短时间内起草完毕，历经十三届全国人民代表大会常务委员会两次（2020年12月22日至26日的第二十四次会议和2021年4月26日至29日的第二十八次会议）审议，最终于2021年4月29日通过并实施。

放眼世界范围，只有极少数国家出台了与奢侈（浪费）主题有关的法律，并且与我国相同，其规制对象主要局限于食物浪费。比如，法国于2016年2月颁布了《有关反食品浪费的法律》（*Loi Relative à la Lutte Contre le Gaspillage Alimentaire*）；意大利于同年8月制定了“反食品浪费法”[②]；日本则于2019年5月通过了《消减食品浪费推进法》[③]。针对奢侈/浪费的一般性

① 参见徐爱国：《“浪费”的法律惩戒与约束》，载《武汉大学学报》（哲学社会科学版）2015年第4期。

② 其全称为《关于为社会团结和限制浪费而捐赠和分配食品与药品的规定》（*Disposizioni concernenti la donazione e la distribuzione di prodotti alimentari e farmaceutici a fini di solidarietà sociale e per la limitazione degli sprechi*），详见本书附录二。

③ 其原文为《食品ロスの削減の推進に関する法律》，详见本书附录三。

立法,目前尚未见先例。

回溯历史,在古罗马,国家对私人行为进行干预的传统由来已久。比如,对通奸行为在民众大会上进行审判,对已婚者和多子女者给予奖励而对独身者和无子女者给予惩罚;再如,我们将在后文第三章详细探讨的监察官通过“记过”(*nota/notatio/animadversio censoria*)的方式对各种有违社会风尚的行为进行的监督和制裁。罗马国家的此等行为在今天可能会受到严厉批评,被认为法律之手伸得太长,因为这些行为在现代人看来更多属于道德或舆论监督的范畴而不应被纳入法律调整的轨道,但在罗马人看来,是不存在可以完全脱离公共利益而纯属于私人道德范畴的任何领域的。[①]在我们今天的观念中,政治、社会和道德是不同的范畴,但这种观念不适用于罗马人对其社会的解释和认识。我们现代社会认为是政治或社会的问题,实际上在罗马人看来属于道德问题,并且被认为与市民个人缺乏自我控制有关或者是市民个人缺乏自我控制的结果。道德即政治,政治即道德。[②] 在对罗马身份和罗马性(*romanitas*)的任何界定中,道德(*virtus*)都处于核

① See Alan K. Bowman, Edward Champlin and Andrew Lintott (eds.), *The Cambridge Ancient History* (2nd ed.), Vol. 10, Cambridge: Cambridge University Press, 2008, p. 92-93.

② 认清了这一点,对于罗马史上所谓的“道德立法”也就不足为奇了。我国学者对罗马“道德立法”的研究,可以参见李伟芳:《古罗马共和向帝制转变时期道德立法研究》,陕西师范大学 2019 年博士学位论文。但该文中,作者似乎仍然是在将道德与政治对立的视角来研究罗马的“道德立法”的。

心地位,特别是对于那些被认为是专属于罗马人尤其是专属于精英阶层的事物,道德才是一个真正的罗马人尤其是罗马统治阶级成员最重要的特质。正是罗马统治阶层的这种道德优越性使他们在罗马社会中具有卓越的地位,也正是对传统习俗的固守,才证成了以元老院为代表的统治阶层在承担道德保卫者和守护人角色中的显要地位。只有牢记这一点,我们才能完全理解"将奢侈视为道德沦丧和腐败堕落的主要原因"的罗马话语。①

罗马人讨论的道德隐含政治信息,而政治言辞强化了罗马的道德理想。② 既然属于政治的事项,通过法律来强制干预也就顺理成章了,也就无怪乎在整个罗马史上,国家一直把监督公民的个人行为当作责无旁贷的事。潜藏在对个人行为关注背后的,是对品行美德的重视,因为个人品行又与社会安康之间存在紧密联系。正如西塞罗(Marcus Tullius Cicero,公元前106年~公元前43年)援引诗人恩纽斯(Ennius)的话所说,"古代风习和人是罗马国家存在的基础",③因而

---

① Emanuela Zanda, *Fighting Hydra-Like Luxury: Sumptuary Regulation in the Roman Republic*, London: Bristol Classical Press, 2011, p. 7, 26.

② Molly Ann Rosser Dauster, *Roman Sumptuary Legislation of the Republican Era C. 200-100 B. C.*, Thesis(M. A.) of Texas Tech University, 1996, p. 16.

③ Cic. *Rep.* 5,1: "*Moribus antiquis res stat Romana virisque.*" 中译文参见[古罗马]西塞罗:《论共和国　论法律》,王焕生译,中国政法大学出版社1997年版,第143页。

对个人行为的关切自然属于一项社会事务，是名正言顺的政治问题。进而言之，让公共权力和法律介入公民道德的维护也就无可厚非了。①

① 参见[美]克里斯托弗·贝里：《奢侈的概念：概念及历史的探究》，江红译，上海人民出版社2005年版，第75页。

第一章　罗马禁奢法的制度表达：文本与评述

自共和中后期起，罗马城成为地中海世界最大的消费城市，随着共和国的扩张，地中海世界的人口和财富不断集中到首都罗马。随着财富的增加，原来只有精英阶层才能消费的钻石、珠宝、珊瑚、玳瑁等，如今也进入寻常百姓的视野，成为家资中产的罗马居民甚至乡村居民为提高生活品质时常消费之物。[①] 但随之而来的奢侈之风不断吞噬着共和国，引起了罗马人对财富带来的欲望进行管束的警觉，能直接证明罗马人对管束欲望的关注的，就是形形色色的禁奢立法，它们不仅能够揭示罗马奢侈观的现实表现，也普遍反映了当时社会的价值系统和基本自我定位，而这种立法在罗马进入帝政时期以后的萎缩，则反映了罗马在社会、政治、经济等方面的变化以及对奢侈认识的变迁。

---

① 参见陈思伟：《埃及与印度次大陆的海上贸易及其在罗马帝国经济中的地位》，载《历史研究》2018 年第 1 期，第 130 页。

第一节　禁奢法的隐身与真容

一、禁奢法的隐身

自建城以来及至共和国开始后的两三个世纪里，罗马人的生活方式以简朴节制著称，这也构成罗马人“传统”道德习俗的一部分，但在共和国中后期，随着罗马对地中海周边地区的征服以及在希腊化生活方式的影响下，罗马人尤其是贵族阶层逐渐兴起奢侈之风。道德家们毫不隐讳地谴责这种新的生活方式有违传统的简朴习俗，指责它造成贵族家庭的堕落和财产的耗散。与此同时，监察官的权力从国势调查被扩大到监督社会道德风尚和维持古老的罗马习俗。自此，对私人奢侈的干预，在很长时期内都是监察官的职权范围。监察官履行其维护公共道德和社会风纪之职责的方式通常是通过“监察官记过”的方式对市民的名誉进行评判。对于行为失范者，尤其是元老和骑士阶层的贵族，监察官通常将他们从其所属的阶层逐出，将其编入最低层次的市民序列之中。至于失范行为的判断标准和事实认定，完全由监察官来裁量，逃避兵役、滥用职权、作伪证、纵情于奢侈享乐等行为是监察官经常处罚的事由。所有监察官基本上每年都会有所作为，成为维护罗马社会风纪的一道重要屏障。

从公元前 3 世纪后期开始，尤其是在第二次布匿战争以后，罗马人将权力的触角伸出亚平宁半岛，情势发生了微妙的变化。大量财富涌入罗马，胜利的喜悦笼罩了罗马人，奢侈现象日甚，但在当时的社会背景下，奢侈已然成为一种大众生活方式，与奢侈行为的斗争仅靠少数人士的努力是杯水车薪，监察官这种机制在维持社会风纪方面也已捉襟见肘，因此对奢侈行为的法律规制应运而生。这也就是公元2世纪的古罗马文学家奥卢斯·革利乌斯所说的，“古罗马人的节俭和生活饮食方面的简易不仅是通过家庭内部的遵守和训练，而且还通过公共惩戒和若干法律条文来保障”。[①]系列禁奢立法就这样登上了古罗马的历史舞台。

我们今天对于罗马禁奢法的了解，主要文献来源是奥卢斯·革利乌斯的《阿提卡之夜》和公元5世纪的古罗马作家马克罗比尤斯（Ambrosius Theodosius Macrobius，生卒年不详）的《农神节》（*Saturnalia*）中的大量片段。此外，西塞罗、老普林尼、阿忒奈乌斯和李维（Titus Livius，公元前59年～公元17年）等人的作品中也对某些禁奢法有零星记述。从上述禁奢法的文献来源上看，我们发现一个颇为费解的现象，罗马法学家在禁奢法上出现了集体沉默，在优士丁尼皇帝组织汇编的作为古典时期法学家作品集的《学说汇纂》中，没有一个片段提到过禁奢法，在留传下来的其他罗马法原始文献中同样如此。唯一的例外是公元1世纪早期

① ［古罗马］奥卢斯·革利乌斯：《阿提卡之夜》（1～5卷），周维明等译，中国法制出版社2014年版，第149页。

的著名法学家盖尤斯·阿泰尤斯·卡皮托(Gaius Ateius Capito,约公元前50年或公元前30年~公元22年),其作品《杂集》(*Conjectaneum*)中谈到了有关禁奢的一些法律,但是我们所知的有关卡皮托及其《杂集》中对禁奢法的记载也不是通过此后的法学家而是通过文学家奥卢斯·革利乌斯的转述留传下来的。因此,关于是否存在所谓的"禁奢法"(*leges sumptuariae*)以及到底何为"禁奢法",至今仍然不无疑问。

对于前一个问题,主流的观点是,禁奢法是存在的,因为在除前述古罗马作家的作品外,在苏维托尼乌斯的《罗马十二帝王传》、塔西佗的《编年史》等历史学家的作品中也都存在对禁奢法的论述。对于后一个问题,存在广义和狭义两种不同的理解。广义论者认为,禁奢法是一系列旨在限制私人在各领域的(宴饮、丧葬、娱乐、衣物、饰品、家居等)奢侈行为的法律规范的统称。狭义论者认为,禁奢法仅仅指向对宴饮的限制,等同于"饮食法"(*leges cibariae*),其主要论据有二:一是在作为禁奢法的主要文献来源的奥卢斯·革利乌斯的《阿提卡之夜》和马克罗比尤斯的《农神节》中所提到的禁奢法都是有关宴饮的限制的;二是马克罗比尤斯在《农神节》3,17,13中提到老加图(Marcus Porcius Cato,公元前234年~公元前149年)直接称呼禁奢法为饮食法(*Cato enim sumptuarias leges cibarias appellat*)。[①]

① See Valdimir A. Kvashnin, *Did Leges Sumptuaria Exist in Rome?* in *Diritto @ Storia*, N. 9, 2010.

本人赞同禁奢法的广义理解。就狭义论者的第一个论据而言，禁奢法所指向的对象确实是以宴饮为主的，在罗马史上存在的在名称上被冠以“禁奢”字样的禁奢法中绝大部分是有关宴饮之限制的，但是不能忽视的是：其一，在《关于禁奢的奥皮尤斯法》(*Lex Oppia sumptuaria*)(以下简称《奥皮尤斯法》)以及其他在名称上未被冠以“禁奢”字样的对奢侈行为进行规制的法律中，其所涉主题除宴饮外，还包括着装、丧葬、娱乐等众多方面，而这些法律没有被奥卢斯·革利乌斯和马克罗比尤斯注意到或者被有意忽视了；其二，不可否认，对宴饮方面的限制更容易操作，而且更容易见成效；其三，我们将在下文谈到，宴饮在古罗马社会发挥着重要的社会—政治功能，因此它才成为禁奢法的主要规制对象。就其第二个论据而言，作为历史资料中唯一提到“饮食法”这一概念的文献，马克罗比尤斯并没有指明老加图此等言辞的出处，在我们已知的老加图的著作中也没有找到其来源，其到底存在与否成为历史悬案。但是可以明确的是，在《奥皮尤斯法》被提议废除的民众大会上，老加图发表了著名的为该法辩护的演讲，[①]而该法在内容上主要是对女人的奢侈行

① 老加图为该法辩护的演讲全文被历史学家李维完整记录在其《罗马史》34，2-4中，本演讲的详细内容参见本书附录一。但也有学者质疑该演讲的真实性，认为这场演讲并非出自老加图本人，而是李维根据前人的论述所加工出来的。Cfr. Anna Bottiglieri, *La Legislazione sul Lusso nella Roma Repubblicana*, Napoli: Edizioni Scientifiche Italiane, 2002, p. 123.

为进行限制，与饮宴无关。因此，老加图直接称呼禁奢法为饮食法这一说法，在没有确切文献证据的情况下，不足为信。“饮食法”这一概念更多是被后世研究罗马史和罗马法的学者所使用，用以描述禁奢法的规制事项。实际上，所谓的“饮食法”的概念只不过是一种文学修辞性的表达而非法律术语，它从侧面揭示了禁奢法所规制的主要但不是全部对象。

再回到我们前面提出的问题，在禁奢法的议题讨论上，古罗马的法学家（除卡皮托外）为何集体缺席？刚才我们已经澄清，禁奢法的确存在，它是一系列旨在限制私人在各领域的奢侈行为的法律规范的统称。这些限制私人奢侈行为法律规范绝大部分存在于罗马共和中后期，具体来说是公元前 3 世纪末期到公元前 1 世纪初期这二百多年的历史时期。在被老加图、奥卢斯·革利乌斯、李维等罗马作家所使用的“禁奢法”一词的名号之下，实际上囊括了存在于该历史时期的各种法律规范（元老院决议、平民会决议、君主的谕令等），其主题涉及宴饮、丧葬、娱乐、衣物、饰品等领域的奢侈行为。进入帝政时期以后，这些法律规范长时间内淡出人们的视野，可能是因为随着罗马社会经济的发展和政治体制的转变，对奢侈行为的法律规制变得不再那么急迫甚至不再需要。在帝国政治下，以法律的手段规制奢侈让位于更为有效的以政治的方法进行惩治，①但

① 关于政治体制与奢侈规制手段之间的关系，可以参见徐爱国：《“浪费”的法律惩戒与约束》，载《武汉大学学报》（哲学社会科学版）2015 年第 4 期。

在帝政时期，也不乏追思过去共和时期的复古主义者，而禁奢法作为调节良好社会习俗和风气的阀门，尤其使人念兹在兹。因此，禁奢法在帝政时期还能引起某些人的关注，主要是在伦理道德层面对古代传统优越性的一种强调，至于其在法学层面的意义，则甚为微弱。[①] 因此，在流传到今天的主要是反映古典时期的罗马法情状的众多原始文献中难觅禁奢法的身影，也就不足为奇了。

二、禁奢法的真容

古罗马人通过法律对私人奢侈行为进行规制的做法，最早可追溯到王政时期和《十二表法》。据活跃于公元前 2 世纪后期的古罗马历史学家路求斯·卡修斯·艾米纳（Lucius Cassius Hemina）记载，早在努马时期的法律中，就禁止食用珍贵的鱼类，此等鱼只能留用于圣宴。[②]《十二表法》对丧葬中的奢侈行为进行了规制，体现为第 10 表的 4 个条文：第 3 条（“死者的丧衣限于 3 件，外加一件紫红袍子，乐手以 10 名为限”）、第 6a 条（“废除对奴隶的尸体涂油、在各种丧宴上豪饮、奢侈地奠酒、太大的花环和用香炉焚香的做法”）、

① See Valdimir A. Kvashnin, *Did Leges Sumptuaria Exist in Rome*? in *Diritto @ Storia*, N. 9, 2010.

② Cfr. Guido Clemente, *Le Leggi sul Lusso e la Società Romana tra III e II Secolo A. C.*, in Andrea Giardina e Aldo Schiavone (a cura di), *Società Romana e Produzione Schiavistica*, Ⅲ, Roma-Bari, 1981, p. 2.

第6b条("不得用没药水撒在死者身上")和第8条("死者不得有金饰随葬,但如牙齿是用金镶的,把它们随同尸体火化或埋葬的,不构成对本法的欺诈")。[①] 这是留传下来的罗马法原始文献中最早规制奢侈行为的规则。[②] 虽然其规制的对象仅限于丧葬,但与此后的禁奢法律具有相同的立法旨趣。十人委员会通过此等规则意在使人们在死亡时不因为拥有财富的不同而有所差别。[③]

毫无疑问,在社会的任何历史时期,超出一般消费水平的奢侈行为都是存在的,因此,在不同时期的法律中也不难找出某些可以看作对此等行为进行规制的规则,但是本书所讨论的一般意义上的古罗马禁奢法,并不包括前述王政时期的相关规则,而主要是指在奢侈现象已经成为一种难以遏制的社会风潮的罗马共和中后期和帝政初期颁布的,旨在抑制私人在各方面的奢侈性花费尤其是宴饮花费的,以制定法为主的一系列法律规范的总称。从已知的文献中,此等意义上的"禁奢法"至少包括如下17项法律规范,其中有10项以"禁奢法"冠名的法律(严格意义上的禁奢立法);4项未以"禁奢法"冠名的法律(非严格意义上的禁奢立

① 参见《〈十二表法〉新译本》,徐国栋等译,载《河北法学》2005年第11期,第4页。

② 这些规则可能是对梭伦的类似立法的复制。参见[古罗马]西塞罗:《论共和国 论法律》,王焕生译,法律出版社1997年版,第248页。

③ See Anna Bottiglieri, *La Legislazione sul Lusso nella Roma Repubblicana*, Napoli: Edizioni Scientifiche Italiane, 2002, p. 43.

法）；1 项元老院决议；1 项元首敕令和 1 项监察官告示。正所谓“国家弊端登峰造极之日，正是法律多如牛毛之时”，①到底是什么样的“弊端”催生了“多如牛毛”的禁奢法律？下面我们就对上述各项法律逐一剖析。

（一）《奥皮尤斯法》

《奥皮尤斯法》的内容是通过李维记载的一场争论而重构出来的。这场争论发生于公元前 195 年，争论的主题是《奥皮尤斯法》的存废，争论双方分别是老加图和路求斯·瓦勒流斯·塔珀（Lucius Valerius Tappo），前者刚刚与路求斯·瓦勒流斯·弗拉库斯（Lucius Valerius Flaccus）一道当选为执政官，②后者彼时为保民官。

该法最初只是一种为应对在第二次布匿战争期间所发生的严重财务问题的战时经济措施，是在对汉尼拔作战时期为节约的目的而通过的。汉尼拔战争使罗马人面临空前的压力，战争费用的巨大支出给不太富裕的社会阶层造成了重大牺牲，罗马国家对奢侈的外露给予了关注。③ 该法在内容上与后来的禁奢法律相比不够详尽，但是它对奢侈行为施加的限制奠定了此

① ［古罗马］塔西佗：《编年史》（上册），王以铸、崔妙因译，商务印书馆 1997 年版，第 155 页。

② 后来于公元前 184 年二人又一同当选监察官。

③ Cfr. Anna Bottiglieri, *La Legislazione sul Lusso nella Roma Repubblicana*, Napoli: Edizioni Scientifiche Italiane, 2002, p. 108.

后出于社会原因而非经济原因所制定的旨在控制奢侈性花费的各种禁奢法律的框架,[①]比如,公元前 161 年的《关于禁奢的范纽斯法》(*Lex Fannia sumptuaria*)(以下简称《范纽斯法》)和公元前 143 年的《关于禁奢的狄丢斯法》(*Lex Didia sumptuaria*)(以下简称《狄丢斯法》)等。

《奥皮尤斯法》是一项颁布于公元前 215 年的平民会决议,时值第二次布匿战争的危机时期,坎尼会战的第二年,罗马正国难当头。该法是古罗马系列禁奢法中的第一部,由保民官盖尤斯·奥皮尤斯(Gaius Oppius)提起,对于女人的一些奢侈行为进行限制,[②]规定女人不得拥有重量超过半盎司的黄金饰品,不得穿多重颜色的衣服(尤其是紫色的衣服),在罗马城或其他城市及其四周 1 里的范围内不得乘坐两匹马拉的马车,除非参加公共宗教仪式。[③]

---

① See A. E. Astin, F. W. Walbank, M. W. Frederiksen, and R. M. Ogilvie(eds.), *The Cambridge Ancient History*(2nd ed.), Vol. 8, Cambridge: Cambridge University Press, 2008, p. 184.

② 《奥皮尤斯法》之所以选择仅针对女性的某些行为进行限制,有学者认为这与当时女性尤其是富有女性的社会地位抬升相关。将公元前 169 年颁布的限制妇女继承权的《沃科纽斯法》(Lex Voconia)结合起来看,《奥皮尤斯法》所要抑制的就不仅是奢侈这样一个道德行为了,而是对女性社会地位的压制。Cfr. Guido Clemente, *Le Leggi sul Lusso e la Società Romana tra III e II Secolo A. C.*, in Andrea Giardina e Aldo Schiavone(a cura di), *Società Romana e Produzione Schiavistica*, Ⅲ, Roma-Bari, 1981, p. 6.

③ Cfr. Giovanni Rotondi, *Leges Publicae Populi Romani*, Hildesheim-Zürich-New York: Georg Olms Verlag, 1990, p. 254.

第二次布匿战争以罗马人战胜迦太基告终。战争胜利后,大量财富从被征服地流入罗马尤其是罗马统治阶层手中,这对罗马人的生活方式造成很大的冲击,崇尚节俭的传统生活方式逐渐湮没在钟情于浮华的炫耀和无节制的奢侈洪流之中。实际上,在第二次布匿战争之前,这种趋势已露端倪。正如《奥皮尤斯法》所表明的,许多女性已经放弃了传统的托加袍而穿着更加多彩的服装,尤其是在观赏戏剧时,穿着希腊名字的时尚服饰的女性随处可见。[①] 第二次布匿战争的胜利带给她们更加多元化的来自不同地域的奢侈品。富有起来的罗马人意识到,原来可以过一种不同于过去的更为舒适的生活。在这种情境下,奢靡之风盛行,传统的习俗和社会价值观随之发生改变。[②]

财务困境解除,人们也就没有理由再去坚守作为一种战时措施的《奥皮尤斯法》对奢侈行为尤其是对女性开支的限制,再试图以“禁奢法”去限制人们的开支已不现实,废除《奥皮尤斯法》的声音甚嚣尘上。[③] 如前所述,公元前 195 年,就该法的存废,两大阵营在

---

① See A. E. Astin, F. W. Walbank, M. W. Frederiksen, and R. M. Ogilvie(eds.), *The Cambridge Ancient History*(2nd ed.), Vol. 8, Cambridge: Cambridge University Press, 2008, p. 439.

② See A. E. Astin, F. W. Walbank, M. W. Frederiksen, and R. M. Ogilvie(eds.), *The Cambridge Ancient History*(2nd ed.), Vol. 8, Cambridge: Cambridge University Press, 2008, p. 181.

③ See A. E. Astin, F. W. Walbank, M. W. Frederiksen, and R. M. Ogilvie(eds.), *The Cambridge Ancient History*(2nd ed.), Vol. 8, Cambridge: Cambridge University Press, 2008, p. 453.

卡皮托广场上发生了激烈争论，支持该法的一方以公元前 195 年的执政官老加图与两位来自布鲁图斯家族的时任保民官马尔库斯·尤纽斯·布鲁图斯(Marcus Iunius Brutus)和普布流斯·尤纽斯·布鲁图斯(Publius Iunius Brutus)为代表，他们被称为老加图派，试图为《奥皮尤斯法》说情，但受到妇女的强力阻止；[①]反对该法的一方以老加图的同僚执政官弗拉库斯为代表，还包括提议废除《奥皮尤斯法》的另外两位保民官路求斯·瓦勒流斯·塔珀和马尔库斯·方达纽斯(Marcus Fundanius)为代表，并以广大的罗马妇女为后盾。

老加图是《奥皮尤斯法》的坚定支持者，他在广场上发表了慷慨激昂的演讲：[②]他首先对必须穿过一群妇女才进入广场感到羞耻，然后对妇女的大胆冒失发出抱怨，接着谈到被罗马征服地区的财富具有的危险，劝告罗马人民为了共和国的利益应对古老的习俗予以维护，遵守已经颁布的法律。他认为，《奥皮尤斯法》

---

① 罗马的女性之所以对《奥皮尤斯法》的反应如此激烈，还有一个重要的技术上的原因。民众大会通过的法律通常会包含一个自限性的条款，即相对于其他法律所规制的情形，其本身的适用范围，但《奥皮尤斯法》中却没有这样一个条款，因此，该法就对先前已经存在的限制女性奢侈的情形产生实质性的影响。我们从加图的演说中也可以看出来，罗马的女性所抱怨的并非传统上对她们的限制，而是这样一部没有自限性条款的法律严重影响了她们的行为，侵入了已经调整类似事项的其他规范的空间。实际上，这也是老加图反对废除该法的理由，因为该法的废除也将使受该法影响的其他规范被推翻。Cfr. Anna Bottiglieri, *La Legislazione sul Lusso nella Roma Repubblicana*, Napoli: Edizioni Scientifiche Italiane, 2002, p. 128.

② 详见本书附录一。

消除了人们对贫穷的羞耻感，因为它使所有的女性都穿着相同式样的衣服，如果让女性纵情于在着装上的相互比较，那么她们很容易陷入入不敷出的境地。他还声称，女性对于花钱的欲望是一种顽疾，不可根治，只能加以抑制，废除《奥皮尤斯法》将使社会在限制女性花销方面无能为力。他甚至认为，已经被奢侈腐化的罗马妇女就如同野兽，一旦品尝到血液的味道就难以自拔。作为反对方领军人物的执政官弗拉库斯与老加图针锋相对。他提出，设想一下，如果罗马妇女们看到拉丁同盟者的妻子们都饰物满身而自己却不能佩戴时，她们的内心感受当如何？①

在男人们为《奥皮尤斯法》的存废争得面红耳赤之时，罗马妇女们也躁动起来，长官的权威或丈夫的命令抑或内心的矜持都已无法使她们再安坐于家中，她们拥入大街小巷，奔走呼号，恳求男人们恢复她们先前被剥夺的服饰，她们还包围了支持《奥皮尤斯法》的两位布鲁图斯的房舍（Liv. 34,1,5-6;34,8,1-2）。②

最终，尽管受到老加图派的强烈反对，他们也不得不屈服于罗马妇女们的持续请求和施压，瓦勒流斯和

---

① See also Patricia A. Johnston, *Poenulus I,2 and Roman Women*, in *Transactions of the American Philological Association*, 1980 (110), p. 146-151.

② 参见［古罗马］提图斯·李维：《自建城以来》（第三十一至第四十五卷选段），王焕生译，中国政法大学出版社 2018 年版，第 81～85 页。See also Patricia A. Johnston, *Poenulus I,2 and Roman Women*, in *Transactions of the American Philological Association*, 1980(110), p. 145.

方达纽斯的提议仍然获得通过，因为它受到所有35个部落的一致支持。这项实施了20年的法律于公元前195年为《关于废除〈奥皮尤斯法〉的瓦勒流斯和方达纽斯法》(*Lex Valeria Fundania de lege Oppia abroganda*)这项平民会决议所废除。① 关于该法的存废之争，实际上反映的是关于奢侈问题的两个不同派别之间的较量，虽然首回合的较量中，以老加图为代表的一方败下阵来，但在禁奢的舞台上，老加图始终是主角之一，在其此后担任监察官期间，利用该职位之便采取了更加严厉的措施来抑制奢侈，整饬靡费的社会风气。②

废除《奥皮尤斯法》的决定之所以能得到各部落的广泛支持，很大程度上是因为罗马人仍沉浸在战胜迦太基和马其顿的热忱之中(第二次马其顿战争于公元前196年以罗马人的胜利告终)，该法的废除，打破了束缚他们挥霍战争财富的手脚，"给罗马人开创了奢侈的时代"。③

但是，抛开政治性的考虑不谈，从技术上来说，两位保民官提议废除该法的论据还是可以站得住脚的：通常古法是不可废除的，如王法和十人委员会的立法，

---

① Cfr. Giovanni Rotondi, *Leges Publicae Populi Romani*, Hildesheim-Zürich-New York: Georg Olms Verlag, 1990, p. 267-268.

② 老加图后来在竞选监察官时即明其志，要有效地铲除当时有如九头蛇一般的骄奢淫逸的风气，使其永远绝迹。参见[古希腊]普鲁塔克：《希腊罗马名人传》(上册)，陆永庭、吴彭鹏等译，商务印书馆1990年版，第361页。

③ [法]孟德斯鸠：《论法的精神》(上册)，张雁深译，商务印书馆1959年版，第130页。

但在特定情况下诞生的法律则是可以废除的，或者用李维（Liv. 34，6，5）的话，这些法律“必有一死”（*leges mortals*），如在战时颁布的法律，此等法律一旦完成了其使命，就丧失了继续生效的正当性，依其性质自然应被废除。[①]

（二）《关于禁奢的奥克尤斯法》

《关于禁奢的奥克尤斯法》（*Lex Orchia sumptuaria*）又称《关于宴会的奥克尤斯法》（*Lex Orchia de coenis*）（以下简称《奥克尤斯法》），是一项颁布于老加图就任监察官（公元前 184 年）不久之后的公元前 182 年或 181 年的平民会决议，[②]由保民官奥克尤斯（C. Orchius）“根据元老院的建议”（*ex senatus sententia*）提起。该法是关于宴会限制方面的第一部法律，开启了此后一系列被称为“饮食法”的立法先河。这项法律的要旨是限制能够被邀请参与宴会的客人的人数（可

① Cfr. Anna Bottiglieri, *La Legislazione sul Lusso nella Roma Repubblicana*, Napoli: Edizioni Scientifiche Italiane, 2002, p. 127.

② 根据活跃于公元 3 世纪前后的罗马语法学家费斯图斯（*Sextus Pompeius Festus*）在《词语含义》（*De Verborum Significatione*）中的记载，老加图一开始是反对该法的制定的（“Percunctatum”词条），但此后要废除该法时，老加图又极力反对（“Obsonitavere”词条）。还可以参见词条“Sumptuariae Leges”, in William Smith, LLD, William Wayte, G. E. Marindin (eds.), *Dictionary of Greek and Roman Antiquities*, London: John Murray, 1890. Recited from http://perseus.uchicago.edu/cgi-bin/philologic/getobject.pl? c. 10:1:197. antiquities, 2019-10-17。

能还规定了可以举办宴会的日期,[①]还可能包括对餐饮浪费的其他规定[②])。考虑到此后所出现的以“禁奢”命名的法律的主要规制对象就是宴会,包括宴会规模、食物种类和宾客名单等,因此,《奥克尤斯法》也被认为是第一部真正意义上的禁奢法,[③]它代表了元老院阶层此后一系列禁奢举动的核心。[④] 公元前161年,在制定《范纽斯法》时,曾有废除《奥克尤斯法》的提议,但受到老加图的强烈回击。[⑤] 该法的最终命运如何我们不得而知,很可能被废除了。

实际上,该法的详细内容不为我们所知,《阿提卡之夜》中在提到大量禁奢法的同时并没有片语涉及它。我们目前所知的该法内容的主要文献来源是古罗马作家马克罗比尤斯在其《农神节》3,17,2中的记载:“由于过于久远,其言辞我不知道,但是它规定了同席客人的最高人数”(*cuius verba,quia sunt prolixa,praete-*

---

① See Molly Ann Rosser Dauster,*Roman Sumptuary Legislation of the Republican Era C.* 200-100 *B. C.*,Thesis(M. A.) of Texas Tech University,1996,p. 1.

② Cfr. Emanuela Savio,*Intorno alle Leggi Suntuarie Romane*,in *Aevum*,1940,14(1),p. 180.

③ See A. E. Astin,F. W. Walbank,M. W. Frederiksen,and R. M. Ogilvie(eds.),*The Cambridge Ancient History*(2nd ed.),Vol. 8,Cambridge:Cambridge University Press,2008,p. 184.

④ Cfr. Guido Clemente,*Le Leggi sul Lusso e la Società Romana tra III e II Secolo A. C.*,in Andrea Giardina e Aldo Schiavone(a cura di),*Società Romana e Produzione Schiavistica*,Ⅲ,Roma-Bari,1981,p. 6.

⑤ Cfr. Giovanni Rotondi,*Leges Publicae Populi Romani*,Hildesheim-Zürich-New York:Georg Olms Verlag,1990,p. 276.

reo：summa autem eius praescribebat numeru convivarum)，除了被邀请同席者的人数限制之外，我们不确定它是否还包括其他规定。[①] 至于该法的制定动机，从其内容来看，应该既有预防选举舞弊(*ambitus*)也有抑制奢侈行为(*luxuria*)之意。

(三)《范纽斯法》

《范纽斯法》又称《关于食物的范纽斯法》(*Lex Fannia cibaria*)，是古罗马诸禁奢法中最为著名可能也是最为重要的一个。一方面，相较于《奥克尤斯法》所流传下来的寡少内容，我们对《范纽斯法》了解到的信息更多更翔实；另一方面，该法为此后以宴饮为主题的系列禁奢法提供了范式，此后的禁奢法在很大程度上只是对该法的重订。

公元前 2 世纪的罗马社会，已然奢侈成风，毫无节制的宴饮在不断蚕食共和国的根基，罗马精英阶层们也意识到了这个问题，新的禁奢法正在酝酿之中，根据马克罗比尤斯在《农神节》3，16，15–16 中的叙述，公元前 161 年发生的一件丑闻为该法的制定提供了加速的契机：某天某官员本来要主持一个庭审，当事人早已就位，但该官员迟迟未现身，很晚的时候他才在几位朋友的陪同下醉醺醺地来到庭审现场，衣衫不整，酒气熏

① Cfr. anche Guido Clemente，*Le Leggi sul Lusso e la Società Romana tra III e II Secolo A. C.*，in Andrea Giardina e Aldo Schiavone(a cura di)，*Società Romana e Produzione Schiavistica*，Ⅲ，Roma–Bari，1981，p. 6.

天,显然他们刚刚宴饮归来。此事在民众中引起轩然大波,元老们感到必须立即采取行动,但是法律的制定,从提出草案到等待三次集市期再到召开民众大会讨论通过,需时良久,于是元老们决定先行通过一项元老院决议作为权宜之计。①

盖尤斯·范纽斯·斯特拉波(Gaius Fannius Strabo)和马尔库斯·瓦勒流斯·梅萨拉(Marcus Valerius Messala)任执政官的公元前 161 年,②元老院通过一项法令,其中规定:国家重要市民(*principes civitatis*),凡按古代礼仪在大母神节赛会(*Ludi megalenses*)③时相互宴请,即众人之间轮流做东,必须在执政官(*consules*)面前庄严宣誓(*verbis conceptis*),每一次的宴席,除了蔬菜(*holus*)、小麦(*far*)和酒之外,开销不得多于 120 阿斯;不可饮用外国的酒,只能用本国酒;宴席上使用的银器重量不可超过 100 磅。④ 在上述元老院决

① 从后文我们将看到的该元老院决议和《范纽斯法》的内容可以奇怪地发现,它们所规制的主题虽然是宴饮,但主要集中于饮食的种类、花销的数额、客人的数量等,而对触发这两项法律文件出台的醉酒问题并无只言。这也进一步表明,这两项法律文件尤其是《范纽斯法》的相关内容酝酿已久,只是官员醉酒事件恰好提供了将它们推到前台的契机而已。

② 包括老普林尼《自然史》10,50(71),139 在内的多数文献都将该法的制定年份归于公元前 161 年,但在马克罗比尤斯《农神节》3,17,2-3 中写道,《奥克尤斯法》制定于老加图任监察官的第三年,即公元前 182 年,《范纽斯法》制定于该法 22 年之后。

③ 纪念大母神(Magna Mater)的节日,伴有赛会,赛会从 4 月 4 日持续到 4 月 10 日。

④ 参见[古罗马]奥卢斯·革利乌斯:《阿提卡之夜》(1~5 卷),周维明等译,中国法制出版社 2014 年版,第 149~150 页。

议通过之后的同年，由执政官盖尤斯·范纽斯·斯特拉波“在听取了所有好的意见和建议的基础上”（*ex omnium bonorum consilio et sententia*）提起的《范纽斯法》“在各阶层的一致同意下”（*ingenti omnium ordinum consensu*）获得民众大会通过。[①] 该法强化且具化了《奥克尤斯法》的规定。如同前述元老院决议，它首先是一项限制宴会开支的法律，但在花费数额的限制上比前者更加严格。其次，它还限制了可以在宴会上提供的食物的种类和受邀宾客的人数，具体而言，其主要内容包括：第一，限制宴会的最高花费。准许在罗马赛会、平民赛会、农神节[②]以及其他一些节日，每日的花费为 100 阿斯，每个月的另外 10 天每天 30 阿斯，而剩余的所有天数里每天 10 阿斯。[③] 根据这项法律的规定，除指定的一些节日的最高花费可达 100 阿斯外，在包括所有其他节日在内的其余日子里，单日的费用限额为 30 阿斯，部分为 10 阿斯。第二，禁止食用飞禽

---

① Macrobius, *Saturnalia*, 3, 17, 4.

② 罗马赛会（Ludi Romani）是为纪念朱庇特而举行的，在王政时期就已经存在，最初只在 9 月 13 日举行，后逐渐延长至半个月。平民赛会（Ludi plebeii）是主要由罗马平民参与的一项赛会，自公元前 220 年被确立为公共节日以来每年举行一次，最初只有一天，后来从 11 月 4 日持续到 17 日。农神节（Saturnalia）是纪念农神萨图努斯（Saturnus）的节日，最初只在 12 月 17 日，后来延长到 23 日。该节日起源于农民祭祀农神的习俗，节日期间，要在神殿中举行祭祀，进行宴饮，举办赛会，互换礼物等。

③ 参见［古罗马］奥卢斯·革利乌斯：《阿提卡之夜》（1～5 卷），周维明等译，中国法制出版社 2014 年版，第 149～150 页。

(一说“家禽”[1]),但可以有一只未经人工育肥的母鸡(*ne quid volucre poneretur praeter unam gallinam quae non esset altilis*)。[2] 第三,将受邀宾客的人数限制为3人(在集市日为5人)。[3] 第四,根据阿忒奈乌斯在《智者盛宴》(*Deipnosophistae*)中记载的,但在其他文献中没有任何佐证的说法,该法还禁止任何人在外购食物上花费超过2.5德拉克马(*drachma*,古希腊银币,1德拉克马约合古罗马货币的1迪纳流斯),允许每年最多消费15塔兰特(*talentum*,古代西方世界通行的重量单位,1罗马塔兰特约为32.75公斤)腌肉,蔬菜和煮豆子[4]则不限量。此外,阿忒奈乌斯还提到一些有关该法的事例。据其所述,该法所允许的消费数量远远不够,因此违法消费的大有人在,进而推高了物品的价格;某些不愿公然违反法律的人逐渐找到另一条捷径,

---

① See Giuseppe Dari-Mattiacci and Anna E. Plisecka, *Luxury in Ancient Rome: Scope, Timing and Enforcement of Sumptuary Laws*, Amsterdam Center for Law & Economics Working Paper No. 2010-03, in *Legal Roots*, Vol. 1, 2012, p. 14. 需要指出的是,该文中有一处笔误,作者将《范纽斯法》允许每年最多消费“15塔兰特腌肉”(对此,在阿忒奈乌斯的《智者盛宴》中有明确记载)误写为“150塔兰特肉类”。

② 老普林尼《自然史》10,50(71),139。根据老普林尼的说法,这种对食用飞禽的限制成为以后禁奢法的标配条款(*quod caput translatum per omnes leges ambulavit.*)。

③ Cfr. Giovanni Rotondi, *Leges Publicae Populi Romani*, Hildesheim-Zürich-New York: Georg Olms Verlag, 1990, p. 287-288.

④ 这里的“煮豆子”很可能是前文提到的“小麦”(*far*),“*far*”这种小麦在罗马人的餐饮中经常被用来煮粥而不是烘焙,阿忒奈乌斯可能存在误解。See Vincent J. Rosivach, *Lex Fannia Sumptuaria of 161 BC*, in *The Classical Journal*, Vol. 102(1), p. 6.

即向在某种程度上从属于自己的人处购买食材，比如昆图斯·埃流斯·杜贝罗（Quintus Aelius Tubero）通常以1德拉克马/只的价格从其自己的农户手中购买鸟类，鲁提流斯·路福斯（Rutilius Rufus）通常以3欧布尔（*obolus*，古希腊银币，为1/6德拉克马）/磅的价格从其养鱼的奴隶那里购买鱼类，穆丘斯·谢沃拉（Mucius Scaevola）以类似的方式与那些曾受惠于自己的人就各种食材确定了固定的价格。而且，据阿忒奈乌斯所说，只有这三个人，遵守了《范纽斯法》，即便不那么光彩。[①] 然而，即便表面上看他们遵守了禁奢法律的规定，却违背了法律限制奢侈的精神。[②]

虽然对违反该法的规定所遭受的制裁或处罚是什么没有文献记载，但是我们可以合理地相信，该法取得了不错的社会效果，否则的话也不会在实施了将近二十年后，其适用范围会被下文将提到的《狄丢斯法》扩大到整个意大利。

应当注意的是，该法以及作为其前奏的元老院决议并非简单地限制饮食的开支，其中隐藏着的，因此很容易被忽视掉的一个问题是，对饮食的规制区分了“外购食物”，即花钱从市场购买的食物（罗马人称为

① See Athenaeus, *The Deipnosophists* (in three volums), Vol. I, literally translated by C. D. Yonge, London: Henry G. Bohn, 1854, p. 431-432.

② 参见李艳辉：《评阿忒奈奥斯的“奢侈误国”理念及其循环史观》，载杨共乐主编：《史学理论与史学史学刊》2014年卷（总第12卷），社会科学文献出版社2014年版，第230页。

“*obsonium*”)和“家产食物”,即自家田地里出产的食物。法律对前者严格限制,而对后者不加管控。换句话说,食物的种类而不是数量才是隐形的核心问题。对外购食物和家产食物的区别对待并非有意偏向其财富主要集中于土地因而可以在饮食上自给自足之人,或者有意针对其财富主要存在于土地以外的其他来源因而必须从市场上购买食物之人。这种区别也成为此后禁奢法的一个显著特点,对其可能另有深意,我们后文再述。该法成为此后禁奢法范式的第二个方面还表现在,将饮食消费的控制分为不同等级,从主要节日到特定日期再到普通时日,设定了逐次递减的消费限额,以此迫使私人宴会楔入公共节庆之中。①

该法的制定还从属于另一个大的背景:传统罗马文化日益受到希腊文化的冲击和挑战,以老加图、小西庇阿(Publius Cornelius Scipio Aemilianus Africanus Numantinus,公元前 185 年~公元前 129 年)和公元前 133 年的执政官皮索(Lucius Calpurnius Piso Frugi,约公元前 180 年~?)为代表的贵族保守派人士强烈反对散漫奢侈的“希腊生活方式”,而倡导回归朴素节俭的传统“罗马生活方式”。② 公元前 161 年,即在《范纽斯法》

---

① Cfr. Vincent J. Rosivach, *Lex Fannia Sumptuaria of* 161 *BC*, in *The Classical Journal*, Vol. 102(1), p. 4.

② See A. E. Astin, F. W. Walbank, M. W. Frederiksen, and R. M. Ogilvie(eds.), *The Cambridge Ancient History*(2nd ed.), Vol. 8, Cambridge: Cambridge University Press, 2008, p. 465-466.

的提起制定者盖尤斯·范纽斯·斯特拉波担任执政官的那一年，甚至发生对希腊人的驱逐运动，除少数有罗马人庇护者外，希腊哲学家、修辞学家被悉数逐出罗马。[①] 阿忒奈乌斯在《智者盛宴》12，547a 中提到，在路求斯·波斯图密乌斯·阿尔比努斯(Lucius Postumius Albinus)任执政官时(公元前 173 年或公元前 154 年)，宣传快乐主义思想的伊壁鸠鲁派人士阿尔凯乌斯(Alcaeus)和菲利斯库斯(Philiscus)被逐出罗马城。[②] 此后不久，《范纽斯法》出台。但这些措施无疑都是治标之举，上述前瞻性地认识到由于财富的积聚而带来的生活方式的变化所具有的长远政治意义因而倡导恢复传统生活方式的诸位志士，对于这种改变也是苦无良策。[③]

---

① 根据苏维托尼乌斯的记载："盖乌斯·法尼乌斯·斯特拉波和马尔库斯·瓦列利乌斯·麦撒拉执政时(161 B. C.)，大法官马尔库斯·庞波尼乌斯向元老院提出了一个建议。元老院讨论了哲学家和修辞学家问题之后作出决议，要求大法官马尔库斯·庞波尼乌斯提高警惕，保证为了国家利益遵守自己的就职誓言，不许哲学家和修辞学家居住罗马。"[古罗马]苏维托尼乌斯：《罗马十二帝王传》，张竹明等译，商务印书馆 1995 年版，第 358 页(名人传)。对该法令的深入解读，可参见姬庆红：《古风与新潮的碰撞与交融——古罗马共和时期的两项教师法令释读》，载《首都师范大学学报》(社会科学版)2013 年第 6 期。

② 转引自李艳辉：《评阿忒奈奥斯的"奢侈误国"理念及其循环史观》，载杨共乐主编：《史学理论与史学史学刊》2014 年卷(总第 12 卷)，社会科学文献出版社 2014 年版，第 229 页。

③ See J. A. Crook, Andrew Lintott and Elizabeth Rawson(eds.), *The Cambridge Ancient History*(2nd ed.), Vol. 9, Cambridge: Cambridge University Press, 2008, p. 59.

(四)《狄丢斯法》

《狄丢斯法》制定于公元前 143 年,获得各阶层的一致支持,其提起制定者不详,很可能是元老、保民官盖尤斯 · 狄丢斯 · 奎里努斯(Gaius Didius Quirinus)。[①] 它在重申公元前 161 年的《范纽斯法》的基础上对其进行了两方面的扩张:一是将其所规定的处罚对象从宴会的提供者扩展到应邀参加受《范纽斯法》制裁的宴会的客人;二是将其适用范围从罗马城扩大到整个意大利,因而不仅仅罗马人,所有意大利人都要受该法的约束(Macrobius,*Saturnalia*,3,17,6)。[②]

遗憾的是,该法所规定的具体处罚措施为我们所不知,很可能如多数禁奢法一样,它是没有罚则的。但是从《范纽斯法》能够在实施了将近二十年以后被推广到整个意大利这一事实来看,该法在实施效果上可能并非那么悲观,而是取得了一定的成效,但同时也表明,奢侈行为大有蔓延之势,不仅盛行于罗马城,而是已经扩散到整个意大利;从《范纽斯法》所规定的处罚

① Cfr. Giovanni Rotondi, *Leges Publicae Populi Romani*, Hildesheim-Zürich-New York: Georg Olms Verlag,1990,p. 295.

② 在此我们需要对罗马法律的适用范围做一说明。通常情况下,罗马法律的适用范围仅限于罗马城,罗马人并不强制其同盟者、行省等罗马城以外的领土接受罗马法,即便是在意大利境内。当然,很多罗马法律都会被其从属者主动接受,尤其是自公元前 2 世纪下半叶开始,这种接受更为普遍。但是《范纽斯法》是个仅有的例外,它被罗马人通过立法的方式(这里谈到的《狄丢斯法》)扩展适用于整个意大利。See A. E. Astin, F. W. Walbank, M. W. Frederiksen, and R. M. Ogilvie (eds.), *The Cambridge Ancient History* (2nd ed.), Vol. 8, Cambridge: Cambridge University Press,2008,p. 227.

对象从宴会提供者扩大到赴宴者来看，对《范纽斯法》的违反也绝非罕事，在现实生活中违反法律的宴会当是屡禁不止，否则也没有必要将其惩罚的对象从宴会提供者扩大到客人。

（五）《关于禁奢的李其纽斯法》

《关于禁奢的李其纽斯法》（以下简称《李其纽斯法》）的提议者和制定的具体年份颇具争议。根据古罗马作家马克罗比尤斯在《农神节》3，17，7 中的记载，该法制定于前述《狄丢斯法》之后，由普布鲁斯·李其纽斯·克拉苏斯·迪维斯（Publius Licinius Crassus Dives，公元前 103 年的裁判官，公元前 97 年的执政官）提议，[①]至于他是在哪一年以什么身份提起制定这部法律的，已不可考。在《阿提卡之夜》2，24 中，它被置于公元前 161 年的《范纽斯法》和公元前 81 年的《关于禁奢的科尔内流斯法》（*Lex Cornelia sumptuaria*）之间，学者们基本在这个时间段内做进一步限缩，有学者认为，该法大致制定于公元前 143 年～公元前 97 年，[②]

---

① 也有学者认为，该法的提议者是担任过公元前 131 年执政官的普布鲁斯·李其纽斯·克拉苏斯·迪维斯·穆恰努斯（Publius Licinius Crassus Dives Mucianus，公元前 180 年～公元前 130 年）。See Molly Ann Rosser Dauster, *Roman Sumptuary Legislation of the Republican Era C.* 200–100 *B. C.*, Thesis (M. A.) of Texas Tech University, 1996, p. 1–2.

② See Y. Lassard and A. Koptev (eds.), *Leges Regiae, Rogatae, Datae*, Text online at https://droitromain.univ-grenoble-alpes.fr/, 2018-8-3.

有学者认为该时间段为公元前 134 年～公元前 103 年，[①]有学者认为该法制定于公元前 140 年前后，[②]也有学者认为，根据《阿提卡之夜》的记载，死于公元前 103 年的作家卢齐流斯（Lucilius）曾提到过该法，因此该法的制定时间不晚于公元前 103 年；[③]甚至有学者将该法的制定时间后推到克拉苏斯和庞培第二次共同担任执政官的公元前 55 年。[④] 撇开上述争议，学界通常将其颁布时间界定为公元前 103 年前后。

该法在主要内容上与《范纽斯法》相近但也有所不同，它通过提高消费的上限而缓和了后者的规定；[⑤]在具体内容上，《阿提卡之夜》2，24，7 和《农神节》3，17，9 中的记载略有差异：根据前者，准许特定的节日开销可达 100 阿斯，婚礼容许花 200 阿斯，其他日子则只能花费 30 阿斯，还规定了每天对干肉和咸鱼的固

---

① See Valdimir A. Kvashnin, *Did Leges Sumptuaria Exist in Rome*? in *Diritto @ Storia*, N. 9, 2010.

② Cfr. Guido Clemente, *Le Leggi sul Lusso e la Società Romana tra III e II Secolo A. C.*, in Andrea Giardina e Aldo Schiavone (a cura di), *Società Romana e Produzione Schiavistica*, Ⅲ, Roma-Bari, 1981, p. 7.

③ Cfr. Giovanni Rotondi, *Leges Publicae Populi Romani*, Hildesheim-Zürich-New York: Georg Olms Verlag, 1990, p. 328.

④ See "Sumptuariae Leges", in William Smith, LLD, William Wayte, G. E. Marindin (eds.), *Dictionary of Greek and Roman Antiquities*, London: John Murray, 1890. Recited from http://perseus.uchicago.edu/cgi-bin/philologic/getobject.pl? c. 10:1:197. antiquities, 2019-11-10.

⑤ 但是也要考虑到，在公元前 140 年代后期，罗马进行了币制改革，阿斯的购买力下降，其价值从原先的 1/10 迪纳流斯缩减为 1/16 迪纳流斯。

定限用重量;根据后者,在朔日①、诺奈日②和集市日③,最高花费为30阿斯,在没有特别规定的日子,每天对干肉和咸鱼的限用重量分别为3磅和1磅。然而,无论在《阿提卡之夜》还是在《农神节》中都提到,所有出产自土地、葡萄藤、树木的东西,均可无限制享用。换句话说,对水果和蔬菜不限量。④

《阿提卡之夜》中转述诗人莱维尤斯(Laevius,活跃于公元前100年前后)的诗句提到,为了符合《李其纽斯法》的规定,一只为宴席而准备的小山羊,被送了回去,席上只摆水果和蔬菜:"《李其纽斯法》得到了应用,清澈的光明还给了小山羊。"⑤

该法在当时认为是非常必要且紧迫的,这可以从马克罗比尤斯在《农神节》3,17,7中记载的如下事实中窥知:在法定的三次集市期(在发布召集民众会议的告示到正式开会投票的间隔期)尚未经过之前,元

---

① 古罗马历法中的每月初一。

② 古罗马历法中3月、5月、7月、10月的第7日,其他月的第5日。

③ 在城市广场举行的通常每9天一次的集市贸易日子。

④ 参见[古罗马]奥卢斯·革利乌斯:《阿提卡之夜》(1~5卷),周维明等译,中国法制出版社2014年版,第150页;Guido Clemente, *Le Leggi sul Lusso e la Società Romana tra III e II Secolo A. C.*, in Andrea Giardina e Aldo Schiavone(a cura di), *Società Romana e Produzione Schiavistica*, III, Roma-Bari, 1981, p. 7.

⑤ [古罗马]奥卢斯·革利乌斯:《阿提卡之夜》(1~5卷),周维明等译,中国法制出版社2014年版,第150页。西塞罗在写给朋友Gallus的信(Cic. *Ad Fam.* 7,26,2)中提到,该法促进了蔬菜的消费,也促使了烹饪的改革,美食家们想尽各种办法使蘑菇、豆荚和各种蔬菜更加美味。

老院就径直发布一项元老院决议,规定其立即生效,如同民众大会已经批准该法。[①] 这在罗马立法史上是极为罕见的,至于其为何如此急迫,就好像国家处于急迫的危险之中,我们不得而知。或许这次也像先前的禁奢法律一样,道德的目的被用于掩盖实质上的某些团体的利益。[②]

但从整体上来看,该法的实施效果很不理想,古罗马作家卢齐流斯在提到这则法律时,讽刺性地说,"让我们避开李其纽斯法"(legge vitemus Licinii)。[③] 最终,其命也,来也匆匆,去也匆匆,该法颁布没几年即于公元前 97 年被废除,是年通过了《关于废除李其纽斯法的杜罗纽斯法》(*Lex Duronia de lege Licinia abroganda*)。该法是由保民官马尔库斯·杜罗纽斯(Marcus Duronius)提起的一项平民会决议。他对企图恢复如今已经废弃的习俗的主张表达了嘲讽,并指出已经成为一种主流生活方式的奢侈的合理性。在谈到废除《李其纽斯法》时,杜罗纽斯说:"因此,我们废除这锈迹斑斑的可怕的旧时命令:实际上,这涉及人们的自

---

① 召集民众会议的告示和确定的开会日期之间规定了一个间隔期,即三次集市期,在这期间,进行赞同或反对法律草案的讨论。关于民众会议的议程的详细介绍,参见[意]弗朗切斯科·德·马尔蒂诺:《罗马政制史》(第 1 卷),薛军译,北京大学出版社 2009 年版,第 346~350 页。

② Cfr. Emanuela Savio, *Intorno alle Leggi Suntuarie Romane*, in *Aevum*, 1940, 14(1), p. 186.

③ 参见[古罗马]奥卢斯·革利乌斯:《阿提卡之夜》(1~5 卷),周维明等译,中国法制出版社 2014 年版,第 151 页。

由，想要使奢侈消亡，是不允许的”（*abrogemus igitur istud horridae vetustatis rubigine obsitum imperium*：*etenim quid opus libertate, si volentibus luxu perire non licet*）。[①] 但是他发起废除《李其纽斯法》的行为招致很多元老院议员的不满，他也因此付出沉重的代价：在他提议废除《李其纽斯法》之后的同年，被监察官路求斯·瓦勒流斯·弗拉库斯（Lucius Valerius Flaccus，公元前 100 年的执政官）和马尔库斯·安东纽斯（Marcus Antonius）从元老院中除名。[②]

（六）《关于禁奢的埃米流斯法》

《关于禁奢的埃米流斯法》（*Lex Aemilia sumptuaria*）（以下简称《埃米流斯法》）是反对奢侈行为较为激烈的一部法律，制定于公元前 115 年，由共和晚期最负盛名和最有影响力的政治家之一、长期（从公元前 115 年直至公元前 89 年去世）担任首席元老（*princeps senatus*）一职的马尔库斯·埃米流斯·斯考鲁斯（Marcus

---

① Cfr. Guido Clemente, *Le Leggi sul Lusso e la Società Romana tra III e II Secolo A. C.*, in Andrea Giardina e Aldo Schiavone (a cura di), *Società Romana e Produzione Schiavistica*, Ⅲ, Roma-Bari, 1981, p. 3.

② Cfr. Giovanni Rotondi, *Leges Publicae Populi Romani*, Hildesheim-Zürich-New York: Georg Olms Verlag, 1990, p. 334. 在杜罗纽斯被从元老院除名后，作为报复，他此后控告安东纽斯在担任监察官期间徇私舞弊。参见［古罗马］西塞罗：《论演说家》，王焕生译，中国政法大学出版社 2003 年版，第 429~431 页。

Aemilius Scaurus)于其执政官任上提议。[①] 在内容上，我们只知道，它没有限制宴饮的花费，而是明确规定了膳食的种类和限制(*ciborum genus et modum*)，禁止在宴会上食用鼠肉、大鼠肉、睡鼠肉、贝类和来自外国的鸟肉。[②] 该法在实践中也很不受待见，根据活跃于公元6世纪的拉丁语法学家普里西安(Priscian, Priscianus Caesariensis)的记载，曾担任公元前137年的执政官的马尔库斯·埃米流斯·莱皮杜斯·波尔齐纳(Marcus Aemilius Lepidus Porcina)在该法刚颁布不久就谈论它的废除问题了。[③]

与该法同时存在的还有一项由监察官路求斯·凯

---

① 有学者认为，历史上有可能存在两项《关于禁奢的埃米流斯法》，其主要论据是马克罗比尤斯在《农神节》3,17,13中提到一项公元前78年的同主题的《埃米流斯法》，由时任执政官马尔库斯·埃米流斯·雷必达(Marcus Aemilius Lepidus)提议制定。参见[古罗马]奥卢斯·革利乌斯:《阿提卡之夜》(1~5卷)，周维明等译，中国法制出版社2014年版，第151页，注释2;"Sumptuariae Leges", in William Smith, LLD, William Wayte, G. E. Marindin (eds.), *Dictionary of Greek and Roman Antiquities*, London: John Murray, 1890. Recited from http://perseus.uchicago.edu/cgi-bin/philologic/getobject.pl? c. 10:1:197. antiquities, 2019-10-17。结合老普林尼在《自然史》8,57(82),223和公元4世纪的历史学家塞克斯图斯·奥勒留斯·维克多(Sextus Aurelius Victor)在《名人传》(De viris illustribus)72中的记载，马克罗比尤斯应该是误将公元前115年的埃米流斯法归于公元前78年。Cfr. anche Giovanni Rotondi, *Leges Publicae Populi Romani*, Hildesheim-Zürich-New York: Georg Olms Verlag, 1990, p. 320.

② 参见齐云、徐国栋:《罗马的法律和元老院决议大全》，载徐国栋主编:《罗马法与现代民法》(第8卷)，厦门大学出版社2014年版，第176页。

③ Cfr. Giovanni Rotondi, *Leges Publicae Populi Romani*, Hildesheim-Zürich-New York: Georg Olms Verlag, 1990, p. 320.

齐流斯·梅特鲁斯·达尔马提库斯（Lucius Caecilius Metellus Dalmaticus）和格奈乌斯·多米求斯· 阿埃诺巴尔布斯（Gnaeus Domitius Ahenobarbus）发布的关于奢侈和异国情调的音乐会的告示。[①] 在公元前 115 年，监察官和执政官同时进入了对奢侈行为的法律规制。这也说明，古代的简朴习俗早已成为记忆，奢侈之风形势严峻。

（七）《关于禁奢的科尔内流斯法》

"后来，随着上述法律因年久疏忘而荒废，很多人凭借丰厚财产纵酒狂欢，大肆挥霍家产金钱于盛餐豪宴的泥塘之中。"因此，促使另一部禁奢立法的诞生，即《关于禁奢的科尔内流斯法》（以下简称《科尔内流斯法》）。该法颁布于公元前 81 年，由独裁官苏拉（Lucius Cornelius Sulla）提起。它再次更改（提高）了宴会的最高消费额，规定："在朔日、望日[②]和诺奈日，敬神竞技期间以及一些神圣的庆典日期，一顿餐花费 300 塞斯特斯是合乎法律的，但是在其他所有日期不得超过 30 塞斯特斯。"[③]除了限制费用的总额外，它还

---

① Cfr. Giovanni Rotondi, *Leges Publicae Populi Romani*, Hildesheim-Zürich-New York: Georg Olms Verlag, 1990, p. 320.

② 古罗马历法中 3 月、5 月、7 月、11 月的第 15 日，其他月的第 13 日。

③ 参见［古罗马］奥卢斯·革利乌斯：《阿提卡之夜》（1～5 卷），周维明等译，中国法制出版社 2014 年版，第 151 页。在《阿提卡之夜》的不同拉丁语版本中，正文中所述"300"（tricentenos）和"30"（tricenos）的最高宴会费用额度有时分别被认为是"30"（tricenos）和"3"（ternos）。

为各种食物尤其是进口的外来食物规定了较低的价格。[①] 违者很可能将受到罚款的处罚，罚款额为超出法律规定的最高花费额的部分，此等罚款归于国库。[②]

此外，苏拉还发布了多项比较务实的禁奢法令，其内容涉及：禁止除某些特定类型的体育竞技以外的赌博行为，并禁止为赌博的债务提供担保；重申《关于允诺保证的科尔内流斯法》(*Lex Cornelia de sponsu*)[③]对可以为他人提供的最高担保额的限制；限制对葬礼和墓碑的花费。[④] 有学者认为，本段内容提到的诸项禁奢法令，皆为《科尔内流斯法》的内容。不过在一项名为"禁奢"的法律中不太可能规定如此众多内容，且很多内容并不涉及对花费的抑制。但在最终效果上，苏拉所颁发的关于禁奢的诸多法令和罗马法史上先前各

---

① 苏拉为各种食物进行价格限定的做法，与3个世纪以后戴克里先皇帝著名的"价格敕令"具有相同的性质。参见徐国栋：《公平与价格—价值理论》，载《中国社会科学》1993年第6期，第123~124页。

② Cfr. Giovanni Rotondi, *Leges Publicae Populi Romani*, Hildesheim-Zürich-New York: Georg Olms Verlag, 1990, p. 355.

③ 该法颁布于公元前81年，由苏拉提起，将保证人在同一年度为同一债务人对同一债权人提供担保的数额限制在2万塞斯特斯以内，但在某些特殊的情况下允许不受此限制。该法的内容为盖尤斯《法学阶梯》第3卷第124节所记载。参见齐云、徐国栋：《罗马的法律和元老院决议大全》，载徐国栋主编：《罗马法与现代民法》(第8卷)，厦门大学出版社2014年版，第190页。

④ See J. A. Crook, Andrew Lintott and Elizabeth Rawson (eds.), *The Cambridge Ancient History* (2nd ed.), Vol. 9, Cambridge: Cambridge University Press, 2008, p. 203; Giovanni Rotondi, *Leges Publicae Populi Romani*, Hildesheim - Zürich - New York: Georg Olms Verlag, 1990, p. 355.

种禁奢法的命运无二,都没有发挥其预期作用。对此,苏拉本人对其所颁布法令的漠视是一个不可忽视的重要因素。正所谓上行下效,苏拉在宴会上的豪爽开支,其为第四任妻子梅特拉(Metella)的葬礼一掷千金的行为,都将其所致力推行的禁奢法令狠狠踩在了脚下。①

(八)《关于禁奢的安求斯法》

《关于禁奢的安求斯法》(*Lex Antia sumptuaria*)(以下简称《安求斯法》)的提议者为盖尤斯·安求斯·雷斯梯约(Gaius Antius Restio),但其制定时间不详,可以确定的是介于公元前78年和公元前57年:马克罗比尤斯提到,该法出现于苏拉之后,而苏拉死于公元前78年;西塞罗在公元前57年的一封书信中提到了该法。② 有学者认为,该法制定于公元前71年至公元前68年;③有学者将该法直接归于公元前68年;④也

---

① 普鲁塔克在《希腊罗马名人传》中对苏拉的奢侈行为有如是记载:他违反自己所制定的禁奢法有关宴会开支费用的规定,用奢华的宴会款待他人,饮用40年以上的陈年美酒,供用的食物远超需要,每天都有大量吃剩的肉类丢进河里;在妻子梅特拉去世后,他在丧礼的开支方面也违反自己所制定的法律,用最奢华的酒来缓和悲伤的情绪。参见[古希腊]普鲁塔克:《普鲁塔克全集》(Ⅱ),席代岳译,吉林出版集团股份有限公司2017年版,第856页。

② Cfr. Emanuela Savio, *Intorno alle Leggi Suntuarie Romane*, in *Aevum*, 1940, 14(1), p. 187.

③ See Valdimir A. Kvashnin, *Did Leges Sumptuaria Exist in Rome?* in *Diritto @ Storia*, N. 9, 2010.

④ See J. A. Crook, Andrew Lintott and Elizabeth Rawson (eds.), *The Cambridge Ancient History* (2nd ed.), Vol. 9, Cambridge: Cambridge University Press, 2008, p. 331.

有学者认为,《安求斯法》的提议者雷斯梯约于公元前71年担任保民官,该法很可能也制定于该年。①

该法在内容上我们所知不多:除规定宴会的最高花费外,还禁止长官和长官候选人参加宴会,某些特定人物的家宴除外。被禁止参加的宴会主要是由低社会等级者组织的宴会,其目的绝不仅仅是维护长官的尊严和体面,禁止他们出入那些有损其权威的地方或者与那些有损其权威的人交往,主要是为了防止在罗马经常发生的选举舞弊。② 该法的提起者雷斯梯约以身作则,严格遵守该法,据说他本人此后终生未再外出参加过任何宴会,③但其实施效果却很不理想,恶习的顽强和奢侈的坚韧使之又一次成为凌驾于法律之上的胜者,该法几乎无人奉行。④

(九)《关于禁奢的尤流斯法》

《关于禁奢的尤流斯法》(*Lex Iulia sumptuaria*)可能颁布于公元前46年,在凯撒(Gaius Iulius Caesar,公元前100年~公元前44年)第三次成为独裁官并获得

---

① Cfr. Giovanni Rotondi, *Leges Publicae Populi Romani*, Hildesheim-Zürich-New York: Georg Olms Verlag, 1990, p. 367-368.

② Cfr. Emanuela Savio, *Intorno alle Leggi Suntuarie Romane*, in *Aevum*, 1940, 14(1), p. 188.

③ Macrobius, *Saturnalia*, 3, 17, 3: "*fertur quoad vixit foris postea non cenasse, ne testis fieret contemptae legis.*" See also J. A. Crook, Andrew Lintott and Elizabeth Rawson (eds.), *The Cambridge Ancient History* (2nd ed.), Vol. 9, Cambridge: Cambridge University Press, 2008, p. 331.

④ Cfr. Giovanni Rotondi, *Leges Publicae Populi Romani*, Hildesheim-Zürich-New York: Georg Olms Verlag, 1990, p. 367-368.

监察官的权力时。除了一些通常的对于宴会的规定外，它还规定，除某些特定的人、某些年龄的人、在某些特殊的日子等例外情形，禁止使用轿子、穿戴紫红色衣服以及珠宝等。①

关于凯撒的这部禁奢法，无论是奥卢斯·革利乌斯的《阿提卡之夜》还是马克罗比尤斯的《农神节》在列举阐述禁奢法时都没有提到，但西塞罗在写给朋友佩杜斯（Paedus）的信中还提到过两次：在公元前 46 年的一封信中，他提到，他将禁奢法律所允许每天花费的数额分了 10 天来花费（Cic. *Ad Fam.* 9，15，5）；在同年的另一封信中，他谈到了与朋友们在一起的几次简朴的宴饮，这些宴饮不仅在法律的限度内，而且远低于法律的标准（Cic. *Ad Fam.* 9，26，3）。根据西塞罗的上述信件可以看出：其一，凯撒的禁奢法对宴饮所施加的限制并不像之前的禁奢法律那样严苛；其二，凯撒的禁奢法在现实中取得了一定的成效，为大家所遵循。

苏维托尼乌斯也提到了这部法律。根据他的记载，凯撒“特别厉行反奢侈法”，“他向外国货征收关税。他不准使用轿子，不准穿红袍、戴珠宝，只有一些特准地位和特准年龄的人除外，而且还只限于规定的

---

① 参见齐云、徐国栋：《罗马的法律和元老院决议大全》，载徐国栋主编：《罗马法与现代民法》（第 8 卷），厦门大学出版社 2014 年版，第 208～209 页；Giovanni Rotondi，*Leges Publicae Populi Romani*，Hildesheim-Zürich-New York：Georg Olms Verlag，1990，p. 421.

日子”。①

该法虽然取得了一定的成效,但这种成效的取得以凯撒本人的威慑力为前提。凯撒对私人生活中奢侈行为进行规制的意志极其坚定,他试图从政治上和道德上整顿日益衰退的罗马社会,而且他还是一个敏锐且务实的人,在他准备要制定一部新的法律时,他能预见到将要面临的所有困难,因此,他希望他的尝试不像之前的其他法律那样无功而返。② 他也知道,他改变不了人们的习惯,但他希望将社会各阶层团结起来,为了罗马的繁荣昌盛而努力。为了使关于禁奢的法律得到遵守,他采取了严厉的措施,“在市场各处设监督岗,禁止或没收违令展销的美食。有时他还派出自己的扈从和士兵,发现有哪些美食逃过了监督,让他们就从餐馆把食品(甚至已摆上桌的)拿走”。③ 人们忌惮于凯撒的威严,因而表面上看该法确实得到了一定的遵循,但遗憾的是,根据西塞罗在该法颁布 1 年后的公元前 45 年写给他的友人阿提库斯(Atticus)的信中所言,凯撒不敢离开罗马,因为一旦他离开,人们就会将其法律的规定抛诸脑后(Cic. *Ad Att.* 13,7,1)。凯撒本人如同苏拉一样,在大力禁奢的同时自己却公然违反

---

① [古罗马]苏维托尼乌斯:《罗马十二帝王传》,张竹明等译,商务印书馆 2000 年版,第 23 页(神圣的朱里乌斯传)。

② Cfr. Emanuela Savio, *Intorno alle Leggi Suntuarie Romane*, in *Aevum*, 1940, 14(1), p. 189.

③ [古罗马]苏维托尼乌斯:《罗马十二帝王传》,张竹明等译,商务印书馆 2000 年版,第 23 页(神圣的朱里乌斯传)。

禁奢法令。据许多作家说，凯撒本人十分喜爱奢侈。[①]因此，随着凯撒的被刺身亡，该法也落下帷幕的命运，就不难理解了。后来，安东尼曾发布一与该法有关的敕令，但我们不确定，安东尼是要试图要恢复它还是要彻底废除它。马克罗比尤斯在《农神节》3，17，14 中匆匆提了一下这个法令，但没有说到它的具体内容，很可能像对待凯撒的其他法律那样，安东尼把它废除了。[②]

（十）《关于禁奢的尤流斯法》

这是最后一部罗马禁奢法，与前一部法同名，可能颁布于公元前 18 年，由奥古斯都利用其保民官的权力，使之在平民会议上得以通过。该法将宴会的花费限制如下：普通的日子，200 塞斯特斯；朔日、望日和诺奈日以及其他一些节日，300 塞斯特斯；婚礼以及其后的宴饮（*repotia*），1000 塞斯特斯。有学者认为，该法与限制妇女奢侈行为的《关于服饰的尤流斯法》（*Lex Iulia de vestitu et habitu*）可能是同一部法律，后者严格克制对丝绸的使用。[③] 奥古斯都时期的历史学家李维在其《罗马史》（34，2，8）中谈论《奥皮尤斯法》时提到，当

---

① 参见［古罗马］苏维托尼乌斯：《罗马十二帝王传》，张竹明等译，商务印书馆 2000 年版，第 24 页（神圣的朱里乌斯传）。

② Cfr. Emanuela Savio, *Intorno alle Leggi Suntuarie Romane*, in *Aevum*, 1940, 14(1), p. 190.

③ Cfr. Giovanni Rotondi, *Leges Publicae Populi Romani*, Hildesheim-Zürich-New York: Georg Olms Verlag, 1990, p. 447；［古罗马］奥卢斯·革利乌斯：《阿提卡之夜》（1～5 卷），周维明等译，中国法制出版社 2014 年版，第 151 页。

时的人们对奥古斯都的禁奢立法颇有争议,支持者与反对者莫衷一是。虽然奥古斯都所规定的费用上限已经很高,但人们仍然觉得受到拘束,因此这一上限此后被进一步提高。在《阿提卡之夜》中,作者援引法学家盖尤斯·阿泰尤斯·卡皮托的说法,提到奥古斯都或提贝流斯发布过一项敕令,修订了上述标准:将各种节庆日的宴餐费用从 300 塞斯特斯增加到 2000 塞斯特斯,以求至少可以将汹涌上升的奢华狂潮止于此限。[①]

尽管有很大的反对声,奥古斯都本人反对奢侈的决心非常坚定。除了这部专门性的禁奢法,奥古斯都采取的其他一些措施,如提倡简朴的建筑风格,抑制对奢华建筑的狂热等,也在一定程度上有助于达到遏制奢侈的效果。[②] 他不但对违反禁奢法令者坚决给以严惩,如"年迈的克斯提乌斯·盖路斯就因奢侈受到奥古斯都的降职处分",[③]而且与凯撒不同的是,奥古斯都本人也以身作则厉行节约:"当他占领亚历山大里亚时,除一个玛瑙杯外,他自己没有拿取任何宫廷用具,而是立即熔掉了那里供日常使用的所有金器",而且除了嗜好游戏,"在生活的其他方面,人们普遍认

① 参见[古罗马]奥卢斯·革利乌斯:《阿提卡之夜》(1~5 卷),周维明等译,中国法制出版社 2014 年版,第 151 页。

② See Alan K. Bowman, Edward Champlin and Andrew Lintott (eds.), *The Cambridge Ancient History* (2nd ed.), Vol. 10, Cambridge: Cambridge University Press, 2008, p. 887, 949.

③ 参见[古罗马]苏维托尼乌斯:《罗马十二帝王传》,张竹明等译,商务印书馆 2000 年版,第 135 页(提比略传)。

为，他极为节制，甚至没有任何可疑的过失。他最初住在罗马广场附近指环店楼上的一所房子里，该房原本属于演说家卡尔乌斯；之后，他住在巴拉丁山上同样简朴的霍腾西乌斯的住宅里，那房子既不大也不讲究，带有阿尔班石石柱的柱廊是短短的，房间里没有任何大理石装饰或美观的地面。40 多年里，冬季和夏季他都使用同一卧室，虽然他发现罗马的冬季对他的健康不利，但冬季仍住在那里。……他不喜欢宏伟而豪华的乡间宫殿，实际上他拆毁了孙女朱里娅建造的一座奢华的宫殿。至于他个人的那些十分简朴的别墅，他少用优美的雕塑和绘画"。"从保存至今的卧榻和桌子可以看出他的家具和生活起居用品的简朴，其中许多东西对于一个普通公民来说也是算不上讲究的。据说他总是睡在一张铺设简单的矮床上。除特殊场合外，他平时穿着他的妹妹、妻子、女儿或孙女做的家常便服。"在宴会方面，他的秉性同样如此，"他最慷慨时，一次宴会上三到六道菜，没有不必要的奢侈，却有极为融洽的气氛"。①

奢侈的滚滚潮流，终究不是奥古斯都一人可以阻挡的，奥古斯都之后，罗马历史上再也没有颁布过专门的禁奢法律，奥古斯都的这部《关于禁奢的尤流斯法》成为古罗马系列禁奢法律的绝响。

---

① ［古罗马］苏维托尼乌斯：《罗马十二帝王传》，张竹明等译，商务印书馆 2000 年版，第 90~93 页（神圣的奥古斯都传）。

接下来要介绍的是 4 部并非严格意义上的禁奢法。它们并非以规制奢侈为主要目的,也未被冠以禁奢的名号,但其在内容上却与禁奢有一定关联,也被有些罗马法学者归入广义禁奢法的行列。它们还有一个共同点,都颁布于第二次布匿战争期间,表面看是为了应付战争时期的物资短缺之举,实则蕴含着深长的政治意味。①

(十一)《关于元老的克劳丢斯法》

《关于元老的克劳丢斯法》(*Lex Claudia de senatoribus*)又称《关于元老航船的克劳丢斯法》(*Lex Claudia de nave senatorum*),是一项平民会决议,颁布于公元前 218 年,由保民官昆图斯·克劳丢斯(Quintus Claudius)提起,它极大地限制元老及其家子从事海外贸易,只允许他们拥有可装载不超过 300 双耳瓶的船只,从而迫使元老阶级只能在意大利进行企业投资并主要投资于土地和农业,由此把统治阶级和经商阶级区分开来。② 它的颁布时间比前文提到的第一部以"禁奢"命名的《奥皮尤斯法》还要早 3 年,因而也被有的学者认为是最早的禁奢法律。③

---

① Cfr. Diler Tamer, *Lex Oppia and the Sumptuariae Leges*, in *Annales de la Faculté de Droit d' Istanbul*, 39(56), p. 124.

② Cfr. Giovanni Rotondi, *Leges Publicae Populi Romani*, Hildesheim-Zürich-New York: Georg Olms Verlag, 1990, p. 249;齐云、徐国栋:《罗马的法律和元老院决议大全》,载徐国栋主编:《罗马法与现代民法》(第 8 卷),厦门大学出版社 2014 年版,第 185 页。

③ See Diler Tamer, *Lex Oppia and the Sumptuariae Leges*, in *Annales de la Faculté de Droit d' Istanbul*, 39(56), p. 122.

（十二）《关于洗染店的梅提流斯法》

前述《关于元老的克劳丢斯法》的规制目的与禁奢的关联并不明显，因此只是个别学者将其纳入广义禁奢法的行列，更多学者将第一部实质意义上的禁奢法的名号授予《关于洗染店的梅提流斯法》（*Lex Metilia de fullonibus*）（以下简称《梅提流斯法》），虽然该法规制的奢侈行为不在奥卢斯·革利乌斯和马克罗比尤斯此后所界定的奢侈行为的范畴，但其在史学上通常被认为是一项禁奢法，并被认为是第一部规范禁奢行为的法律，[①]"开启了一系列禁奢法律的序幕"。[②]

该法也被有些学者称为《所谓的梅提流斯洗染店法》（*Lex Metilia fullonibus dicta*），关于它的唯一明确文献记载是老普林尼的《自然史》35，57（17），197。根据老普林尼的记载，《梅提流斯法》制定于弗拉米纽斯（Gaius Flaminius Nepos）和埃米流斯（Lucius Aemilius Papus）担任监察官时（其具体年份，有学者推定为公元前220年，也有学者推断为公元前217年，通常我们将其制定时间界定于公元前220年～公元前217年），是一项平民会决议。李维在其《罗马史》22，25，3中提到平民保民官马尔库斯·梅提流斯（Marcus Metilius）的立法活动。据此，有学者推断，该法可能是马尔库

① Cfr. Anna Bottiglieri, *La Legislazione sul Lusso nella Roma Repubblicana*, Napoli: Edizioni Scientifiche Italiane, 2002, p. 67.

② Cfr. Emanuela Savio, *Intorno alle Leggi Suntuarie Romane*, in *Aevum*, 1940, 14(1), p. 175.

斯·梅提流斯担任保民官时提议，由平民大会通过的一项法律，具体来说是，公元前 217 年，先前的一项监察官措施被转变为了平民会决议。①

该法制定于罗马深陷汉尼拔战争的困难时期，旨在控制着装方面的奢侈行为，打击在战时仍然在衣着方面过于浮华者。它主要针对洗染业的相关活动进行规制，规定了洗染店对衣物进行洗染时的技术程序规则，不但禁止洗衣店和印染店把从其作坊产生的污水排到公共的地方和田野，而且对漂洗衣物时可以使用的材料作出了规定，并以罚金制裁违反者。② 在古代的洗染业中，不同的衣物在漂洗时是使用不同的材料的，而且漂洗的设备和程序非常复杂，衣物漂洗是一项奢侈行为。《梅提流斯法》指定了漂洗时可以使用的具体材料。比如，只能用撒丁岛的白垩土来恢复在硫黄熏烤中变色的衣物光泽（根据传统的做法，更为廉价的撒丁岛的白垩土只被用于白色衣服的漂洗，而更为昂贵的翁布里亚的白垩土被用于对在漂洗过程中因为硫黄的使用而变色的衣服进行增色），同时，该法还简化了漂洗的程序[《自然史》35，57（17），197]。

该法对漂洗衣物时可以使用的材料限制很可能主

---

① Cfr. Giovanni Rotondi, *Leges Publicae Populi Romani*, Hildesheim-Zürich-New York: Georg Olms Verlag, 1990, p. 252.

② Cr. Laura Solidoro Maruotti, *La Tutela dell' ambiente nella sua Evoluzione Storica: L' esperienza del Mondo Antico*, Torino: G. Giappichelli Editore, 2009, p. 61; Emanuela Savio, *Intorno alle Leggi Suntuarie Romane*, in *Aevum*, 1940, 14(1), p. 176.

要针对的是长官候选人。[①] 从古罗马所流传下来的喜剧作品中对洗染活动的大量描述来看，洗染活动在社会生活中非常重要，在手工业活动中处于一种显要的地位，但同时这项手艺活动既无利可图也不受人尊敬，洗染工人不但得不到休息还经常受人嘲讽。因此，洗染活动的主要服务对象是想要追求公职者，对他们的衣物进行漂洗。[②] 此外，这种限制有其先例，李维在《罗马史》4，25，13-14 中提到一项禁止追求公职者对托加进行漂白的法律。李维叙述的背景是公元前 432 年，当时的罗马正处于贵族与平民为了提名“行使执政官权力的军团长官”（*tribuni militum consulari potestate*）而激烈对抗之中。将这些信息综合起来分析，似乎可以看出，《梅提流斯法》并非要限制洗染业和洗染活动，而是作为一种工具，用于规制主要是追求公职的贵族们的某些奢侈行为。对该法的认识不能仅限于经济层面，更要理解其政治逻辑。[③]

（十三）《关于蜡烛的普布利求斯法》

该法律的唯一文献记载是马克罗比尤斯的《农神

---

① See Giuseppe Dari-Mattiacci and Anna E. Plisecka, *Luxury in Ancient Rome*: *Scope*, *Timing and Enforcement of Sumptuary Laws*, Amsterdam Center for Law & Economics Working Paper No. 2010-03, in *Legal Roots*, Vol. 1, 2012, p. 10.

② See Anna Bottiglieri, *La Legislazione sul Lusso nella Roma Repubblicana*, Napoli: Edizioni Scientifiche Italiane, 2002, p. 73-75.

③ Cfr. Guido Clemente, *Le Leggi sul Lusso e la Società Romana tra III e II Secolo A. C.*, in Andrea Giardina e Aldo Schiavone (a cura di), *Società Romana e Produzione Schiavistica*, III, Roma-Bari, 1981, p. 4-5.

节》1,7,32-33。根据记载,《关于蜡烛的普布利求斯法》(*Lex Publicia de cereis*)(以下简称《普布利求斯法》)是一项平民会决议,由保民官比布鲁斯(C. Publicius Bibulus)于约公元前 209 年提议制定,旨在限制门客于农神节期间对庇主的馈赠,将馈赠的物品限于蜡烛(*non nisi cerei ditioribus missitarentur*)。该法与《关于馈赠的琴求斯法》(*Lex Cincia de donis et muneribus*)处于同一时期,前者比后者稍早几年,二者有着相同的立法目的。①

在农神节期间,人们通常互赠礼物。根据帝政初期的罗马诗人马提亚尔(Marcus Valerius Martialis,约公元 38/41 年～公元 102/104 年)在《谐谑诗》(*Epigrammata*)中的论述,上述礼物包括食物、书籍、托加、家具、玩具、奴隶、饰品、蜡烛(蜡烛象征着雾后重现的光,在宴会大厅中点上大量蜡烛来驱除漫漫长夜,意寓着祈求被冬雾遮蔽的阳光早日返回大地。)和小塑像(*sigillaria*)等。从这个清单来看,所赠送的礼物都是寻常之物,并不需要太多的花费。因此,该法想要打击的赠与物的类型我们不得而知,或许该法想要废除某些穷人无法承受贵重物品的赠与:在农神节期间,许多贪婪的恩主向门客索要大量礼物,这对那些并不富裕的门客是一个沉重的负担。但可以确定的是,该法只

① Cfr. Giovanni Rotondi, *Leges Publicae Populi Romani*, Hildesheim-Zürich-New York: Georg Olms Verlag, 1990, p. 258.

不过是此后《关于馈赠的琴求斯法》（以下简称《琴求斯法》）对赠与进行限制的一个开始。[①]

该法作出此等限制可能是出于政治的目的，对此，我们需要在其特定的历史背景下来理解。公元前 218 年，第二次布匿战争爆发，公元前 201 年，以罗马的获胜而结束，罗马成为地中海无可争议的大国，但这场战争的经济和社会后果开始对罗马社会产生破坏。与汉尼拔的长期艰难的周旋，使罗马消耗殆尽，意大利半岛千疮百孔。大量农民涌入城市，开始了城市化现象。在这样一个背景下，城市平民与贵族两大集团之间的冲突日益尖锐。根据李维和普鲁塔克的记载，就在该法通过的同一年，同样是该法的提议者——平民的代表人物保民官比布鲁斯，对此前已 4 次担任执政官，彼时正统帅军队在前线与汉尼拔周旋的贵族将领马尔切鲁斯（Marus Claudius Marcellus）提出指控，试图说服民众撤销马尔切鲁斯的军事指挥职权。比布鲁斯不只是针对马尔切鲁斯，而是对所有的贵族提出控诉（Liv. 27,21,2），而城市中大多数身居高层备受尊敬的人士都选择为马尔切鲁斯辩护。[②] 最终这场指控以马尔切

① Cfr. Emanuela Savio, *Intorno alle Leggi Suntuarie Romane*, in *Aevum*, 1940, 14(1), p. 178.

② 但也并非所有的贵族都站在马尔切鲁斯一边，公元前 209 年的监察官马尔库斯·科尔内流斯·西第古斯（Marcus Cornelius Cethegus）就致力于让马尔切鲁斯名誉扫地，他以及其他一些贵族在《普布利求斯法》制定的过程中，明确支持比布鲁斯（Liv. 26,26,8; 26,32,2）。Cfr. anche Anna Bottiglieri, *La Legislazione sul Lusso nella Roma Repubblicana*, Napoli: Edizioni Scientifiche Italiane, 2002, p. 111.

鲁斯被宣告无罪并第五次当选执政官而告终。[1]《普布利求斯法》的通过就是这两大集团之间冲突的一个缩影。可以将该法与具有类似目的的同时期的另一部法律做一比较,即马上将谈论到的《琴求斯法》。

(十四)《琴求斯法》

《琴求斯法》是于公元前 204 年通过的平民会决议,由保民官阿利门图斯(Marcus Cincius Alimentus)提议制定。该法的内容主要包括三个方面:禁止辩护人因其职业活动收取当事人的礼物作为报酬,即"任何人不能因辩诉而接受金钱或者赠与";禁止任何超过一定数额的赠与,但具体限额不详;在某些例外情况下,赠与的数额不受限制,主要是向近亲属以及有一定特权的人进行的赠与。[2] 违反该法作出的赠与仍然有效,当事人也不会受到处罚,因此,该法是一项典型的不完善法律(*lex imperfecta*),但赠与人可以提出"琴求斯法抗辩"。该法在奥古斯都时期被一项元老院决议确认,并规定,如果辩护人收取当事人的礼物,对方可以起诉他,法院将判处辩护人支付相当于赠礼 4 倍的

---

① 参见[古希腊]普鲁塔克:《普鲁塔克全集》(I),席代岳译,吉林出版集团股份有限公司 2017 年版,第 576 页。

② 参见齐云、徐国栋:《罗马的法律和元老院决议大全》,载徐国栋主编:《罗马法与现代民法》(第 8 卷),厦门大学出版社 2014 年版,第 184~185 页。

罚金。[①]

在克劳丢斯时代，辩护人收受当事人赠与的禁令被取消，但其赠与的数额仍然受到限制，辩护人所收取的费用最多不能超过 1 万塞斯特斯。根据公元 47 年的《关于搜刮钱财罪的克劳丢斯元老院决议》（*Senatusconsultum Claudianum de repetundis*），辩护人违反《琴求斯法》向其委托人索取和收受 1 万塞斯特斯以上的钱款的，按搜刮钱财罪（*crimen repetundarum*）惩处，并且委托人可对辩护人提起 4 倍罚金之诉。[②] 因此，有学者认为，公元前 149 年的《关于搜刮钱财罪的普尔布尔纽斯法》（*Lex Calpurnia de pecuniis repetundis*）的核心理念可以上溯到该法，甚至有学者认为，《卡尔普尔纽斯法》不过是将该法的适用范围扩大到了行省。[③]

---

① Cfr. Giovanni Rotondi, *Leges Publicae Populi Romani*, Hildesheim-Zürich-New York: Georg Olms Verlag, 1990, p. 262；齐云、徐国栋：《罗马的法律和元老院决议大全》，载徐国栋主编：《罗马法与现代民法》（第 8 卷），厦门大学出版社 2014 年版，第 184~185 页；黄美玲：《〈关于赠礼的琴其亚法〉探究》，载陈小君主编：《私法研究》（第 19 卷），法律出版社 2016 年版，第 67 页及以后。

② 参见［古罗马］塔西佗：《编年史》（下册），王以铸、崔妙因译，商务印书馆 1997 年版，第 324 页；齐云、徐国栋：《罗马的法律和元老院决议大全》，载徐国栋主编：《罗马法与现代民法》（第 8 卷），厦门大学出版社 2014 年版，第 239 页。

③ Cfr. Anna Bottiglieri, *La Legislazione sul Lusso nella Roma Repubblicana*, Napoli: Edizioni Scientifiche Italiane, 2002, p. 113.

该法的颁布是当时的社会风气败坏的最好说明。[①] 长期以来,自由职业的服务并不产生以酬金为内容的法律上的债,但辩护人常常通过接受当事人的馈赠而获得报酬,然而,一些贪婪的辩护人却把在辩护中获得赠礼的传统当成当事人对自己理所当然的“进贡”,甚至将之视为当事人必须履行的给付,一些辩护人公然索取贵重的礼物。[②] 最终直接促成该法通过的原因则可以归结于平民开始向元老院缴纳田税和贡赋。[③] 公元前 210 年,以莱维努斯(Levinus)为首的官员提出,希望通过向平民征缴税款来为海军发放薪水和军需用品。该提议对于早已因为长期战争而贫困潦倒的平民无疑是雪上加霜,一场社会暴动一触即发。部分贵族意识到了这种危机,他们试图通过法律缓和紧张的社会关系,《琴求斯法》以及前文提到的《普布利求斯法》就是在这种背景下出台的。[④]

---

① “元老们,经验证明,在正直的人们居住的城市里,由于别人犯了过失,便产生出好的法律和有益的先例,比如说,辩护人的放肆行为引起了琴求斯法;竞选人的贪污腐化引起了尤流斯法;官吏的贪得无厌引起了卡尔普尔纽斯平民法。”参见[古罗马]塔西佗:《编年史》(下册),王以铸、崔妙因译,商务印书馆 1997 年版,第 523 页。

② 参见黄美玲:《〈关于赠礼的琴其亚法〉探究》,载陈小君主编:《私法研究》(第 19 卷),法律出版社 2016 年版,第 68 页。

③ Liv. 34,4,9:“……是什么导致了《关于馈赠的琴求斯法》的通过? 还不是因为平民开始向元老院缴纳田税和贡赋……”(*…quid legem Cinciam de donis et muneribus nisi quia vectigalis iam et stipendiaria plebs esse senatui coeperat? …*)

④ 参见黄美玲:《〈关于赠礼的琴其亚法〉探究》,载陈小君主编:《私法研究》(第 19 卷),法律出版社 2016 年版,第 66 页。

根据塔西佗的记载，在克劳丢斯皇帝时期，该法仍在适用。彼时，一名曾担任过财务官的臭名昭著的辩护人普布流斯·苏伊流斯·路福斯（Publius Suillius Rufus）在收受了委托人40万塞斯特斯的酬金后，却同对方当事人勾结到一起，于是他的委托人就在苏伊流斯家中自戕了。按照时任（公元48年）执政官盖尤斯·希流斯（Gaius Silius）的建议，元老院一致要求执行《琴求斯法》。此后，苏伊流斯再次因触犯该法而引起了更加严重的后果。①

（十五）关于禁奢的元老院决议

关于禁奢的元老院决议，即前文提到的，公元前161年发布的作为《范纽斯法》之前奏的元老院决议。

（十六）关于禁奢的敕令

关于禁奢的敕令，即前文在介绍奥古斯都时期的《关于禁奢的尤流斯法》时提到的奥古斯都或提贝流斯发布的一项元首敕令，它修订了《关于禁奢的尤流斯法》所规定的宴会花费标准：将各种节庆日的宴餐费用从300塞斯特斯增加到2000塞斯特斯。②

（十七）关于禁奢的监察官告示

关于禁奢的监察官告示，即老普林尼在其《自然史》14，16（14），95中提到的公元前89年监察官普布

---

① 参见［古罗马］塔西佗：《编年史》，王以铸、崔妙因译，商务印书馆1997年版，（上册）第222页，（下册）第322页、第437页。

② 参见［古罗马］奥卢斯·革利乌斯：《阿提卡之夜》（1～5卷），周维明等译，中国法制出版社2014年版，第151页。

鲁斯·李其纽斯·克拉苏斯(很可能是《李其纽斯法》的提议者普布鲁斯·李其纽斯·克拉苏斯·迪维斯[①])和路求斯·尤流斯·凯撒(Lucius Iulius Caesar)发布的限制葡萄酒价格的告示:限定希腊葡萄酒和阿米南亚(意大利东部的一个地区)葡萄酒的最高价格为每双耳瓶(约26.2公升)8阿斯。

除此之外,公元前186年的《关于酒神节的元老院决议》(*Senatusconsultum de Bacchanalibus*)[②]、公元前

① Cfr. Emanuela Savio, *Intorno alle Leggi Suntuarie Romane*, in *Aevum*, 1940, 14(1), p. 185.

② 酒神巴克斯是快乐和社交之神,总是伴随一群微醉的朋友和心醉神迷的女崇拜者出现,对酒神的崇敬美化了罗马人对宴席和死亡两者的态度。酒神传说以及巴克斯的形象在罗马社会无处不在,在镶嵌画、悬挂于房子和酒馆墙壁的油画、家庭里各种物品上,甚至石棺上都能发现巴克斯的图像,因为他能唤起人们的快乐记忆。参见[法]菲利浦·阿利埃斯、乔治·杜比主编:《私人生活史·I·古代人的私生活:从古罗马到拜占庭》,李群等译,北方文艺出版社2009年版,第184~185页。通过此决议,元老院为了避免扰乱公共秩序以及破坏节制的传统风俗,禁止罗马市民、拉丁人和同盟者不遵循一定的形式而参加酒神节,禁止任何人在授权的集会中以祭司的名义行事,禁止超出指定的形式而宣誓,禁止在罗马实施秘密的献祭或在罗马城外实施公开的献祭,除非裁判官另外决定,参加献祭的人不可超过5人,或不超过2个男人和3个女人,并对违反者处以死刑,并且此等集会应在10日内解散。参见齐云、徐国栋:《罗马的法律和元老院决议大全》,载徐国栋主编:《罗马法与现代民法》(第8卷),厦门大学出版社2014年版,第241页。

169 年的《沃科纽斯法》(*Lex Voconia*)[①]、公元前 103 年的《关于非洲野生动物的奥菲丢斯法》(*Lex Aufidia de feris africae*)[②]也多少涉及对奢侈的规制,但禁奢显然

① 该法的主要内容是限制妇女根据遗嘱接受遗产继承的权能,规定妇女不能被第一等级(拥有 10 万阿斯以上财产的市民)指定为继承人,仅允许她们与被继承人同父所生的姐妹参加继承,其他女子一律不得充当宗亲的继承人。参见齐云、徐国栋:《罗马的法律和元老院决议大全》,载徐国栋主编:《罗马法与现代民法》(第 8 卷),厦门大学出版社 2014 年版,第 235 页。

② 由于缺乏相关文献记载,我们不能确定它是由谁在哪一年提议制定的,但是有两项文献记载提到该法的一些信息:老普林尼在《自然史》8,17(24),64 中提到过"奥菲丢斯平民会决议",当指的就是该法,其作者即格奈乌斯·奥菲丢斯(Gnaeus Aufidius),该法当是其担任平民保民官期间提议制定的;西塞罗在其《论至善和至恶》(*De Finibus*)5,19,54 和《图斯库鲁姆论辩集》(*Tusculanae Disputationes*)5,38,112 中提到,格奈乌斯·奥菲丢斯是公元前 94 年前后的裁判官。至于该法的年份,有学者认为是公元前 170 年,但考虑到该法制定的背景,其出现应当更晚近:一方面,罗马与非洲的关系变得更加亲近;另一方面,竞技场中的表演越发奢华。我们确切知道的是,公元前 103 年,在罗马竞技场首次出现了几只狮子,公元前 99 年,首次出现了大象。同时考虑到,在古罗马担任保民官和裁判官要有 10 年的间隔。据此可以推断:该法应该是由保民官奥菲丢斯于公元前 104~公元前 103 年前后提议通过的平民会决议。它在内容上缓和了此前关于绝对禁止从非洲进口野生动物的元老院决议(可能是加图时代发布的),允许在竞技表演(*ludi circenses*)中使用非洲野生动物。公元前 2 世纪,罗马的斗兽活动极尽奢华,迦太基的陷落使引进那些较为罕见的或者罗马人前所未闻的野兽更加便利。奥菲丢斯之所以变更了先前元老院决议的内容,其目的我们不得而知,但有两点需要注意:众多的竞技表演需要大量的野生动物;非洲成为罗马的一个行省后,进口的成本大大降低。当然,即便获得非洲野兽的花费相较于过去大大降低,但是如果大量进口,对国家经济和富人的财富也会产生重大影响,后者的奢侈行为正是禁奢法律所要打击的对象。Cfr. Giovanni Rotondi, *Leges Publicae Populi Romani*, Hildesheim-Zürich-New York: Georg Olms Verlag, 1990, p. 328-329; Emanuela Savio, *Intorno alle Leggi Suntuarie Romane*, in *Aevum*, 1940, 14(1), p. 183-184.

并非它们的主要目的，也只有极个别学者将其纳入禁奢法的序列，在此不赘。

庞培(Gnaeus Pompeius Magnus，公元前 106 年～公元前 48 年)在公元前 55 年曾提出过一项制定禁奢法的议案，但该议案遭到激烈反对。在听取了霍尔腾修斯(Hortensius)的建议后，庞培放弃了该提案。[①] 霍尔腾修斯是伊壁鸠鲁学派的信徒，他指出，在庞培自己拥有巨额财富的情况下却要提议通过法律削减个人开支，这很难让人信服，庞培因此放弃了这一想法。[②] 该提案的具体内容不详，可能包括对赠与的规制，以及对日常饮食花费的限制。[③]

我们从西塞罗的书信中还知道，公元前 50 年也曾出现过一个规制交通奢侈的法律提案，即《关于交通的斯科利波纽斯提案》(*Rogatio Scribonia de itineribus*)。西塞罗在写给阿提库斯的信中(Cic. *Ad Att.* 6, 1, 25)中提到，保民官盖尤斯 · 斯科利波纽斯 · 库里奥(Gaius Scribonius Curio)于公元前 50 年提议制定一项法律，规制交通中的奢侈行为，对违反规定的乘员课以重税。该提案未获通过。除西塞罗的这处记述外，

---

① Cfr. Giovanni Rotondi, *Leges Publicae Populi Romani*, Hildesheim-Zürich-New York：Georg Olms Verlag, 1990, p. 405.

② See J. A. Crook, Andrew Lintott and Elizabeth Rawson (eds.), *The Cambridge Ancient History* (2nd ed.), Vol. 9, Cambridge：Cambridge University Press, 2008, p. 398.

③ Cfr. Emanuela Savio, *Intorno alle Leggi Suntuarie Romane*, in *Aevum*, 1940, 14(1), p. 188.

该法案没有在其他文献中被提到过，因此我们无从进一步了解其内容，但该提案与斯科利波纽斯同年的另一项法律提案，即《关于道路的斯科利波纽斯提案》（*Rogatio Scribonia viaria*）很可能是同一个，根据西塞罗（*Ad Fam.* 8，6，5）和阿庇安（《内战史》2，4，27）[①]的记载，后者规定的是公共道路的维护和建设问题，并设立了一个五年制的官职，同时为了填补这项巨大的开支，对奢华的车辆及其乘员进行征税。[②]

此后在提贝流斯时期，由于“奢侈浪费的坏风气已经突破了任何界限，沾染到一切可以乱花钱的事情上了”，“禁止奢侈的法令已经成了一纸空文；食品的黑市价格一天高似一天；用一般的温和手段已经不能制止上涨了”，公元 22 年，市政官盖尤斯·比布鲁斯（Gaius Bibulus）及其同僚市政官们请求元老院发布一项新的禁奢法令，元老院将此事提交给提贝流斯来决定。“提贝流斯自己在反复地考虑了这件事情之后，怀疑这种难以收拾的风气是否能制止得了，怀疑在制止的时候是否会在全国范围内引起一场更大的灾难，而且如果他进行改革又不能坚持，这是有伤他的尊严的，但如果他坚持的话，那么他的一些最显赫的臣民就

① 中译本参见［古罗马］阿庇安：《罗马史》（下卷），谢德风译，商务印书馆 1976 年版，第 124～125 页。

② Cfr. anche Giovanni Rotondi, *Leges Publicae Populi Romani*, Hildesheim-Zürich-New York: Georg Olms Verlag, 1990, p. 413; Emanuela Savio, *Intorno alle Leggi Suntuarie Romane*, in *Aevum*, 1940, 14(1), p. 188-189.

要遭到贬黜和不光彩的处分”,因此他就给元老院写了一封信,委婉拒绝了这一请求。① 这是有文献明确记载的罗马统治阶层对奢侈进行法律规制的最后尝试,古罗马的禁奢法止于提贝流斯,此后,禁奢法的议

---

① 提贝流斯在给元老院的信中写道:“我知道,在宴会以及社交的集会上,大家对这类事情是憎恶的,都要求加以限制。可是,如果决定用法律惩处这些东西,则现在诅咒这些东西的人又会叫起来,说‘这是国家的一场大祸,是对于全部显要人物的致命打击,它会使任何一个人都有可能犯罪!’……我们的祖先所创造的全部法律,以及圣奥古斯都所制定的全部法律,现在都湮没无存了,前者被人们忘记了,后者受到人们的轻视,后面这种态度就更不应该了。这种情况只能使人们更加放纵于奢侈的恶习。因为,如果你想取得某种尚未被禁止的东西,你就总是害怕这种东西有一天会被禁止;可是一旦你触犯了禁令而未受到惩罚,你就会壮起胆子,而且连羞耻也会不顾了。”同时,提贝流斯也意识到过去的禁奢法律所解决的问题和已经改变的时代需要之间有着本质的不同:“过去人们所以能够保持俭朴的作风,是因为人们都有自制的能力。因为我们只不过是一个城市的市民。甚至在我们成为全部意大利的主人的时候,我们也没有受这样的诱惑。对外进行的胜利的战争,教会了我们浪费别人的财产,国内的胜利又教会了我们浪费自己的财产。营造官们要大家注意的事情是多么小的一件事情啊。如果人们向四外看一看,就会发现这是多么不重要的事情。”此外,对大量告密活动所带来的社会问题的担忧也是提贝流斯抵制禁奢法的另一个重要原因。参见[古罗马]塔西佗:《编年史》(上册),王以铸、崔妙因译,商务印书馆1997年版,第174~178页。虽然提贝流斯否决了制定禁奢法的提议,但他在位期间,仍实施了一些旨在抑制奢侈花费的举措,比如他削减演员的酬金、限制使用角斗士的对数,以此压缩娱乐与演出开支;他还建议限制家具开支,其市场价格由元老院斟酌每年调整一次;他指示市政官限制酒馆、饭店做点心陈列出卖,提倡恢复古风,而古时食品只在家里做;他在位期间还通过一项元老院决议,不允许使用黄金制造的食具,还禁止男人穿东方的丝织品。当然,他自己也以身作则,鼓励节约,经常在正式宴席中摆上前一天吃剩的肉。参见[古罗马]苏维托尼乌斯:《罗马十二帝王传》,张竹明等译,商务印书馆2000年版,第131~132页(提比略传);[古罗马]塔西佗:《编年史》(上册),王以铸、崔妙因译,商务印书馆1997年版,第89页。

题再未出现于古罗马的法律之中。[①]

上述“禁奢法”除公元前 18 年的《关于禁奢的尤流斯法》和关于禁奢的敕令外，全部存在于共和时期，即便是奥古斯都时期的这部法律，也诞生于传统的共和体制仍然在形式上得以存续的帝政初期。

第二节　禁奢法的规制对象

一、规制对象的局限

上述每一项禁奢法尽管从表面上看来都与先前的禁奢法具有相同的特征，甚至具有同样的规范动机，都是在特定时期对个人自由的法律限制，但每一项法律

① 通过前文对罗马禁奢法真容的揭示，我们发现在禁奢领域有一个奇怪的现象：与罗马法中的很多制度的发展不同，在这里没有出现裁判官的影子。对此，可以从“裁判官法”与“法律”在罗马法发展中所扮演的不同角色做一简要分析。关于“裁判官法”与“法律”二者的关系，一种看法是，它们是先后迭代关系，罗马法的发展经历了“法律时代”—“告示时代”（公元前 200 年前后）—“法学时代”（公元前 67 年以后）。但这种观点无法解释在所谓的“告示时代”仍然存在大量“法律”的事实。另一种更为普遍的看法是，它们二者是互补关系，均为罗马法发展所不可或缺的机制，法律针对某些重大事项先行开路，裁判官的干预作为修正和补充紧随其后。比如，“损害”的确定属于法律（《阿奎流斯法》）的范畴，而“侵辱”的相关问题则是裁判官的活动空间。但是，涉及社会管理的相关问题则是法律的专属领地，如限制妇女继承权的《沃科纽斯法》、保护未成年人的《普雷托流斯法》（*Lex Plaetoria*），以及关于控制奢侈行为的禁奢法，皆属此。See J. A. Crook, Andrew Lintott and Elizabeth Rawson (eds.), *The Cambridge Ancient History* (2nd ed.), Vol. 9, Cambridge: Cambridge University Press, 2008, p. 533, nt. 16, p. 548.

都是独立的存在,对罗马社会环境产生不同的影响,每项禁奢法都有其为满足某个时期的特殊需要的特定目的。尽管如此,在这些禁奢法背后,我们仍能发现它们在内容上的某种一致性。这种一致性体现在,除《奥皮尤斯法》《梅提流斯法》《关于元老的克劳丢斯法》和两项涉及赠与的法律外,其他禁奢法均将规制的奢侈行为指向了私人宴饮。在这种意义上,将禁奢法称为饮食法确有其一定道理。

除了对宴饮的法律调整以外,对于其他形式的奢侈性花费,罗马法很少染指或者只是暂时性规制。在此前,共和时期存在的唯一旨在调整服饰的法律是《奥皮尤斯法》,但它在施行 20 年后就被废除了,而此时奢侈行为方兴未艾。自《十二表法》以来,对葬礼的限制也非常少见,在公元前 150 年,对于葬礼及其伴随的赛会活动的总花费只要不超过 100 万阿斯,就被视为适当的。[①] 虽然国家后来对凯旋赛会的花费进行限制,但私人赛会和戏剧等娱乐活动,仍然在法律的规制之外。那么,为什么宴会在统治者眼中成为一种需要进行规制的威胁呢?要理解这一点,我们必须知道,在古罗马社会,宴会与政治之间有着密切联系,这是理解以饮宴的规制为主的禁奢法律的重要前提。在古罗马,宴会是半公共性质(*semi-public*)的事件,是一种展

---

① See Molly Ann Rosser Dauster, *Roman Sumptuary Legislation of the Republican Era C.* 200-100 *B. C.* ,Thesis(M. A.) of Texas Tech University, 1996, p. 51.

示财富的方式,是一个建立重要关系的机会,也是罗马元老们最喜欢的进行竞技游戏的舞台。宴会是罗马社会重要而突出的一道风景,是社会声望的展示场。富有的恩主以及包括执政官在内的公共官员,经常自掏腰包,宴请大众。这些欢宴是"施恩"行为的核心要素,有学者把它定义为"有利公众的个人自由"。[①] 在罗马人看来,请人参加晚宴或观看演出是对亲朋的义务,对穷人的施惠,是候选人的礼物。[②]

在宴会上,与慷慨的展示相伴的是新财富和权力的展示。在宴会上进行巨额花费,背后的主要动因就是展示财富与对权力的欲望。考古学已经充分揭示了宴会在罗马人的社会和政治生活中的重要性,以及宴会空间及其装饰的富丽堂皇、宴会服务的讲究。针对宴会的禁奢立法表面上试图规制私人生活的某个方面,但其负载着重要的社会意义和政治意义,抑制这种慷慨行为(*liberalitas*)变成一种具有严重的政治和社会后果的威胁。[③] 我们知道,共和时期的罗马政治从某种意义上来讲是建立在个人关系基础之上的,尤其是

---

① [美]克里斯托弗·贝里:《奢侈的概念:概念及历史的探究》,江红译,上海人民出版社2005年版,第73页。

② Cicero, Pro Murena, 73:"*Omnia haec sunt officia necessariorum, commoda tenuiorum, munia candidatorum.*"中译文也可参见[古罗马]西塞罗:《西塞罗全集·演说词卷》(上),王晓朝译,人民出版社2008年版,第873页。

③ See Emanuela Zanda, *Fighting Hydra-Like Luxury: Sumptuary Regulation in the Roman Republic*, London: Bristol Classical Press, 2011, p. 55-57.

建立在门客关系之上,[1]门客在政治活动尤其在选举投票中起着至关重要的作用。在政治竞技场上,拥有大量的门客对于获得成功至关重要。甚至可以说,庇护(庇主—门客)制度是整个罗马生活方式的基础,是罗马社会复杂的社会政治关系网络的重要依赖,是罗马霸权的基础。庇主与门客之间靠"信义"来维系其联系,"信义"不仅代表着相互诚实和信赖,而且是一项保持忠诚的庄重承诺,是一种被普遍接受的忠诚和互助的观念,人们在此基础上建立和维持某种原始的默示契约关系。"信义"可以通过分享食物而得到强化,就像现代我们习惯于在饭桌上达成交易或结成联盟。庇主与门客都认为,提供食物对于维系其联盟关

---

① 在古罗马,对任何一个底层的人来说,没有朋友和保护人是很难生活的,于是,财富、权力、年龄和身份不平等者结成各种各样的联锁式关系,其中一种被罗马人称为"门客"(*clientes*)。门客通常是但不限于一些穷人、农村人、平民,他们根据自己的选择从属于某个庇主(*patronus*)。庇主、门客之间是一种双方自愿选择的互惠关系,这种关系具有长期性和稳定性,一旦形成通常会世袭存在。庇主和门客的之间靠"信义"(*fides*)这一习惯而非法律的纽带联结起来,这是一种道德层面的理想主义的而非法律层面的现实主义的约束,是建立在利益交换和互助基础之上的一种观念。庇主与门客之间的角色和职责都非常明了,他们相互负有在需要时提供帮助和交换利益的义务。习惯上,庇主要在审判中为其门客辩护、作证、提供担保,而门客要履行大量的财政义务,包括帮庇主提供嫁资、缴纳罚款、支付竞选支出等。庇主与门客任何一方都不能起诉对方、提供不利于对方的证据或投票反对另一方,一方的敌人也是另一方的敌人。原则上,门客可以带着信义自由选择其最大利益之所在,但在一个生存和发展都依赖于富裕且有权势之人的恩惠的社会中,其选择空间实际上非常有限。See Molly Ann Rosser Dauster, *Roman Sumptuary Legislation of the Republican Era C. 200–100 B. C.*, Thesis(M. A.) of Texas Tech University, 1996, p. 6–10.

系至关重要。① 像古罗马的讽刺诗人尤维纳利斯所认为的，免费的宴会实际上是庇主—门客关系的唯一特征，而且他还警告门客：首先要记住，当你被邀请参加宴会，那是在偿还你之前的服务，食物是你作为一个门客为庇主服务所获得的报酬（*Saturae* 5，12－22）。就连禁奢法的积极捍卫者老加图都不得不违反法律的规定而为其农村来的朋友准备奢华的宴会。

我们来看一下老加图到底是一个什么样的人。根据普鲁塔克在《加图传》中的记载：他"崇尚简朴和节制"，"他像他的祖辈一样靠自己的双手劳动过活，甘于早点吃些冷食，正餐也是简简单单，衣着朴素，住所简陋，想的更多的是尽量保持最低生活而不是追求过多的享受"，"不但在他少年满怀壮志的时期，甚至在他暮年，白发苍苍凯旋归来，就任执政官的时候，仍然保持不变"，"他从来不穿价值超过一百德拉克马的衣着，即使在任财务官或执政官期间也跟奴隶们喝同样的酒。他在公共饭菜摊上购买值三十阿斯的正餐，甚至于吃这样的伙食也是为了城邦，因为他不能仅靠面包过活，还需要健壮的身体去执行军务。一次他继承了一件刺绣的巴比伦长袍，但立刻就卖掉了。他的农舍中没有一间房屋的墙壁是粉饰过的。他从不出一千

① See Molly Ann Rosser Dauster, *Roman Sumptuary Legislation of the Republican Era C.* 200－100 *B. C.* , Thesis（M. A.）of Texas Tech University, 1996, p. 52－54.

五百德拉克马以上的价钱去买奴隶,因为他不图他们容颜娇美,只要他们体壮能劳动,充当马夫、牧人之类”,“总之,他认为我们必不可少的东西都是廉价的,而我们不需要的东西,即使花一个阿斯也是昂贵的”。就是这样一个人,“他在农村款待宾客的饭餐也极为丰富。他经常邀请村里志趣相投的邻居,同他们在一起尽情欢乐,不仅是与他同年的人感到他是令人愉快的、极理想的伙伴,青年人也认为是这样”,“他把餐桌当作促进友谊的最好的场合”。[①] 这些被他邀请赴宴的朋友和邻居,基本都是他的门客。具体来说,就是他曾经帮助他们处理法律纠纷而后者反过来帮助他登上政治舞台的那些人。因此,即便他本人非常简朴,也不能完全免俗,包括用违反法律规定的奢侈宴会来巩固其庇主—门客关系。

因此,如果说庇主—门客关系因为积极频繁的食物交换而得以巩固,那么禁奢法的出现就容易理解了。罗马共和国的统治阶级之所以不断促成此等主要关涉宴饮的奢侈花费的法律,是因为他们感受到了传统的庇护(庇主—门客)制度受到举办奢华宴会者的威胁,奢华的宴会触及他们的红线:在政治上有所企图者很可能利用奢华的宴会来俘获他人尤其是门客的支持从而达到某些政治目的,因此需要通过法律加强对此等

① [古希腊]普鲁塔克:《希腊罗马名人传》(上册),黄宏煦主编,陆永庭、吴彭鹏等译,商务印书馆 1990 年版,第 346 页、第 348~349 页、第 372 页。

活动的限制从而消除政治威胁。

二、对宴饮的具体规制

抛却其目的，在内容上，禁奢法对宴饮的规制主要体现在三个方面：

其一，对客人的限制。

《奥克尤斯法》限制了能够被邀请参与宴会的客人的人数，但其具体人数不得而知，不过我们从此后的《范纽斯法》的规定可以大致推知，这一数字不会太大；《范纽斯法》将受邀宾客的人数上限定为，平时为 3 人，集市日为 5 人；《安求斯法》则禁止长官和长官候选人参加由低社会等级者组织的宴会。上述最后一项法律的规定，实际上是出于政治目的，这与《狄丢斯法》如出一辙，后者对于违反法律规定的宴会，不仅处罚宴会的组织者，而且处罚受邀的客人。此等规定旨在阻止所谓的“新人”通过奢侈的宴会来扩大其社会和政治网络，从而防止贵族以外的势力对现任和候任长官施加影响。[①] 马克罗比尤斯评论说，法律曾经规定，午餐和晚餐都必须敞开门食用，从而使公众可以对奢侈行为进行监督。他还说，就连传统道德的积极捍卫者、对禁奢不遗余力的老加图都曾大声抱怨《奥克

---

① See Giuseppe Dari-Mattiacci and Anna E. Plisecka, *Luxury in Ancient Rome: Scope, Timing and Enforcement of Sumptuary Laws*, Amsterdam Center for Law & Economics Working Paper No. 2010-03, in *Legal Roots*, Vol. 1, 2012, p. 13.

尤斯法》所允许邀请的客人人数太少(《农神节》3,17,1–21)。

其二,对花费数额的限制。这也是禁奢法的主要内容。

公元前161年的关于大母神节赛会的元老院决议首次对宴会的花费作出限制:国家重要市民在大母神节赛会进行宴请前必须在执政官面前庄严发誓,每一次的宴席开销不得多于120阿斯。

此后的《范纽斯法》将宴会的花费上限定为:在罗马赛会、平民赛会、农神节以及其他一些节日,为100阿斯,每个月另外的特定10天为每天30阿斯,而剩下天数为每天10阿斯。古罗马作家盖尤斯·卢齐流斯(Gaius Lucilius)曾提到该法,他写道:"《范纽斯法》可怜巴巴的一百阿斯。"(*Fanni centussis misellus*)①

《范纽斯法》确定的标准在大约60年之后被《李其纽斯法》修正,后者引入了额外的限制,即对婚礼招待费用的限制,最高为200阿斯;在婚礼外的其他时间,特定节日的开销可达100阿斯,其他日子最多为30阿斯。

公元前81年的《科尔内流斯法》提高了宴会的最高消费额:在某些特定日期和节日,为300塞斯特斯,在其他日子为30塞斯特斯。

---

① [古罗马]奥卢斯·革利乌斯:《阿提卡之夜》(1~5卷),周维明等译,中国法制出版社2014年版,第150页。

《安求斯法》也对宴会的花费作出了限制，遗憾的是，其具体数额我们不得而知。

对宴会花费进行限制的最后一项法律是奥古斯都时期的《尤流斯法》，该法允许的花费数额是：普通的日子为 200 塞斯特斯，特定日期和节日为 300 塞斯特斯，婚礼为 1000 塞斯特斯。此后，奥古斯都（也可能是提贝流斯）将各种节庆日的宴会花费限额从 300 塞斯特斯提高到 2000 塞斯特斯。

为了使我们对上述限额有更加直观的认识，我们可以将其与历史学家波利比阿（Polybius，公元前 203 年～公元前 121 年）在《历史》6，39 中所述罗马军团中士兵的津贴做一个对比：在布匿战争期间，一名军团步兵的津贴为每天 2 欧布尔（古希腊银币），折合成古罗马货币约为 5.3 阿斯（也有学者认为是 3 阿斯或 5 阿斯）；一名百夫长的津贴为普通军团士兵的 2 倍；一名骑兵的津贴为每天 1 德拉克马（古希腊银币），折合成古罗马货币约为 1 迪纳流斯（16 阿斯），这些津贴用于士兵的每日花销，包括食物、服装、武器等。[①] 该津贴数额在帝政时期有所提高，根据塔西坨的记载，公元 14 年，军团士兵抱怨每天肉体加上灵魂的艰苦才值 10

① See also Richard Alston, *Roman Military Pay from Caesar to Diocletian*, in *Journal of Roman Studies*, 1994(84), pp. 113－114; Vincent J. Rosivach, *Lex Fannia Sumptuaria of* 161 *BC*, in *The Classical Journal*, Vol. 102(1), p. 14－15.

阿斯，他们要求涨薪到每天1迪纳流斯。[①]

我们还可以通过对比老加图于公元前160年写成的《农业志》中的记载来对比了解共和中后期罗马人的日常收入情况：将从外地(苏埃萨)购买的榨油磨运到罗马，"牛驮运，六人，六天的工作，加上牧牛人，七十二塞斯特斯"。如此算来，每个运输工人每天的收入约为1.7塞斯特斯(彼时每塞斯特斯相当于4阿斯)。当然，这些工人是罗马民众中最底层的体力劳动者，比他们的处遇好一些的匠人，其收入明显提高：安装榨油磨时，"需要的铁制品，要叫一个工匠来钉，需花六十个塞斯特斯"，"给安轴装轴槽灌铅的工匠至少八个塞斯特斯"。[②]

因此，考虑到每天的日常餐饮费用不超过5阿斯的共和时期的现实生活情景，上述各项禁奢法所设定的每日餐饮消费的最高额，对于罗马人的日常生活没有任何影响，尤其是蔬菜和水果等还不在限制之列。在特定节庆日所规定的最高限额也足以举办一场豪华宴饮。如是观之，禁奢法对餐饮花费的限制，对于大多数人来说都不是问题，其主要目的并非要求罗马人，尤其是罗马的精英阶层，去过清苦的生活，而在于将盛宴的举办控制在主要的节庆日期间。

---

① 参见[古罗马]塔西佗：《编年史》(上册)，王以铸、崔妙因译，商务印书馆1997年版，第18～19页。

② [古罗马]M. P. 加图：《农业志》，马香雪、王阁森译，商务印书馆1997年版，第19页。

其三,对饮食和餐具的限制。

对特定种类食物的消费限制始于《范纽斯法》:该法一般性地限制食用飞禽,但每天可以食用一只瘦小的母鸡;每年最多只能消费 15 塔兰特肉类。《李其纽斯法》则对每天可以食用的干肉和咸鱼的重量作出限制,分别为 3 磅和 1 磅,但对蔬菜、水果和本地葡萄酒的饮食量不设上限。对于宴饮食物种类进行限制的做法在《埃米流斯法》中延续下来,该法明确规定,禁止在宴会上上鼠肉、大鼠肉、睡鼠肉、贝类和来自外国的鸟肉。此等对宴饮食物种类的限制,对于本地产品不加限制,但外来产品要跃上罗马人的餐桌则要困难得多。这种规定实际上带有强烈的地方保护主义的色彩,有利于拥有大量土地的贵族;相反,对于从事商业活动的骑士阶层较为不利。①

公元前 161 年的元老院法令中对宴席不可饮用外国的酒而只能饮用本国酒的限制,以及公元前 89 年发布的将希腊葡萄酒和阿米南亚葡萄酒的最高价格限制为每双耳瓶 8 阿斯的监察官命令,都可以归结为对饮

① See Giuseppe Dari - Mattiacci and Anna E. Plisecka, *Luxury in Ancient Rome: Scope, Timing and Enforcement of Sumptuary Laws*, Amsterdam Center for Law & Economics Working Paper No. 2010 - 03, in *Legal Roots*, Vol. 1, 2012, p. 14.

食种类限制的范畴。[1]

公元前81年的《科尔内流斯法》则对进口食物进行了一般性规制，但它并没有限制进口食品的数量，而是限制其价格，对进口的外来食物规定了较低的价格，价格低到足以使进口的成本远远大于收益，从而达到限制消费的目的。

第三节　禁奢法的执行效力

从根本上来说，禁奢法的相继出现，是罗马在第二次布匿战争之后所经历的社会转型时期"传统"对于新的社会现实的一种应激反应。在第二次布匿战争之后，社会财富急剧增加，罗马人的传统生活方式和价值观念不可避免地发生改变。一个典型的事例是，公元前275年，曾担任过独裁官(公元前333年)并两度担任执政官(公元前290年和公元前277年)的元老院议员普布流斯·科尔内流斯·鲁菲努斯(Publius Cornelius Rufinus)只是因为拥有10磅(约3.3公斤)的银质餐具[2]就被时任监察官盖尤斯·法布里求斯·鲁基

① 在罗马人的宴会上，晚上最复杂、最长的时间是用来喝酒的。开始吃饭时人们不喝酒，后来他们光喝酒不吃饭，这就是严格意义上的宴会。参见[法]菲利浦·阿利埃斯、乔治·杜比主编：《私人生活史·Ⅰ·古代人的私生活：从古罗马到拜占庭》，李群等译，北方文艺出版社2009年版，第181页。

② 此处的"银质餐具"在有的文献中说是"银瓶"，也有的文献中说是"白银"。

努斯（Gaius Fabricius Luscinus）以奢侈腐化的罪名驱逐出元老院，[①]而到了公元前161年，任何宴席上使用的银器重量只要不超过100磅都是允许的。[②] 社会发生的急剧变化，使传统上被人们普遍接受和遵循的价值取向和行为标准在新形势下面临被颠覆（至少是被重创）的威胁，因此，它们必然表现出各种不适应，试图以传统阻止至少是延缓社会的变化对其带来的冲击。但是无论如何，第二次布匿战争后的罗马世界正在发生不可逆转的巨大变化，这种变化给罗马社会带来的影响有积极的也有消极的，对奢侈行为的法律规制即应对此等消极影响的举措之一。

尽管老加图为《奥皮尤斯法》慷慨激昂的辩护无济于事，无法阻止该法的废除，但是他所表达的理念却长盛不衰，罗马人继续不断地制定、再制定旨在规制奢侈的各种法律。然而，统观罗马人留下来的法律规范，[③]我们可以发现，罗马人在短暂的历史时期内颁布数项法律来规制同一事项的做法是非常罕见的，即便在极为重要的土地问题上所颁布的数项法律，其规制

① 参见［古罗马］奥卢斯·革利乌斯：《阿提卡之夜》（1~5卷），周维明等译，中国法制出版社2014年版，第232页。

② See A. E. Astin, F. W. Walbank, M. W. Frederiksen, and R. M. Ogilvie (eds.), *The Cambridge Ancient History* (2nd ed.), Vol. 8, Cambridge: Cambridge University Press, 2008, p. 185.

③ 对此，可以参见 Giovanni Rotondi, *Leges Publicae Populi Romani*, Hildesheim-Zürich-New York: Georg Olms Verlag, 1990；齐云、徐国栋：《罗马的法律和元老院决议大全》，载徐国栋主编：《罗马法与现代民法》（第8卷），厦门大学出版社2014年版，第171~253页。

的内容也有所不同,有的涉及公地,有的涉及行省土地,有的涉及嫁资中的土地,有的涉及某些特定区域的土地等。但奇怪的是,在禁奢的主题上,从公元前3世纪末期开始到公元前1世纪,上述禁奢法的规则在其内容没有太多实质性变化的情况下被一遍遍重复。其原因者何?是因为旧的法律始终得不到有效执行,还是立法者压根就不想执行这些法律,只是在形式上对奢侈行为进行某种谴责?

一、禁奢法的未获执行

罗马禁奢法的命运基本都是多舛的,经常面临被废除的危险,其中有些被明确废除,有些则在实践中被弃之不用:(1)《奥皮尤斯法》在罗马人战后的狂热中于公元前195年被废除。(2)《奥克尤斯法》虽然受到老加图的捍卫,但最终好像也被废除了。(3)《范纽斯法》也面临过废除的提议,而且在现实生活中几乎没有人遵守。如前文所述,阿忒奈乌斯在其《智者盛宴》中这样写道:现实生活中只有谢沃拉、杜贝罗和路福斯遵守了《范纽斯法》,即便如此,他们为了不使自己的食物超标,也采取了各种变通的方式。(4)《李其纽斯法》于公元前97年被废除。(5)其他残存的即便没有被废除的禁奢法在实践中也很难引起人们的重视,基本沦为一种象征性的存在,因为这些法律都挑战着人们对自由享受新财富的诉求。正如前文提到的,提贝流斯之所以拒绝再行制定禁奢法,一个重要的考虑就是之前的全部禁奢法都湮没无存了，有的被人忘记，有的受到轻视。

就像老加图在为《奥皮尤斯法》辩护的演讲[①]中所说，奢侈就像一头野兽，越是被锁链羁绊，越是狂暴，将来一旦松绑，比原来未受约束之时更为凶猛，而物价上涨使对宴饮数额上限的规定更加无法执行，于是只能新法上阵。禁奢法律一再颁布，除了证明其无效之外，也反映了奢侈已经达到空前的程度。

马克罗比尤斯在《农神节》3，13，12 中记载了一个宴会菜单，从中我们可以窥见罗马人是如何在禁奢法的眼底下公然无视它们的：穆丘斯·伦图鲁斯·尼杰尔（Mucius Lentulus Niger）于公元前 63 年当选祭司，为此，他举办了一个宴会，参加宴会的有其他祭司（如尤流斯·凯撒）、维斯塔贞女、神职人员，还有与他们有关的一些女士。宴会的前餐是海刺猬、备受欢迎的新鲜牡蛎、大贻贝、蚌肉、芦笋拌田鸫、肥禽、牡蛎和贻贝肉馅饼、黑色和白色的海橡子，此后再一道蚌肉，接着是豆类菜、海荨麻、鱼排、獐鹿肋骨、公猪肋骨、裹面粉的家禽、两种紫贝；正餐是母猪的乳房、野猪的头、鱼肉馅饼、野猪肉馅饼、鸭肉、煮水鸭、野兔、烤禽、淀粉糕点、皮切诺糕点等。前餐加正餐共三十道菜左右。罗马宴会的奢侈程度可见一斑。到了帝政时期，罗马人奢侈之风的深度与广度都达到了新的水平，更为可怕

---

① 参见本书附录一。

的是,奢侈之风逐渐被习以为常,奢靡成为生活方式的代名词(CTh. 14,10,2-3)。

面对日甚的奢侈之风,与之适成相反的是禁奢法的碌碌无为。从禁奢法在共和中后期的发展轨迹来看,其命运轨迹大致如下:出现—不断重复—消亡。既然禁奢法这样不受待见,在现实生活中根本无法得到有效执行,那为何还要如此频繁地重复制定类似的法律呢?有学者提出这样的解释:对于同样的法律规定重复出现,是因为同样的社会需要在不同时期重复出现,需要使用相同的解决方法。由于旧的法律在适用一段时间后,其权威性逐渐减弱,威慑力不再,尤其是旨在修正早就废弃的公共道德的法律,更加具有这样的特性,因为习惯以不可察觉但持续不断的方式侵蚀着法律,微小但不间断的违法行为逐渐使法律被默示废弃。对于想要规制像宴饮这样的事项的禁奢法,更是如此。对此等事项,人们很容易就会违反法律确定的规则,甚至本能地会加以反抗,而且法律确定的规则会随着社会环境和经济条件的改变而变化。因此,有必要过一段时间就诉诸一项新法律的权威来恢复不再有效的法律。[①] 如果事实果真如此,那罗马法的权威也太过脆弱,以至于在两百多年的时间内需要间续通过十余项重复性的立法来规制同一事项,而且罗马统

① Cfr. Emanuela Savio, *Intorno alle Leggi Suntuarie Romane*, in *Aevum*, 1940, 14(1), p. 193-194.

治者竟然放任由民众大会或元老院通过的决定被公然违背。我们不禁怀疑：是否有可能是罗马统治者压根就不想执行这些法律呢？

二、禁奢法的未期执行

我们知道，罗马禁奢法通常都是由元老院发起的：《奥克尤斯法》是根据元老院的建议提起的；《范纽斯法》则是对先前一项元老院决议内容的强化；《狄丢斯法》则是在元老、保民官盖尤斯·狄丢斯·奎里努斯提议并获得社会各阶层一致同意的情况下获得通过的；《李其纽斯法》则在三次集市期尚未经过之前，元老院就径直发布一项元老院决议，规定其立即生效，显然，它理所当然地认为民众大会肯定会批准该法；《埃米流斯法》是在由元老院的首席元老马尔库斯·埃米流斯·斯考鲁斯提议下制定的。如此不一而足。我们由此也可以看出，罗马的统治阶层对禁奢法是有着很强的期待的，然而，法律的实施效果看起来好像事与愿违。禁奢法是作为一项对抗不可避免的社会习俗之改变的工具，但它在现实生活中面临来自各方面的阻力，甚至来自元老院内部。禁奢法的主要反对者包括三类人：一是某些元老，他们希望改变元老院内部既有的权力结构；二是新兴的富人，他们在获得巨额财富之后寻求在政治上产生更大的影响力；三是城市平民，他们不愿意放弃财富所带来的各种好处。[①] 围绕奢侈所进行的斗争,反映的是一种不可调和而只能缓和的矛盾,在这场斗争中,仅仅依靠禁奢法本身,注定要完败。

禁奢法的实际执行力非常失败,但罗马统治者仍然不时地进行重复立法。对此,传统的解释往往从三个方面着手:维护社会道德、保护家庭财产、抑制来自富裕的骑士阶层的选举竞争。第一种解释非常古老,古罗马时期的作者们就普遍提出,禁奢法旨在对抗奢侈的蔓延,恢复罗马市民的传统道德习俗。直到20世纪初,仍有学者持类似观点,认为罗马的禁奢法明确表明了某种否定的道德判断,旨在限制奢侈消费。但是这种观点的说服力有限,只能解释禁奢法的部分内容,但无法解释诸如对食用家禽、咸鱼和外国酒的限制。第二种解释同样古已有之,认为禁奢法旨在保护家庭财产,但是这不能解释为何禁奢法不像《艾流斯法和森求斯法》(*Lex Aelia Sentia*)、《富菲尤斯和卡尼纽斯法》(*Lex Fufia Caninia*)、《尤纽斯和诺尔巴努斯法》(*Lex Iunia Norbana*)那样限制对奴隶的解放,而是"一刀切"地限制过度消费,也无法解释为何禁奢法对宴会以外的许多挥霍财产的方式不加规制。此外,根据这种观点,禁奢法缺乏执行的事实也无法解释。第三种解释是由现代学者提出来的,认为禁奢法的出现是

---

① Cfr. Guido Clemente, *Le Leggi sul Lusso e la Società Romana tra III e II Secolo A. C.*, in Andrea Giardina e Aldo Schiavone (a cura di), *Società Romana e Produzione Schiavistica*, Ⅲ, Roma-Bari, 1981, p. 12.

元老院阶层为了抑制骑士阶层获得政治权力所进行的努力。[①] 在历史学界和罗马法学界，禁奢法的政治性似乎已被普遍接受。根据这种解释，奢侈行为是获得政治盟友的一种方式，因此，限制奢侈性花费意在遏制政治竞争。如果这种解释能够成立的话，禁奢法应该会得到严格执行，但事实上并非如此。

虽然禁奢法的出台有利于统治阶层，但在实践中它们明显被无视。实际上，统治阶层已经认识到禁奢法是典型的无效立法。其命运要么是很快被废除，要么是被视而不见或规避。频繁地重复制定类似的法律以及允许花费的最高额随着时间的推移急剧增加。这都表明，这些禁奢法在不断调适以适应现实，而不是现实适应法律。但是，这种状况并不能说明，禁奢法是不完善法律（*leges imperfectae*），即没有罚则的法律。[②] 相反，它们包含了对违反者的惩罚，其惩罚很可能是罚金或没收财产。但是金钱处罚对于掌握大量财富者来

---

① See Giuseppe Dari-Mattiacci and Anna E. Plisecka, *Luxury in Ancient Rome: Scope, Timing and Enforcement of Sumptuary Laws*, Amsterdam Center for Law & Economics Working Paper No. 2010-03, in *Legal Roots*, Vol. 1, 2012, p. 3-4.

② 法学家乌尔比安将限制性法律或禁止性法律划分为“不完善法律”（*leges imperfectae*）、“不完全完善法律”（*leges minus quam perfectae*）和“完善法律”（*leges perfectae*）。第一类法律禁止某一行为，但并不认为违反该禁令而完成的行为是无效的，也不惩罚违法者；第二类法律没有规定无效性，但它们惩罚违法者，甚至可通过拘禁之诉在执行过程中撤销已完成行为的效力；第三类法律出现得较晚，它们规定了有关违法行为的无效性。参见［意］朱塞佩·格罗索：《罗马法史》，黄风译，中国政法大学出版社 1994 年版，第 107~108 页。

说,所起的威慑作用极其有限。实际上,对于违反禁奢法的行为,即便是金钱性的惩罚也极少适用。既然如此,为何元老院阶层仍然不厌其烦地促成禁奢法的制定,一遍遍重复对奢侈行为影响有限甚至毫无影响的各种规则呢?

这要从作为禁奢法的规制对象的奢侈行为中寻找答案。在当时的罗马,奢侈行为的主体主要是随着罗马对外征服而迅速富裕起来的骑士阶层,其奢侈行为的主要目的并不在于享乐,更主要的在于彰显财富,这种彰显在一些场合以其消费的物品的数量而突出,在另一些场合以其消费的物品的质量和外来性而突出。掌握政治权力的元老院阶层促生禁奢法就是要抑制这种彰显行为,因为传统的财富分配格局由于新的收入来源的出现被打破,骑士阶层掌握的财富逐渐远超元老院阶层。对违反禁奢法的行为进行惩罚尤其是金钱惩罚,不但不会阻碍反而会有助于强化骑士阶层的财富彰显,惩罚可以让受罚者更直观地向他人展示自己的财富状况。因此,对违反禁奢法的行为进行惩罚会适得其反:禁奢法的制定目的反而使它们不能被执行。因此,禁奢法被不断重复但不执行,原因只有一个,即希望借助法律的表现功能而非威慑功能达到其立法目的。

在此有必要对法律的表现(expressive)功能或表现法(expressive law)做一个说明。由英文“expressive law”传入我国学界的这种理论有多重译法,如“表现法”“表达法”“表释性的法”“表述法”等。传统上一般认为，法律之所以被遵守，是由于其威慑力或强制力使然。相反，新近的学理解释则认为，通过直接威胁及施加制裁而阻遏某些行为带有沉重的执行成本以及侦查、起诉、证据等技术困难，可谓有其先天的局限性。那么，利用法律的表现能力来引发理想的社会变革很可能就不那么困难了。换言之，我们对法律做出回应至少有部分原因是法律所表达的内容本身：法律会涉及相关的行为主体，对这些主体多少会提出一些基本的行为要求，法律对人们行为的影响独立于伴随制裁而来的潜在威胁，法律的运作除了依靠制裁之外，其表述本身就有实际意义。①

根据表现法的相关理论，人们遵守法律规则并非出于对该法律规则与自己的偏好是否吻合的理性计算，而是因为法律可以通过特定行为的社会意义来改变自己的偏好，如在驾车时系安全带、不准在公共场合抽烟、上完厕所要冲水等。② 实际上，法律的表现功能并不要求执行，而是立基于法律的存在本身，其存在本身的表现功能即为其意义所在，而被赋予此等功能的

① 对法律的表现功能或表现理论或表现法的分析，可以参见李飞：《英美法上董事对公司债权人的义务——以实务见解与理论评析展开》，载陈小君主编：《私法研究》（第 10 卷），法律出版社 2011 年版，第 96 页及以后。

② See Thomas A. J. McGinn, *Something Old, Something New… Augustan Legislation and the Challenge of Social Control*, in *The Ancient History Bulletin*, Vol. 22, 2008, p. 22ss.

法律即表现法。表现法寄望于通过其表现功能(谴责某些行为)来影响他人的行为。反观禁奢法,对禁奢法的内容不时进行重申,是因为一方面需要周期性地提醒某些人,奢侈性花费在法律上是受谴责的,通过对法律旨在规制的行为进行谴责,希望在没有执行力的情况下使禁奢法的规定得到遵守;①另一方面,通过此等法律,罗马统治阶级尤其是元老阶级,可以在向罗马人民面前展示他们对传统习俗(*mos maiorum*)的忠诚,而传统习俗是罗马共和国的基石,在罗马身份尤其是统治阶级的身份认同中至关重要,因而通过禁奢立法展示出来的对传统习俗的忠诚可以强化其统治的合法性。② 因此,禁奢法在出台之时,立法者就没有期望它们会得到执行,因为真正重要的是制定它们而不是它们对问题的实际影响,虽然不可否认,禁奢法律也起到一定限制奢侈性的消费的效果,但仅仅是制定这些法律的行为,也同样重要,其存在本身就是其目的所在。

如果仔细去品味,我们从禁奢法的具体内容中也可以窥得禁奢法的此等形式意义。前文提到,《范组斯法》为此后以宴饮为主题的禁奢法提供的范式之

---

① See Giuseppe Dari-Mattiacci and Anna E. Plisecka, *Luxury in Ancient Rome: Scope, Timing and Enforcement of Sumptuary Laws*, Amsterdam Center for Law & Economics Working Paper No. 2010-03, in *Legal Roots*, Vol. 1, 2012, p. 6-7, 24-25.

② See Emanuela Zanda, *Fighting Hydra-Like Luxury: Sumptuary Regulation in the Roman Republic*, London: Bristol Classical Press, 2011, p. 110-111.

一，就是区分了“外购食物”和“家产食物”。这两种食物来源的区分其实暗含了两种不同的生活模式或经济模式：一种建立在市场的基础之上，另一种则以家庭生产为本。前述公元前161年的《范纽斯法》以降的禁奢法律明确表达了对于后者的青睐以及对前者的限制甚至是抵制，而且无论是有意还是无意，此等做法流露出了至少是某些精英阶层对于早期的，当然很大程度上是自我建构或者可以说是想象出来的，理想化的自给自足的罗马生活场景的回望和追思，彼时的罗马人过着简朴的田园生活，艰苦朴素是社会的主流道德准则，辛勤的劳作强健了他们的体魄。虽然生活算不上富足，但人们之间的财富水平相对接近，食物来源相对单一，大多是自家田园的出产物。对于财富不均、生活腐化、道德沦丧等现状的不满进一步强化了对于这种伊甸园式的原始生活场景的向往，但也仅仅是向往。因此有学者一针见血地指出，《范纽斯法》以及后续以饮食规制为主题的禁奢法，体现了罗马精英阶层对现实的一种集体逃避或集体驱魔，他们出于对社会现状的不安和束手无策，希望时光倒流，回到那个曾经（即便是想象出来的）美好时代，因此，禁奢法所看重的不在于其实际效果，而更多具有符号性的意义。[1]

---

① Cfr. Vincent J. Rosivach, *Lex Fannia Sumptuaria of* 161 *BC*, in *The Classical Journal*, Vol. 102(1), p. 7, 12.

三、小结:罗马禁奢法的启思

随着罗马对外征伐的推进,共和国中后期,大量财富流入罗马。财富状况的改变,对传统社会生活习俗造成巨大冲击,节俭质朴的罗马人逐渐陷入奢靡的生活方式。面对这种状况,罗马统治者最终选择诉诸法律,寄望于通过禁奢法来扭转这种局面。但通过分析公元前3~公元前1世纪的十余项禁奢法的内容及其制定背景,我们可以发现,在各项禁奢法律中很难找到一条协调线。实际上,每一项禁奢法尽管从表面上来都与先前的禁奢法律具有相同的特征,甚至具有同样的规范动机,都是在特定的时期对个人自由的法律限制,然而,每一项法律都是独立的存在,对罗马社会环境产生不同的影响。如果对比限制目的不同的法律(如关于奢侈服饰的法律和关于奢侈饮宴的法律),以及对比具有相同目的的法律,这种“自主性”都非常明显。每项禁奢法都有其为满足某个时期的特殊需要的特定目的。

不过在这种差异性的背后,我们仍然可以隐约地感觉到,古罗马的统治者对奢侈行为进行规制的初衷更多是出于政治的考虑,基于宴会活动对于传统政治—权力结构可能带来的威胁,因此,对私人宴会行为进行诸多限制,包括对参与宴会的客人人数、性质、宴会的花费、饮食和餐具等。但不可否认的是,在其政治目的之外,仍然不能掩盖禁奢法在维持简朴的生活习俗等道德层面的积极意义。禁奢法确实在一定程度上起到了改善社会风气的作用。比如，保民官杜罗纽斯在提议废除《李其纽斯法》之后的同年，就被监察官弗拉库斯和安东纽斯从元老院中除名。这对于社会风气尤其是罗马上层社会人士的行为方式具有极大的警示作用，比法律上的惩戒更有力量。再如，据普鲁塔克在《提贝流斯·格拉古传》中的记载，公元前 169 年，当监察官提贝流斯·森普罗纽斯·格拉古（Tiberius Sempronius Gracchus）在晚上回家走过罗马的街道时，人们都会熄灭灯火，唯恐被认为其行为不节制，有沉湎宴乐之嫌。[①]

罗马禁奢法除了在内容上对于人们行为方式的引领外，更为重要的意义在于其效力模式：它们主要不是以其威慑功能而是以其表现功能来达到其目的。在实际效力上，禁奢法虽然包含罚则，但很少被执行，然而，我们不能据此否认其价值，更不能从其没有执行力因而需要不断进行重述就得出立法者权威不够的论断。实际上，正因为奢侈行为尤其是宴饮除了其负载的社会—政治意义外，也在某种程度上反映了人们随着财富增加而产生的对于更加舒适生活的追求，而这奢侈行为所蕴含的这两方面的意义都决定了不能或难以通过强制执行禁奢法的罚则来实现立法者的旨意。在这

---

① 参见《普鲁塔克〈传记集〉选》，吴于廑等译，商务印书馆 1962 年版，第 75 页；［古希腊］普鲁塔克：《普鲁塔克全集》（Ⅲ），席代岳译，吉林出版集团股份有限公司 2017 年版，第 1483 页。

种情况下,充分利用法律的表现功能就成为规制奢侈行为的理想选择。通过不断地重述性立法,从而使相关主体在潜移默化中受到影响,并趋于使自己的行为符合法律内容所倡导的模式。虽然表现法意义上的禁奢法具有发挥效力所需期间较长的天然劣势,但辅之以其他配套制度,如浪费人制度、监察官制度等,则可以在很大程度上将时间大大缩短。从公元前 3 世纪一直到帝政初期,古罗马社会的奢侈行为虽然有愈演愈烈之势但始终没有失控,禁奢法在其中发挥了重要作用。至于随着国家宪制的转型,帝政时期奢侈行为更为肆虐而禁奢法却最终消弭,则是后文将进一步探讨的另一个课题。

第二章　罗马禁奢法的运作机制：浪费人制度

奢侈和过度花费在本质上都是对家庭财产和个人财产的不当处分，出于各种不同的目的，罗马人对这种不当处分的法律干预由来已久，除专门性的禁奢立法外，还有更为古老的“浪费人”制度。

第一节　浪费人的形象与认定

一、浪费人的精神病态

浪费人制度最早规定在《十二表法》中，该法第5表第7条规定：“a. 如果是精神病人，对其财产和人身的权力，应归属于宗亲和族亲。b. 但如果没有照管……c. 禁止浪费人管理自己的财产，并将其置于宗亲的保佐下。”[①]法学家乌尔比安[②]和保罗(Iulius Paulus,活跃于公元2~3世纪)[③]都将该制度的起源诉诸古老的习惯,即前十人委员会时代,《十二表法》只是确认了该制度。但在古典时期之前,原始文献中涉及浪费人的规定仅此一处,它所传递的信息仅仅是浪费人被法律规制的后果,即被禁治产并受保佐,对于何为“浪费人”,立法者和法学家是如何看待浪费人的,我们只能在古典时期以后的文献中找到蛛丝马迹。

在乌尔比安眼中,此等人具有某种精神病学的外在表征,他们有着需要“医治”(*emendatioris*)的生活方

---

① 《〈十二表法〉新译本》,徐国栋等译,载《河北法学》2005年第11期,第3页。

② D. 27,10,1pr. 乌尔比安:《萨宾评注》第1卷:“《十二表法》禁止浪费人管理自己的财产,实际上这一法则是根据习惯从来就有的。但是在今天,如果裁判官或行省长官发现某人在花费时不分时机和分寸,而是通过分割(*dilacerando*)和挥霍(*dissipando*)浪费自己的财产,则通常为他指定一名保佐人,就像针对精神病人一样。这两种人均受到保佐,直到精神病人获得康复,浪费人养成良好习惯为止;当上述情形出现时,他们当然地不再处于保佐人的权力之下。”译文参考了[意]桑德罗·斯奇巴尼选编:《民法大全选译·人法》,黄风译,中国政法大学出版社1995年版,第25页。

③ 保罗:《论点集》3,4a,7:“根据习惯(*per moribus*),某人可被裁判官禁治产,措辞如下……”在此要提醒读者的是,该文本中“*mobribus*”乃“*mos*”的夺格复数形式,其意为“风俗、习惯、惯例”,亦有“风格、生活方式”和“品质、特性”之意,但鲜见在“道德”之扩大意项上使用该词。例如,在保罗《论点集》5,4,7中以及在优士丁尼《法学阶梯》(I. 1,2,1、I. 2,16pr.、I. 4,17pr.)中“*mobribus*”均是在“习惯”的层面使用的,唯一的例外是I. 1,26,13,它在“品质”的意义上使用了该词。我国有学者将“*per moribus*”译为“基于道德品行的考虑”实乃受该片段英译本的误导所致,在其所依据的英译本中,“*per moribus*”的对译为“on account of his or her morals”。参见陈帮锋:《论浪费人》,载《现代法学》2011年第6期,第57页。

式(D. 4,3,11,1),即“在花费时不分时机和分寸,而是通过分割和挥霍浪费自己的财产”(D. 27,10,1pr.)。乌尔比安从经济的角度描述了浪费人对财产无节制的浪费表现:“分割”即将在经济上连贯一体的财产分为若干个体,从而难以进行生产性投资或者妨碍已经存在的投资;“挥霍”即将已经存在的财产消耗掉,而非将其用于储蓄和投资。① 在另一个片段中,乌尔比安援引了公元2世纪的皇帝安东尼努斯·皮尤斯(Antoninus Pius,公元86~161年)的一项敕答中对浪费人的看法:他们从其言谈上来看心智健全,但在财产管理方面,则把事情搞得一团糟,除非给予其帮助,否则他们就会陷入贫困。② 也就是说,浪费人从表面上来看心智健全,但在财产管理方面并非如此,而是心智不健全的“病人”。

法学家彭波尼(Sextus Pomponius,活跃于公元2世纪)的看法与此相似,认为被禁治产的浪费人和精

---

① Cfr. Carlo Augusto Cannata, *Corso di Istituzioni di Diritto Romano*(I), Torino: G. Giappichelli Editore, 2001, p. 78.

② D. 26,5,12,2. 乌尔比安:《论行省执政官的职责》第3卷:“神君皮尤斯允许了一个妈妈为其浪费人儿子指定保佐人的请求,其措辞如下:‘某些人从其言谈上来看心智健全,但在财产管理方面,除非给予其帮助,否则他们就会陷入贫困。这没什么新奇。因此,应该选出人来通过给出建议来引导他们,因为对于那些在自己的财产方面把事情搞得一团糟之人(*qui quod ad bona ipsorum pertinet, furiosum faciunt exitum*),我们也提前为他们做出安排,这是公正的’。”

神病人一样是“没有意志(*voluntas*)”的人。①

另一位法学家保罗则认为,如果只是偶尔或一时实施了挥霍行为,并非法律上的浪费人,需要法律规制的浪费人是具有习惯性挥霍倾向的人,其生活方式是不健康的。②

从上述几位法学家的论述中可以看出,从某种程度上来讲,浪费人在心智上是有缺陷的,其对财产的习惯性挥霍行为是一种病态表现,因此,也无怪乎自《十二表法》以来的整个罗马法史以至现代各国民法典中,浪费人总是和精神病人同时出现,二者适用几乎相同的规则(CJ. 5,70“关于精神病人或浪费人的保佐人”)。在罗马法学家眼中,浪费人是某种准精神病人,因此,需要像对待精神病人一样对其进行规制,这种规制体现在《十二表法》第5表第7c条,即被禁治产并受到保佐。但如何认定浪费人?在罗马法原始文献中并没有出现任何认定浪费人的具体标准,而只是规定了需要对浪费人进行禁治产并设定保佐人的情形。因此,对浪费人的认定,只能反向推知。换言之,凡被禁治产并设定保佐人的挥霍浪费者,自被禁治产并设定保佐之时方为法律所规制的浪费人,除此之外,

① D. 50,17,40. 彭波尼:《萨宾评注》第34卷:“精神病人和那些被禁止管理财产的人不具有任何意志(*voluntas*)。”译文参考了[意]桑德罗·斯奇巴尼选编:《民法大全选译·人法》,黄风译,中国政法大学出版社1995年版,第25页。

② 保罗:《论点集》3,4a,12:“浪费人恢复良好习惯,回归健康生活的,可以立遗嘱并作为遗嘱证人。”

即便有挥霍浪费之实，亦具有完全的行为能力，不在法律调控之内。[1]

二、浪费人的反向认定

在早期罗马法中，根据《十二表法》的规定，被禁治产和受保佐的浪费人仅限于无遗嘱继承“父亲和祖先的财产”但破坏性地管理它们的人。换句话说，被禁治产和受保佐的浪费人指向的是无遗嘱继承中从其先祖获得财产的自家继承人（*heres suus ab intestato*）。[2]因此，如果一个人通过遗嘱继承取得财产，或者从第三人获得财产，抑或由其他各种原因而取得财产，他可以随意挥霍之而不受浪费人的法律规制。[3] 在此需要注意的是，从来没有文献表明，这里所说的作为浪费人的“自家继承人”必须是“家父”，他们只是“自权人”（包

---

① 参见丘汉平：《罗马法》，中国方正出版社 2004 年版，第 144 页；Max Kaser, *Roman Private Law* (Third edition), Translated by Rolf Dannenbring, Pretoria: University of South Africa, 1980, p. 84.

② “自家继承人”也被称为必要继承人，是早期罗马市民法中第一顺位的法定继承人，包括一切直接隶属于家父权的家子（子女）和服从家父的夫权的妻子，他们因家父的死亡而成为自权人。

③ Cfr. Antonio Guarino, *Diritto Privato Romano* (12 ed.), Napoli: Jovene Editore, 2001, p. 619；丘汉平：《罗马法》，中国方正出版社 2004 年版，第 144 页。

括男性和女性)。[①] 有学者将罗马法中的浪费人界定为"通过无遗嘱继承取得了祖产并以不顾对自己的家庭造成重大损害的方式管理该财产的家父",[②]没有任何文献依据,其所标注的这句引文的参考文献(意大利学者安东尼奥·瓜里诺的《罗马私法》)中不但未提及浪费人必须是男性,相反,瓜里诺教授还明示了浪费人为女性的可能;[③]此外,在保罗《论点集》3,4a,6 中,明确提到女性如果生活奢侈的话亦可以被禁治产(D. 27,10,15,pr.)。进而,建立在上述错误界定基础之上所引申出的将浪费人被禁治产并受保佐视为"家子通过为家父设定保佐人而达到篡夺家父权力的做法",

---

① Cfr. Matteo Marrone, *Istituzioni di Diritto Romano*, Palermo: Palumbo, 2006, p. 263;[英]H. F. 乔洛维茨、巴里·尼古拉斯:《罗马法研究历史导论》,薛军译,商务印书馆 2013 年版,第 156~157 页。在早期罗马市民法中,无遗嘱继承的继承人,无论是第一顺位的"自家人"还是第二顺位的"近宗亲属",都没有限定性别,女性当然可以成为无遗嘱继承人。

② 陈帮锋:《论浪费人》,载《现代法学》2011 年第 6 期,第 56 页。

③ Cfr. Antonio Guarino, *Diritto Privato Romano* (12 ed.), Napoli: Jovene Editore, 2001, p. 619. 本人揣测,陈帮锋博士将早期罗马法中的浪费人局限于男性家父,很可能是出于对该文多次援引的意大利学者彼德罗·彭梵得(Pietro Bonfante)的《罗马法教科书》(*Istituzione di Diritto Romano*)中一句话的中译文的误解:"对作为'家父'的'无遗嘱继承人'的浪费人(即挥霍父亲和祖先财产的人)实行保佐也同《十二表法》有关"。对比意大利语原文可以发现,陈博士或许将这句话的前半段误解为"对作为'家父'的【'无遗嘱继承人'的】浪费人",而实则应理解为"对【作为'家父'的'无遗嘱继承人'的】浪费人"。参见[意]彼德罗·彭梵得:《罗马法教科书》,黄风译,中国政法大学出版社 2005 年版,第 136~137 页;Pietro Bonfante, *Istituzioni di Diritto Romano*, Torino: G. Giappichelli Editore, 1946, p. 231.

是“家子对家父的‘造反’”，是“家子向国家‘弹劾’其家父，以达到限制其权力的效果”种种结论，[①]则更多的是一种臆测，是一种毫无根据的想象。对原始文献的解读，只能看出早期法律所规制的浪费人是指浪费其祖产的自家继承人，所针对的财产最初仅指根据无遗嘱继承获得的祖产。[②]

后来，被禁治产和受保佐的浪费人的范围扩大了，所针对的财产从无遗嘱继承的祖产扩大到其所有的财产，不管此等财产是如何取得的。但是在这个问题上，和在罗马法中的许多其他问题上一样，“不可能给出哪怕是大概的时期”。[③] 有学者认为禁治产范围的扩大“很快”就发生了，[④]有学者认为这发生在古典时期，[⑤]有学者认为是在后古典时期。[⑥] 无论如何，随着被禁治的财产范围的扩大，浪费人的范围也扩展到一

---

① 陈帮锋：《论浪费人》，载《现代法学》2011 年第 6 期，第 56 页、第 60 页。

② 还可以参见[英]H. F. 乔洛维茨、巴里·尼古拉斯：《罗马法研究历史导论》，薛军译，商务印书馆 2013 年版，第 157～158 页。

③ [英]H. F. 乔洛维茨、巴里·尼古拉斯：《罗马法研究历史导论》，薛军译，商务印书馆 2013 年版，第 311～312 页。古典时期的法学家保罗在《论点集》3，4a，7 中提供的对浪费人禁治产的程式，仅涉及祖产，但没有像早期市民法中强调是无遗嘱继承的祖产。此外，该程式中涉及的禁治产范围（祖产）是保罗所生活的古典时期的规则，还是如其文本所述是一直以来的习惯做法，均不得而知。

④ Cfr. Matteo Marrone, *Istituzioni di Diritto Romano*, Palermo: Palumbo, 2006, p. 263.

⑤ See Max Kaser, *Roman Private Law* (Third edition), Translated by Rolf Dannenbring, Pretoria: University of South Africa, 1980, p. 84.

⑥ Cfr. Antonio Guarino, *Diritto Privato Romano* (12 ed.), Napoli: Jovene Editore, 2001, p. 620.

切浪费其财产的自权人。[①] 但对浪费人的认定同样无法从正面给出一个标准;相反,对浪费人的判断带有强烈的主观性。根据乌尔比安在 D. 26,5,12,2 中的记载,一位母亲认为她的儿子是浪费人,从而向长官提出为其指定保佐人的请求,安东尼努斯·皮尤斯皇帝予以了批准。同时期的另一位法学家特里芬尼努斯(Tryphoninus)在其《论断集》第 13 卷则记载了一位父亲在遗嘱中为他经慎重考虑而认为是浪费人的儿子指定了保佐人,而裁判官应尊重父亲的意愿(D. 27,10,16,1-3)。

第二节　浪费人的禁治产与保佐

如前所述,在罗马法中,对法律所规制的浪费人是无法从正面给予界定的,只能从其因为事实上的浪费行为而被禁治产和受保佐的事实中推知法律上的浪费人的存在。《十二表法》的规定开创了此后对浪费人进行法律规制的模式,即被禁治产并被置于保佐之下。因此,在浪费人制度中,禁治产和保佐的设定是最重要的两个考察因素。然而,浪费人被禁治产和受保佐虽然相伴生,但性质不同,前者有城邦的介入,是由长官来宣布的,后者在早期属于家族的内部事务,在官选保

① 必须再次明确的是,被禁治产和承受保佐的浪费人必须是自权人,因为保佐人的首要甚至唯一的职责就是管理浪费人的财产,而一个他权人(除可能的少量特有产外)是没有需要管理的财产的。

佐出现之前，是由家族内部决定的。我们先来分析浪费人的保佐问题，再来分析其被禁治产的情况。

一、浪费人的保佐

根据《十二表法》第5表第7c条，浪费人被置于宗亲的保佐之下。① 如果没有宗亲，则当如何？多数学者认为，应当参照《十二表法》第5表第7a条关于精神病人保佐的规定，由族亲担任保佐人。② 但是这种观点并没有文献支撑。《十二表法》仅规定了由宗亲担任浪费人的保佐人，考虑到《十二表法》系十人委员会经过近一年时间制定，并经百人团大会通过的，难谓立法者对此有疏忽，而很可能是立法者有意对精神病人和浪费人的保佐作出不同的处置。③

上述由宗亲担任保佐的情形在理论上被称为"法定保佐"（*cura legittima*）。那么在宗亲中，法定保佐人是如何选定的呢？很可能是由亲属会议决定的。亲属会议并非罗马法上的法定机构，而是一种习惯上的组织，主要由丈夫的宗亲和妻子的血亲组成，以制约家父

---

① 乌尔比安：《规则集》（残篇）12，2："《十二表法》命令被禁治产的精神病人和浪费人处于宗亲的保佐之下。"

② Cfr. Mario Talamanca, *Istituzioni di Diritto Romano*, Milano: Dott. A. Giuffrè Editore, 1990, p. 172; Matteo Marrone, *Istituzioni di Diritto Romano*, Palermo: Palumbo, 2006, p. 263；［英］H. F. 乔洛维茨、巴里·尼古拉斯：《罗马法研究历史导论》，薛军译，商务印书馆2013年版，第157页；丘汉平：《罗马法》，中国方正出版社2004年版，第144页。

③ 参见周枏：《罗马法原论》（上册），商务印书馆2004年版，第284页。

权的滥用,维护家族成员利益为旨归,为受到禁治产的浪费人选任法定保佐人的任务可能通过它来实现。[①]

但后来,在没有法定保佐人时,由长官指定一位保佐人[②]或者对家父为浪费的家子在遗嘱中指定的保佐人予以确认,[③]这被称为"官选保佐"(*cura dativa*)或"荣誉保佐"(*cura honoraria*)。[④] 至于官选保佐出现的时间,并没有确切的记载,有学者认为是在共和晚期,[⑤]也有学者认为可能更早一些,在公元前 3 世纪中叶(前古典时期),[⑥]还有学者仅模糊地提出,官选保佐这种新发展出的保佐形式出现在《十二表法》至共和国衰亡期间。[⑦]

---

① 参见周枏:《罗马法原论》(上册),商务印书馆 2004 年版,第 147 页、第 284 页。

② CJ. 5,70,1. 安东尼努斯皇帝致玛丽尼安娜:"通常要为精神病人和浪费人确定一个保佐人,即使他们可能已成年。"215 年 7 月 28 日,梅萨拉与萨宾努斯担任执政官。

③ D. 27,10,16,1. 特里芬尼努斯:《论断集》第 13 卷:"同样,如果父亲为浪费人指定了保佐人,裁判官应尊重其意愿,将此人指定为保佐人……"

④ 需要强调的是,从来不存在严格意义上的"遗嘱保佐"(*cura testamentaria*)。在《十二表法》时期,保佐人专属于宗亲(也可能包括族亲),不可能由遗嘱指定,在共和中后期,虽然出现了家父指定保佐人的情形,但家父所指定的保佐人必须经过长官的确认方为有效。参见[英]H. F. 乔洛维茨、巴里·尼古拉斯:《罗马法研究历史导论》,薛军译,商务印书馆 2013 年版,第 157 页、第 311 页;Matteo Marrone, Istituzioni di Diritto Romano, Palermo: Palumbo, 2006, p. 263.

⑤ Cfr. Mario Talamanca, *Istituzioni di Diritto Romano*, Milano: Dott. A. Giuffrè Editore, 1990, p. 172.

⑥ Cfr. Matteo Marrone, *Istituzioni di Diritto Romano*, Palermo: Palumbo, 2006, p. 263.

⑦ 参见[英]H. F. 乔洛维茨、巴里·尼古拉斯:《罗马法研究历史导论》,薛军译,商务印书馆 2013 年版,第 311 页。

在古典时期，法定保佐和官选保佐仍并列存在，但只要存在早期法中法定保佐的情形，仍以法定保佐为主，在没有法定保佐人的情况下以及在其他特殊情形下，方适用官选保佐。[①] 乌尔比安在《规则集》（残篇）12，3 中的表述为此提供了论据：

“对作为浪费人的解放自由人，以及根据父亲的遗嘱被指定为继承人但不当地挥霍（*male dissipant*）财产的生来自由人，裁判官可以根据自己的意愿为其指定保佐人：因为如果生来自由人不是由于无遗嘱而是根据遗嘱成为其父亲的继承人，不能根据《十二表法》为其确定保佐人。解放自由人无论如何不能成为父亲的继承人，他被认为没有父亲，因为奴隶的血亲关系并不存在。”

根据该片段提供的信息，如果浪费人是解放自由人（他们不可能有任何宗亲），裁判官可以依职权为其指定保佐人，如果浪费人是生来自由人，只有在他不是根据无遗嘱继承获得财产的情况下才能为其指定保佐人，因为如果他是根据无遗嘱继承获得财产的话，根据《十二表法》的规定，此时适用的是法定保佐。

---

① 有个别学者认为，从一开始，保佐人就是由长官在调查之后根据个案指定的。Cfr. Carlo Augusto Cannata，*Corso di Istituzioni di Diritto Romano*（I），Torino：G. Giappichelli Editore，2001，p. 78. 对此，乌尔比安《告示评注》第 6 卷的一片段似乎可以为此提供佐证，但有争议：“关于保佐人，还应该在其中增加那些哑人的保佐人，以及那些习惯上（*solent*）被指派（*dare*）保佐人的其他人（聋人、浪费人和未成年人）的保佐人”（D. 3，1，3，3）。译文参考了［古罗马］优士丁尼：《学说汇纂（第三卷）起诉的问题与基本制度》，吴鹏译，［意］腊兰校，中国政法大学出版社 2016 年版，第 15 页。

长官不但可以在法定保佐人阙如的情况下依职权为其经过调查认定为浪费人者指定保佐人，同样可以基于其他人的请求而指定：

D. 26,5,12,2. 乌尔比安：《论行省执政官的职责》第3卷：

“神君皮尤斯允许了一个妈妈为其浪费人儿子指定保佐人的请求，其措辞如下：‘某些人从其言谈上来看心智健全，但在财产管理方面，除非给予其帮助，否则他们就会陷入贫困。这没什么新奇。因此，应该选出人来通过给出建议来引导他们，因为对于那些在财产方面把事情搞得一团糟之人，我们也提前为他们做出安排，这是公正的’。”

如果法定保佐人不适于其职位时，裁判官还可以另外确定一个管理人，使后者实际履行保佐人的财产管理职责（D. 27,10,13[①]）。此后，在指定保佐人方面，就像在罗马其他法律制度上一样，公权力的干预和渗透愈加突出，法定保佐逐渐退出历史舞台，官选保佐人成为一种通行的制度（D. 27,10,1,pr.）。优士丁尼更加明确了官选保佐制度：保佐人由指定监护人的同一些长官指定，即“在罗马，由市长官（*praefectus urbi*）或

① D. 27,10,13. 盖尤斯：《行省告示评注》第3卷：“通常发生的是，依《十二表法》的规定，对精神病人和浪费人的保佐授予某个人，但裁判官将财产的管理授予另一个人，即当依《十二表法》指定的保佐人被认为不适于这项工作时［通常会发生这种情况］。”译文参考了［意］桑德罗·斯奇巴尼选编：《婚姻·家庭和遗产继承》，费安玲译，中国政法大学出版社2001年版，第189页。

裁判官，在行省，则由总督，通常通过调查为他们指定保佐人”，并再次确认，即便通过遗嘱为浪费人指定了保佐人，也必须得到裁判官（在罗马）或总督（在行省）的确认（I. 1,23,1–3）。

二、浪费人的禁治产

精神病人保佐与浪费人保佐虽然在大多数规则的适用上是可通约的，但也有明显的不同，其中一个重要的方面就是对浪费人的保佐需要长官采取一项措施。[①] 对此，《十二表法》有明确规定，即禁治产。保罗《论点集》3,4a,7 提供了一个采取此等措施的文本：

“根据习惯，某人可被裁判官禁治产，措辞如下：如果你因为浪费而挥霍父亲和祖先的财产，致使你的子女陷入贫困，由于这个原因，我禁止你介入这些财产，并从事与它有关的交易。”

根据该程式，裁判官禁止因浪费而被禁治产的人管理和从事交易行为，但限于他根据继承从父亲和祖先那里取得的财产。保罗在该片段中所提供的禁治产的程式是由裁判官在令状中所使用的，但裁判官这一职官是在公元前 367 年才开始设置的。在此之前，禁治产的命令由何种长官所发布，我们不得而知，很有可能是市长官或执政官。在官选保佐中，指定保佐人的

① Cfr. Mario Talamanca, *Istituzioni di Diritto Romano*, Milano: Dott. A. Giuffrè Editore, 1990, p. 172; Matteo Marrone, *Istituzioni di Diritto Romano*, Palermo: Palumbo, 2006, p. 263.

长官（市长官或裁判官或行省总督）和发布禁治产命令的长官则是同一个人。

被禁治产的浪费人其法律地位，用现代法律术语来讲，属于限制行为能力人。但其能力究竟被限制到何种程度？对这一问题的回答首先要明确精神病人保佐和浪费人保佐之间的另一项重要区别：前者涉及精神病人的人身和财产，而后者仅涉及浪费人的财产，保佐人对浪费人的人身不享有任何权力（*potestas*）。浪费人（如果是男性的话）仍保有其完整的家庭权力，保佐人只是其部分或全部经济财产的管理人。[①] 即便在财产方面，被禁治产的浪费人也绝非被完全禁治管理财产，而只是某些可能有损其财产的行为受到限制。申言之，在不同历史时期，被禁治产的浪费人在财产方面的能力受到如下限制：

在早期，被禁治产的浪费人不得对其无遗嘱继承的祖产实施铜衡式行为（*gesta per aes et libram*）。[②] 因此，他不能对此等财产进行要式买卖，也不能订立需要

---

① Cfr. Antonio Guarino, *Diritto Privato Romano* (12 ed.), Napoli: Jovene Editore, 2001, p. 619.

② 铜衡式行为，又译“称铜式行为”，是早期罗马法的适法行为之一，表现为一方当事人用一定分量的铜块（作为货币）向另一方换取相应的利益或者解脱相应的债务，有关的行为表现为由一名司称当着5名证人的面对铜块过称并将其交付另一方。根据不同的交易目的，铜衡式行为包括要式买卖（*mancipatio*）、债务口约（*nexmu*）和铜衡式清偿（*solutio per aes et libram*）。参见黄风编著：《罗马法词典》，法律出版社2002年版，第119页；Matteo Marrone, *Istituzioni di Diritto Romano*, Palermo: Palumbo, 2006, p. 129。

使用要式买卖形式的遗嘱。此后（至少在古典法和优士丁尼法中），长官所禁止的权利最终涉及各种转让或处分等有损整个财产的所有行为。除处分行为外，被禁治产的浪费人也不能有效的负担债务。因为这些原因，关于浪费人的行为能力，人们认为其处于未适婚的大幼儿的地位（*infatia maior*[①]）。因此，就需要设定另一个人对其财产进行管理，即保佐人。但无论在公犯还是在私犯方面，浪费人都具有完全的能力。此外，浪费人可以实施有效的取得行为以及各种使之获益的行为（D. 45,1,6 和 D. 12,1,9,7[②]）。[③] 在最后这个问题上，我国有学者认为是在"优士丁尼法中"，浪费人的"获利行为有效而其他财产交易行为应在保佐人的

① 幼儿即未适婚者，在优士丁尼法中分大幼儿和小幼儿，前者指7岁以上的未适婚者，后者指7岁以下的未适婚者。参见黄风编著：《罗马法词典》，法律出版社2002年版，第128页。

② D. 45,1,6. 乌尔比安：《萨宾评注》第1卷："如果被禁治产之人根据要式口约取得了财产，他不能作出转让或通过承诺而受约束，因此，担保人也不能为他提供担保，就像在精神病人的情形一样。" D. 12,1,9,7. 乌尔比安：《告示评注》第26卷："如果我打算借给某人一笔钱，但他此后被禁治产，随即我与他缔结了一个要式口约。我认为他与被监护人的情形相似，因为他通过该要式口约获得了利益。"但对于浪费人可以实施获益行为的一个不利证据是乌尔比安《萨宾评注》第23卷中的一段内容，似乎表明浪费人是不能接受遗赠的："如果对精神病人、浪费人或裁判官基于某种事由为其指定了保佐人之人进行了遗赠，我认为，他考虑到了受遗赠人摆脱监护或保佐的可能性。"（D. 32,50,2）

③ 参见［德］马克斯·卡泽尔、罗尔夫·克努特尔：《罗马私法》，田士永译，法律出版社2018年版，第171页；Mario Talamanca, *Istituzioni di Diritto Romano*, Milano: Dott. A. Giuffrè Editore, 1990, p. 172; Matteo Marrone, *Istituzioni di Diritto Romano*, Palermo: Palumbo, 2006, p. 263; Antonio Guarino, *Diritto Privato Romano* (12 ed.), Napoli: Jovene Editore, 2001, p. 620.

协助下进行”,[1]但查证作者所援引的文献出处(马里奥·塔拉曼卡的《罗马法教科书》)后发现,在原文中,塔拉曼卡说的是在“古典法中”而非“优士丁尼法中”的情况:实际上,在古典法中,就已经允许被禁治产的浪费人单独实施获益行为。无论如何,被禁治产的浪费人在财产方面的行为能力从未被“禁”,而只是被“限”。

在此,需要注意一段很容易被误读的原始文献——列奥《新律》39。拜占庭帝国皇帝列奥六世在《新律》39中,质疑并废除了对浪费人绝对禁治产的规定,而代之以区别对待的做法:

“浪费人所做的不合理的、会造成浪费的事不应被认可或批准,但所有有益的事应被视为适当的而不予责难。”

如果对优士丁尼及其之前的浪费人制度不甚了解,很容易据此认为,此前罗马法中的浪费人是被绝对禁治产的。但实际情况是,列奥皇帝在此质疑并废除的规则并非优士丁尼时期甚至更早时期的罗马法的规则,对浪费人的绝对禁治产只可能是产生于优士丁尼之后的希腊—罗马法或拜占庭法的规则,而列奥皇帝编订《巴西尔法律全书》以及《新律》的共同目的,旨在恢复优士丁尼法的面貌,并在现时的习惯性规范与优

① 陈帮锋:《论浪费人》,载《现代法学》2011年第6期,第59页。

士丁尼法相冲突时废除前者或将之与后者相协调。[①]

需要指出的另外一点是，被禁治产的浪费人其行为能力的受限仅及于财产，而不对其人身产生影响，即便在优士丁尼法时期亦然。[②]

回到前文对浪费行为能力的限度上来。从原始文献来看，《十二表法》规定了精神病人的保佐人有权通过要式买卖和拟诉弃权转让精神病人的财产，[③]但对

---

① 参见[意]阿尔多·贝特鲁奇：《〈巴西尔法律全书〉的特色和在拜占庭法与欧洲法律传统中的地位》，徐国栋译，载[意]阿尔多·贝特鲁奇著，徐国栋编：《罗马法与拉丁法族——贝特鲁奇教授在华法学传习录》，中国政法大学出版社 2014 年版，第 36 页及以后，尤其是第 71 页。

② 对浪费人制度颇有研究的陈帮锋博士出于对《优士丁尼法典》的一个片段的误解（“C. 5,1,5 规定男方为浪费人与性无能、属异教徒都是女方撕毁婚约的正当原因”）而认为“这样一来，浪费人成为像污名那样的影响身份的要素，浪费人禁治产已经突破了古典时期原有的作用场域，开始对身份关系产生影响”，进而认为“优士丁尼法让‘浪费人’成为一种身份污点，即女方可以对浪费人撕毁婚约”，“浪费人被一步步推向深渊”。参见陈帮锋：《论浪费人》，载《现代法学》2011 年第 6 期，第 59~60 页。陈帮锋博士此等结论的得出纯粹是一个并不美丽的误会，他得出如上结论所依据的女方可以撕毁婚约的正当原因的三种情形“浪费人”“性无能”“属异教徒”所对应的原文分别是“*turpem vel impudicam conversationem*”（肮脏无耻的或淫秽放荡的品行）、“*coitum facere non potuerit*”（不能性交）、“*religionis vel sectae diversitatem*”（属于不同的宗教或教派），陈帮锋博士所依据的其英译文分别对译为“being of low character, or a spendthrift; or because of his shameless conduct”“incapable of performing the sexual act”“belongs to a different religion or sect”，在“*turpem vel impudicam conversationem*”的英译文中，出现一个不太严谨的解释性的意译词“spendthrift”（挥霍者），陈帮锋博士正是抓住了该词，认为在《优士丁尼法典》的这个片段中，将“浪费人”作为女方撕毁婚约的正当原因，实际上，在原文中，压根没有出现“浪费人”（*prodigus*）一词。

③ 对此，盖尤斯《法学阶梯》第 2 卷第 64 节明确提到。

于精神病人和浪费人可以在保佐人的协助下做哪些事,没有规定。在流传下来的古典时期的某些文献和优士丁尼法典中,被禁治产的浪费人在如下几个方面被明示不可为:

(1)不得向他人转让自己的财产。①

(2)不可立遗嘱(保罗:《论点集》3,4a,12)。对此,乌尔比安给出的解释是:“浪费人不得立遗嘱的原因是他被禁止从事交易,因此不能对家产进行要式买卖”[《规则集》(残篇)20,13]。我们知道,在优士丁尼法典编纂之前的罗马法的历史长河中,以要式买卖的方式进行的铜衡式遗嘱是最主要的遗嘱形式,浪费人被禁止对其财产进行要式买卖,自然剥夺了其立遗嘱的权利。但他在成为禁治产人之前订立的遗嘱有效(I. 2,12,2)。

(3)不能作证,包括自己不能作证,也不能请他人为自己的法律行为作证。②

(4)不可宣誓,不论该宣誓涉及简约,还是清偿,

---

① D. 27,10,10pr.. 乌尔比安:《告示评注》第16卷:“尤里安写道:那些被裁判官禁止经管财产的人,不得向他人转让自己的财产,因为他们不拥有财产并且不允许他们减少财产。”译文参考了[意]桑德罗·斯奇巴尼选编:《民法大全选译·人法》,黄风译,中国政法大学出版社1995年版,第25页。

② 遗嘱能力与作证能力直接相关:“有遗嘱能力的人可当证人。但妇女、未适婚人、奴隶、哑人、聋人、精神病人、禁治产人或被法律宣告为不诚实和不能作证者,不得列为证人。”(I. 2,10,6)在优士丁尼时代,禁治产人即浪费人的代名词。参见徐国栋:《优士丁尼〈法学阶梯〉评注》,北京大学出版社2011年版,第241页。

抑或判决。[①]

(5)未经保佐人授权，不可与他人缔结使自己承受负担的协议。[②]

(6)不能获得保证人。[③]

至少在上述方面，被禁治产的浪费人需要保佐人的协助，保佐人像家父一样[④]对浪费人的财产给予管理。但为防止有可能出现的对浪费人财产的侵害，保佐人要就浪费人财产的完整性通过要式口约进行担保(D. 46,6,4,8)。浪费人和保佐人之间也涉及汇报账目的问题。在此方面，授予浪费人针对保佐人的无因管理的扩用诉权，该规则在古典法及至后古典法和优

---

① D. 12,2,35,1. 保罗：《告示评注》第28卷："浪费人提出的宣誓要求不应被采纳；这同样适用于与其类似之人。的确，不论该宣誓涉及简约，还是清偿，抑或判决，都应该证明[宣誓要求]不是由不适合从事上述诸行为的人提出的。"译文参考了[古罗马]优士丁尼：《学说汇纂(第十二卷)请求返还之诉》，翟远见译，[意]纪蔚民校，中国政法大学出版社2012年版，第87页。

② D. 15,4,1,9. 乌尔比安：《告示评注》第29卷："如果未成年人、精神病人或浪费人经保佐人的授权与奴隶缔结了协议，拉贝奥认为，就该授权[缔结的协议]应当授予针对该奴隶的主人的诉权。对于真正的代理人，适用同样的规则。但如果他并非真正的代理人，拉贝奥认为，应当授予针对他本人的诉权。"

③ D. 46,1,25. 乌尔比安：《告示评注》第11卷："马尔切勒写道，如果某人为未得其监护人同意而承担债务的未成年人作保证人，或者为精神病人或浪费人作保证人，更好的观点是，他不能获得救济，因为他不享有委任诉权。"

④ D. 23,3,5,3. 乌尔比安：《萨宾评注》第31卷："如果精神病人的保佐人、浪费人的保佐人或任何其他人的保佐人给予嫁资，我们也叫作父予嫁资。"译文参考了[古罗马]优士丁尼：《学说汇纂(第二十三卷)婚姻与嫁资》，罗冠男译，[意]腊兰校，中国政法大学出版社2013年版，第69页。

士丁尼法中一直如此。[①] 当然,如果保佐人未尽其责而实施了有损浪费人财产之事,哪怕只是有此等嫌疑,即可被解除保佐人职务(D. 26,10,3,2[②])。

浪费人不仅在财产能力方面受到限制,在日常生活中也受到某些歧视性对待,如在观看竞技表演时只能坐在后排偏远的位置。[③]

第三节　浪费人的规制目的

浪费人被禁治产并承受保佐的原因显然在于其事实上的挥霍浪费行为,但前文已述,并非所有挥霍浪费者皆为法律所规制。因此,法律规制浪费人当有其特殊的目的考量。

一、浪费人的规制与保护祖产利益

在早期罗马法中,只有对因无遗嘱继承获得的祖

① Cfr. Mario Talamanca, *Istituzioni di Diritto Romano*, Milano: Dott. A. Giuffrè Editore, 1990, p. 172; Matteo Marrone, *Istituzioni di Diritto Romano*, Palermo: Palumbo, 2006, p. 264.

② D. 26,10,3,2. 乌尔比安:《告示评注》第 35 卷:"不仅未成年人的保佐人,而且精神病人和浪费人的保佐人也可以基于怀疑[其不可靠]而被解职。"

③ 公元前 67 年的《关于剧场的罗修斯法》(*Lex Roscia Theatralis*)恢复了骑士阶层在举办竞技表演(*ludi scaenici*)时可以坐在紧接着元老的头等席的前 14 排座位上这一特权,同时为浪费人指定了特别的位置。Cfr. Giovanni Rotondi, *Leges Publicae Populi Romani*, Hildesheim-Zürich-New York: Georg Olms Verlag, 1990, p. 374-375.

产进行挥霍之人才被禁治产并承受保佐。根据保罗在《论点集》3,4a,7 中提供的禁治产的程式,浪费人被禁止管理的财产虽然不再强调是无遗嘱继承的财产,但仍限于祖产(从父亲和祖先那里取得的财产)。根据传统的观点,此等规则的设定与保佐制度的发展有着密切关联。保佐(*curare*),如其名称所示,是一种保护性制度,但如果从古典法向早期历史回溯,会发现保佐(监护也是一样)同继承的联系越来越紧密。① 保佐(和监护)制度实际上是一种试图将财产保留在宗亲家庭内的制度。因此,法定保佐权(和监护权)被分给无遗嘱继承的继承人,他们正是被保佐人(和被监护人)在未获得遗嘱能力而死亡时的受益人。② 最初对浪费人禁治产并设定保佐的目的,同样与祖产的继承具有某种内在关联。因此,罗马法学者多从继承的角度解释早期罗马法中对浪费人禁治产的设定,认为浪费人挥霍祖产的行为有损其法定继承人的利益,进而对其家庭甚至城邦造成损害。③

但这种观点颇值得商榷。一方面,在自《十二表

---

① 参见[意]彼德罗·彭梵得:《罗马法教科书》,黄风译,中国政法大学出版社 2005 年版,第 128 页。

② 参见[英]H. F. 乔洛维茨、巴里·尼古拉斯:《罗马法研究历史导论》,薛军译,商务印书馆 2013 年版,第 158 页。

③ 参见周枏:《罗马法原论》,商务印书馆 2004 年版,第 136 页;丘汉平:《罗马法》,中国方正出版社 2004 年版,第 144 页;Antonio Guarino, *Diritto Privato Romano*(12 ed.), Napoli: Jovene Editore, 2001, p. 619; Carlo Augusto Cannata, *Corso di Istituzioni di Diritto Romano*(I), Torino: G. Giappichelli Editore, 2001, p. 79.

法》及至优士丁尼法典编纂的整个罗马继承法的历史上，奉行的都是遗嘱继承优先主义，无遗嘱继承相对于遗嘱继承具有从属性，无遗嘱继承的概念本身就表达了这一制度的补充意义，它只是当缺乏遗嘱时才发生。虽然在罗马法史上，血缘权利对遗嘱的反抗一直都存在，但直到优士丁尼法时期，仍未完全改变两种继承之间的关系。[①] 另一方面，遗嘱在罗马人的意识中是常用的并且几乎是必需的，“遗嘱优先”是罗马的法律、习惯和理论所特有的动机之一，越往早期追溯，就越明显。[②] 因此，企图通过这种禁治产来达到保护祖产从而维护继承人利益和宗亲家庭利益的目的，是很难实现的，原因在于：其一，在罗马法中，祖产的传承主要通过遗嘱继承为之，若要切实保护祖产，浪费人被禁治产的范围应指向通过各种继承方式尤其是遗嘱继承获得的祖产；其二，被继承人的可以由继承人继承的财产并不限于甚至可能主要不是所谓的祖产，而因挥霍被禁治产的浪费人仅涉及通过无遗嘱继承获得的祖产。基于此，在早期市民法中，将法律规制的浪费人限于挥霍通过无遗嘱继承获得的祖产，其目的仍然有待商榷，但应当是具有保护其子女利益的因素在内的，保罗《论点集》3，4a，7所提供的禁治产的程式说明了这一点。

---

① 参见［意］彼德罗·彭梵得：《罗马法教科书》，黄风译，中国政法大学出版社2005年版，第366页。

② 参见［意］彼德罗·彭梵得：《罗马法教科书》，黄风译，中国政法大学出版社2005年版，第347~348页。

二、浪费人的规制与维护本人利益

随着保佐观念在共和后期的转变，其目的趋向于保护无经验、疾病或浪费人等"弱势群体"的利益，保佐成为保护被保佐人利益的一项制度。官选保佐的兴起即这种转变的表现之一。随之而来的是对浪费人禁治产范围的扩大，不再局限于祖产，而扩展到通过各种方式获得的财产。如果自权人习惯性地挥霍自己的财产，从而这种不正确的生活方式[①]有可能使他们自己陷入不利境地，出于对其本人利益的考量，此等人就有可能成为被法律限制管理财产并承受保佐的浪费人(D. 26,5,12,2)。

公元2世纪的法学家盖尤斯将浪费人被禁治产的原因归结于"权利滥用"，认为浪费自己的财产与主人

---

① D. 4,3,11,1. 乌尔比安:《告示评注》第11卷:"诈欺诉权将不被授予某些人，例如[授予]子女或解放自由人对抗[其]尊亲或庇主，因为它导致破廉耻；也不把这种诉权授予地位低的人用来对抗那些体面而出众的人，例如，授予平民对抗其权威是公认的前执政官；或授予那些放荡的、浪费的或其他微不足道的人对抗那些有正确生活方式的人。拉贝奥就是这样说的。那么，到底该怎么做呢？必须说：须给予比较缓和的事实诉权对抗这样的人，[诉讼的名称被]如此措辞，提到了诚信[为的是，不管如何，都不允许从自己的诈欺中获利]。"译文参考了[古罗马]优士丁尼:《学说汇纂(第四卷)恢复原状与责任的承担》，窦海阳译，[意]埃马努埃莱·拉依尼校，中国政法大学出版社2012年版，第53页。

虐待奴隶一样，都是对自己权利的滥用。[①] 盖尤斯所援引的同时期的皇帝安东尼努斯·皮尤斯在一项敕答中解释了禁止主人虐待奴隶的考虑是，善待奴隶乃"主人的利益之所在"，对浪费人的保佐出于同理。[②] 但不可否认，即便优士丁尼时期，法律对挥霍浪费者进行规制的目的，除其本人利益外，也有对他人尤其是其

---

① 盖尤斯：《法学阶梯》1,53："但是在今天，任何罗马市民和其他一切受罗马国家权力管辖的人均不得过分地和无故地虐待自己的奴隶。实际上，根据安东尼努斯·皮尤斯皇帝[公元138~161年]的一项谕令，无故杀死自己奴隶的人所承担的责任不亚于杀死他人奴隶的人所承担的责任。而且，主人的过分严酷也在同一皇帝的一项谕令中受到惩罚：他就某些奴隶跑道神庙中或皇帝塑像下避难一事征求了一些行省总督的意见，然后作出规定：如果主人的严酷看起来是无法忍受的，将强迫主人出卖他们的奴隶。这两种规定都是正确的：我们不应当滥用(*male uti*)我们的权利；根据同样的原因禁止浪费人经管自己的财物。"参见[古罗马]盖尤斯：《法学阶梯》，黄风译，中国政法大学出版社1996年版，第18~20页。

② I.1,8,2："但在当今之世，在朕的谕令权下的任何人，若无法律规定的理由，不许对自己的奴隶过分逞凶。因为神君安东尼努斯·皮尤斯的敕令规定，无由地杀死自己的奴隶的人，要像杀死他人奴隶者一样受罚。且主人的过度残忍也受上述元首的另一敕令的惩治。针对某些行省总督就在神庙或元首的雕像前避难的奴隶问题提出的咨询，该敕令规定：如果主人的逞凶被认为不可忍受，要强制他们以好的条件出卖奴隶，并妥当地给他们价金。因为任何人不恶用(*male utatur*)自己的财产，是国家利益之所在。他致埃流斯·马尔西安的敕答中有这样的话：'主人对其奴隶的权力，确实必不得减损，也不得剥夺任何人的权利。但不拒绝正当地寻求对逞凶、饿饭或不可忍受的凌辱的救济的人不被拒绝，是主人的利益之所在。因此，你要调查尤流斯·萨宾的在皇帝的雕像前避难的奴隶们的怨诉，如果你查知他们遭受了不公正的虐待或受了不名誉的侵辱，你要命令出卖他们，让他们不再回到该主人的权力下。如果该萨宾逃避我的敕令，他要知道，我将更严厉地惩办其罪行'。"参见徐国栋：《优士丁尼〈法学阶梯〉评注》，北京大学出版社2011年版，第73~74页。

子女利益的考量(D. 27,10,16,1-3)。[①]

综上所述，在罗马法中，对浪费人进行法律规制的目的经历过某种转变，其最初可能主要是基于对无遗嘱继承人或子女或家族利益的考虑，此后随着保佐观念的转变，对浪费人禁治产的目的转向以保护浪费人本人的利益为主，但这种转变并非绝对的，亦非线性的，更没有明确的时间迹象可寻，其间多有重叠与交叉，如果把罗马法中浪费人禁治产的目的总结为“从十二表的保护法定继承人利益到古典时期的保护子女利益，再到优士丁尼法的保护本人利益的转化”，[②]未免把复杂的历史简单地线条化了，也过于绝对，尤其是在优士丁尼法中，我们看到对子女利益的考量亦是对浪费人禁治产的主要因素之一。

---

① D. 27,10,16,1-3. 特里芬尼鲁斯：《论断集》第 13 卷：“(1)同样，如果父亲为浪费人指定了保佐人，裁判官应尊重其意愿，将此人指定为保佐人。但在所有情形，是否都是如此？如果父亲没有在遗嘱中作出规定，裁判官是否可以禁止他管理财产？特别是如果该浪费人本身有子女的情形？(2)然而父亲可以为孙子另作安排，比如在说明理由和必要性的情况下，指定孙子为继承人，剥夺儿子的继承权而遗赠给他一笔足够养活他的金额；如果由于孙子在儿子被解放后出生而导致父亲没有处于其权力下的孙子，他可以附条件地指定孙子为继承人，即该孙子被其浪费人父亲解放。(3)但如果浪费人不同意怎么办？无论如何，遗嘱人的意愿必须被遵守，以免裁判官偶尔犯糊涂，将父亲经慎重考虑而认为是浪费人的儿子，认定为适格之人。”

② 陈帮锋：《论浪费人》，载《现代法学》2011 年第 6 期，第 59 页。

第四节　浪费人制度的现代继受

一、各国民法典对浪费人规制的现状

自《十二表法》对习惯中的浪费人制度进行法律确认以来，此后继受罗马法传统的大陆法系国家和地区，大多在其民事立法中传承了这一制度。通过对目前已有中译本的二十余部国外民法典（草案）的对比分析，根据其是否规定了浪费人制度，可分为四种类型：

其一，从未规定浪费人制度型，包括 1811 年《奥地利普通民法典》，1862 年《纽约州民法典草案》，1990 年《朝鲜民法》，1994 年《蒙古国民法典》，1994 年《独联体成员国示范民法典》①以及与之密切相关的 1998 年《土库曼斯坦民法典》和 2008 年《俄罗斯联邦民法典》②，1995 年、2005 年、2015 年 3 个版本的越南民法典。

但需要注意到，《独联体成员国示范民法典》第 52 条关于限制行为能力的规定中提道："由于滥用酒精饮料或者毒品而将自己的家庭置于困难的物质境地的

---

① 该示范民法典各编通过的时间不同，其整体通过的时间不详，涉及民事主体的第一编通过于 1994 年。

② 该法典各编颁布和施行的时间不同，其整体于 2008 年施行，涉及民事主体的第一编于 1994 年通过，1995 年施行。

公民,可以由法院……限制其行为能力",并"对该公民设立保佐"。[①] 此等规定在某种程度上可视为对浪费人的一种特殊形态的规制。受其影响,《土库曼斯坦民法典》和《俄罗斯联邦民法典》中也有相似的条文。前者第27条("自然人行为能力的限制")第1款辞曰:"因酗酒或吸毒使家庭经济状况陷入严重困境的自然人,法院可限制其行为能力。为其设立保佐……"[②]后者第30条第1款辞曰:"因酗酒或吸毒而使其家庭物质状况艰难的公民,可以由法院依照民事诉讼立法规定的程序限制其行为能力,对他应设立保护。"[③]

在1975年完成统一后,越南着手制定民法典,并于1995年通过了《越南社会主义共和国民法典》,随后该民法典先后于2005年和2015年进行了重大修订,修订后的民法典分别称为2005年《越南民法典》和2015年《越南民法典》。[④] 在涉及本书所研究的浪费人制度方面,最相关的条文涉及对限制民事行为能

① 《独联体成员国示范民法典》,张建文译,法律出版社2014年版,第15页。

② 《土库曼斯坦民法典》,魏磊杰等译,蒋军洲校,厦门大学出版社2016年版,第9页。

③ 《俄罗斯联邦民法典》,黄道秀译,北京大学出版社2007年版,第45页。

④ 这三部越南民法典皆有中译本,本书所引该三部民法典的条文,分别参见《越南民法典》,米良译,徐中起校订,云南大学出版社1998年版;《越南社会主义共和国民法典》(2005年版),吴远富译,厦门大学出版社2007年版;《越南民法典》,伍光红、黄氏惠译,商务印书馆2018年版。

力的规定。在这三部民法典中,有关“限制民事行为能力”的规定虽然所处的条文顺序有所差异,但其内容并未修改,只是因译者的不同而在中译本中表述略有差异。① 其主要内容为:因吸食麻醉品或其他兴奋剂成瘾,挥霍或有损家庭财产之人,可经申请而被法院宣告为限制行为能力人。由此可以看出,《越南民法典》中对浪费人的规制很可能仅限于某种特定的情形,即因吸食毒品而挥霍财产,有损家产者,可依法限制其行为能力,并未对浪费人进行一般性的规制。这一点与《独联体成员国示范民法典》《土库曼斯坦民法典》《俄罗斯联邦民法典》较为相似。

其二,曾规定但此后废除浪费人制度型,包括1896年《德国民法典》、1898年《日本民法典》和1907年《瑞士民法典》。

《德国民法典》第6条第1款和第114条曾规定浪费人禁治产制度,前者辞曰:“有下列情形之一的,得宣告为禁治产人:1. 因精神病或精神耗弱致不能处理自己事务者;2. 因挥霍浪费致自己或其家属有陷于贫困之虞者;3. 因酗酒成癖或吸毒不能处理自己事务,或

① 1995年民法典第25条(对民事行为能力的限制)第1款规定:“对麻醉品或其它刺激性物品上瘾导致毁坏家庭财产的人,经……请求,人民法院可判决其为限制民事行为能力人。”2005年民法典第23条(限制民事行为能力)第1款规定:“因吸食麻醉品或其他兴奋剂成瘾,导致挥霍家庭财产的人,依……要求,法院可以作出宣告此等人为限制民事行为能力人的决定。”2015年民法典第24条(限制民事行为能力)第1款规定:“吸食毒品、使用其他兴奋剂而导致破坏家庭财物的,则根据……要求,法院可判决此人为限制民事行为能力人。”

致自己或其家属有陷于贫困之虞，或危及他人安全者”；后者辞曰：“因精神耗弱、挥霍浪费、酗酒成癖或吸毒而被宣告禁治产者，或因第 1906 条的规定暂时受监护者，其行为能力与年满七岁的未成年人相同。”①1992 年 1 月 1 日起，《关于修订监护法和保佐法的法律》（《照管法》）废除了禁治产制度，上述条文不复存在，浪费人也因此逸出《德国民法典》的调整范围。②

《日本民法典》原第 11 条（准禁治产人）曾规定：“对心神耗弱人及浪费人，可以将其作为准禁治产人而设置保护人。”③此后的 1999 年，日本对成年人监护制度进行了大规模修改，其内容彻底改变了《日本民法典》总则编中原有的禁治产和准禁治产制度。修改后的《日本民法典》将原有的禁治产和准禁治产制度改为“对于因精神上的障碍而欠缺辨识事理能力且已经处于常态的人”（第 7 条）和“对于因精神上的障碍而辨识事理能力明显不足的人”（第 11 条）的“监护”和“保佐”，并增加了“对于因精神上的障碍而辨识事理能力不足的人”（第 15 条）的“辅助”制度。同时，废

---

① 参见《德意志联邦共和国民法典》，上海社会科学院法学研究所译，法律出版社 1984 年版，第 1～2 页、第 24 页。

② 参见［德］迪特尔·梅迪库斯：《德国民法总论》，邵建东译，法律出版社 2001 年版，第 411 页。

③ 该规定经 1979 年修订，修订前的准禁治产人还包括聋人、哑人和盲人。参见《日本民法典》，王书江译，中国法制出版社 2000 年版，第 5 页。

除了浪费人及其保佐制度。[1]

《瑞士民法典》第二编“亲属法”原第三分编“监护”中“被监护条件”部分第369~372条分别规定了“成年人无能力”的四种情形：精神病及精神耗弱；浪费、酗酒、生活放荡及不善经营；被判徒刑；自己申请。其中第370条（“浪费、酗酒、生活放荡及不善经营”）辞曰：“成年人因浪费、酗酒或生活放荡或不善管理财产而使自己或家庭有陷入困境或贫困的危险时，需辅佐监护，或有危害他人安全时，应交付监护。”第374条（询问本人意见及鉴定）第1款辞曰：“因浪费、酗酒、生活放荡或管理财产不善而宣告某人为禁治产时，须先讯问该人意见，始得宣告。”[2]但上述条文及其所从属的第三分编为2008年12月19日的联邦法律（成年人保护法、人法和儿童法）第I1项所修正，自2013年1月1日起生效。修订后的第三分编变为“成年人的保护”，其第十一章“官方措施”第二节增加规定了系统性的保佐制度，包括辅助性保佐、代表性保佐、参与性保佐和总括保佐，但保佐的对象（第390条第1款）中不见浪费人的踪影。[3]

其三，是否规制浪费人法律规定不明型，包括

---

① 参见渠涛编译：《最新日本民法》，法律出版社2006年版，第5页、第7页。

② 本书所引2008年修订前的《瑞士民法典》的条文，皆参考《瑞士民法典》，殷生根译，艾棠校，法律出版社1987年版。

③ 参见《瑞士民法典》，戴永盛译，中国政法大学出版社2016年版，第142~144页。

1948 年《埃及民法典》和 1870 年《路易斯安那民法典》。

严格意义上来说，《埃及民法典》没有对浪费人作出规定，但其第 113 条所规定的禁治产的对象中包括一类特殊的主体“鲁莽人”。该法典第 46 条同样提到了鲁莽人：“达到有辨别能力年龄的未成年人以及已成年的鲁莽人或智障，被视为具有法律规定的限制行为能力。”译者在该条文之下对“鲁莽人”进行了解释：“指具有轻率疏忽的个性的人”。“鲁莽人”的范畴似乎可以涵括挥霍浪费者，但可商榷。此外，其第 889 条提到，挥霍浪费者会受到法律的处罚：“包括继承人在内的任何人，欺诈性占用遗产中的资产的，应课处挥霍浪费人所受的相同处罚。”①但究竟会受到何种处罚，法典中没有明确。

《路易斯安那民法典》曾在第一编第九题（“不能照看自己人身或财产的人”）第五章（“错误提起禁治产申请的责任”）第 413 条规定：“不应因浪费或挥霍而发生禁治产。”②依此规定，浪费人被明确屏除在该法典的调整之外，如果因某人浪费或挥霍而提起禁治产申请的，属于“错误提起”并要承担相应的“责任”。但是，新修订的《路易斯安那民法典》中，该条被删除。

---

① 本书所引《埃及民法典》的条文，皆参考《埃及民法典》，黄文煌译，蒋军洲校，厦门大学出版社 2008 年版。

② 参见《最新阿根廷共和国民法典》，徐涤宇译注，法律出版社 2007 年版，第 21 页，注释①。

不仅如此,第五章原有的28个条文(第399~426条)被删除的仅剩下第399条。[①] 但囿于文献缺乏,我们对立法者做此修订的意图不得而知,因此,其对浪费人的规制态度,成为一个谜团。

其四,始终明确规定浪费人制度型,包括1804年《法国民法典》、1855年《智利民法典》、1870年《马耳他民法典》、1876年《奥斯曼帝国民法典》、1889年《西班牙民法典》、1942年《意大利民法典》、1958年《韩国民法典》、1960年《埃塞俄比亚民法典》、1966年《葡萄牙民法典》、1975年《阿尔及利亚民法典》、1984年《秘鲁民法典》、1991年《魁北克民法典》、1992年《荷兰民法典》[②]、1992年《泰国民商法典》[③]、2001年《巴西新民法典》和2015年《阿根廷民商法典》。此外,有学者指出,菲律宾法律中也有对浪费人的规制,[④]但本人在《菲律宾民法典》中并没有找到相应规定。

因为此等类型所涉民法典较多,在此不予逐个分析,我们将在后文相关部分对其内容进行说明,但有必

① 参见《路易斯安那民法典》,娄爱华译,胡雪梅校,厦门大学出版社2010年版,第47页。

② 需要说明的是,该法典各编颁布和施行的时间不同,其整体于1992年生效,本书所涉第1编系1959年颁布,1970年生效。

③ 需要说明的是,该法典各编颁布、施行和重新修订的时间不同,本书所涉第一编最初颁布于1923年,后经1925年修订,再于1992年被重新修订。本书所引该法典译文,皆参考《泰王国民商法典》,周喜梅译,谢尚果审校,中国法制出版社2013年版。

④ 参见[葡]平托(Carlos Alberto da Mota Pinto):《民法总论》,澳门翻译公司等翻译,法律翻译办公室、澳门大学法学院1999年版,第125页。

要对阿根廷民法典的状况做一个交代。在 1869 年颁布并于 1871 年生效的《阿根廷民法典》中,曾明确排除对浪费人的规制。该法典第 54 条规定了五种无能力人的形态,其中不包括浪费人,该法典的作者萨尔斯菲尔德在该条的注释中这样写道:“在无能力人的列举中,我没有提到浪费人,因为根据本法典,此种身份不能由判决决定,也不能导致禁治产。……理由在于:(1)挥霍并不改变智力上的能力;(2)个人的自由仅在损及直接的、显明的公共利益时才应受到限制;(3)面对因无益支出而消耗财富的不同方式,在我们习惯的状态中,无法确定地将浪费人和非浪费人加以区分,所有这些要由法官来裁量,但法官在存在难以数计的浪费人时,只是对某些人宣布禁治产;(4)应停止对私人诉权进行公权力的监护,并且,既然不可能对每个人的开销设定一个最大值,则被称为浪费人的人只是在使用或滥用其自己的财产,这并不违反法律。”在法典第 849 条的注释中,作者再一次强调:“对于享有权利能力的成年人,应赋予其处理自己事务的自由,因为正如前面所述,法律不能也不应该试图控制成年人的挥霍”。但萨尔斯菲尔德对浪费人的坚拒态度在此后受到立法者的质疑。1968 年对民法典进行修订的过程中,第一卷第一篇第十题(“精神病人和无资格之人”)新增加了一个条文,即“第 152 条(附加)”,在该附加条文中,新增了三类“可以在裁判上被宣告无资格”之人:“1. 因习惯性醉酒或使用麻醉剂而可能实施损及其人身或财产之法律行为的人;2. 未达到第 141 条规定的条件,①但法官认为其完全能力的行使可能损害其人身或财产从而限制其权限之人;3. 在其财产的管理和处分行为中因挥霍而可能使其家庭丧失财产之人。"其中第三类,明确指向了浪费人。再之后,2014 年颁布并于 2015 年 8 月 1 日生效的最新《阿根廷民商法典》中,第一卷第一题第三章("能力的限制")第五节("无资格")用 3 个条文(第 48~50 条)对浪费人进行系统规定。至此,浪费人在阿根廷民法典中得到更加明确的规制。②

二、各国民法典对浪费人的判定

对浪费人的判定与其规制目的紧密相关,挥霍浪费者之所以受到法律规制,原因无非其行为违反了立法者所要实现的某种目的。我们在前文的梳理中看到,罗马法中对浪费人进行规制的目的发生过转变,在早期以继承人或家庭利益为主,此后随着保佐观念的演变,对浪费人的法律规制更多出于对浪费人本人财产利益的保护,同时也兼顾到其子女利益。这种对本人及其家庭利益的双重考量也构成了现代多数民法典

① 1871 年生效的《阿根廷民法典》第 141 条规定:"因精神病而没有人身照料或财产管理能力的人,可因精神病而被宣告为无能力。"

② 本书所引 1869 年颁布的阿根廷民法典的条文和条文注释以及 1968 年进行的条文修订,皆参考《最新阿根廷共和国民法典》,徐涤宇译注,法律出版社 2007 年版;所引 2015 年最新《阿根廷民商法典》的条文,皆系笔者从西班牙语自译。

中浪费人制度的出发点。比如,《德国民法典》已经废除的第 6 条规定的受到禁治产的浪费人是“因挥霍浪费致自己或其家属有陷于贫困之虞者”。《瑞士民法典》在 2008 年修订前的第 370 条将应受监护的浪费人限定为“因浪费而使自己或家庭有陷入困境或贫困的危险的成年人”。《法国民法典》第 488 条规定的应受保护的浪费人是“由于挥霍浪费、纨绔不羁、游手好闲,有可能自陷贫困或影响履行家庭义务的成年人”。[①]《意大利民法典》第 415 条规定的可以被宣告为准禁治产人的浪费人限于“给自己或其家庭造成严重经济损失者”。[②]《韩国民法典》第 9 条规定的可以被宣告限定治产的浪费人是“因浪费财产,而有可能使自己或家庭生活变贫困之虞者”。[③]《秘鲁民法典》对浪费人禁治产并设立保佐:一方面出于对浪费人本人利益的保护(第 565 条);另一方面又规定:“有配偶或必要继承人却超出其可处分之份额而挥霍财产者,

---

① 本书所引《法国民法典》的条文,凡未特别说明系 1968 年修订前的条文外,皆参考《法国民法典》(上册),罗结珍译,法律出版社 2005 年版。

② 本书所引《意大利民法典》的条文,皆参考《意大利民法典》,费安玲等译,中国政法大学出版社 2004 年版。本人根据意大利语原文对译文做了部分修订。

③ 本书所引《韩国民法典》的条文,皆参考《韩国民法典 朝鲜民法》,金玉珍译,北京大学出版社 2009 年版。

可被宣告为浪费人”(第584条)。[①]《泰国民商法典》第32条所说的浪费人是“挥霍成性而导致不能自己处理工作或以对自己和家庭财产造成损害的方式处理事务的人”。

还有一些民法典,其对浪费人的规制更多是基于对某些家庭成员利益的考虑。比如,《智利民法典》第445条规定的受禁治产的浪费人特征是,实施了“完全缺乏节制的重复性挥霍行为”,“如存在以大量财产冒险的习惯性博戏行为、无适当原因大量赠与的行为以及将导致破产的消费行为”。此等行为对特留份继承人的合理期望构成足够的担忧,因此受到法律的规制。[②] 再如,《魁北克民法典》第258条所规定的可以为其指定监护人或顾问的浪费人是“威胁到其婚姻或民事结合的配偶或未成年子女的福利的人”。[③] 阿根廷民法典持有同样的立场。1869年《阿根廷民法典》在1968年修订时所增加的第152条(附加)中规定的可被宣告无资格的浪费人是“在其财产的管理和处分行为中因挥霍而可能使其家庭丧失财产之人”。2015

① 此外值得注意的是,《秘鲁民法典》虽然没有明确界定什么是浪费人,但其第44条所列举的“相对无能力人”将“浪费人”和“财产管理不善者”相并列。本书所引《秘鲁民法典》的条文,皆参考《秘鲁共和国新民法典》,徐涤宇译,北京大学出版社2017年版。

② 参见《智利共和国民法典》,徐涤宇译,北京大学出版社2014年版,“政府向国会提交的批准民法典的议案”,第9页。本书所引智利民法典的条文,皆参考该译本。

③ 本书所引《魁北克民法典》的条文,皆参考《魁北克民法典》,孙建江、郭站红、朱亚芬译,中国人民大学出版社2005年版。

年8月1日生效的最新《阿根廷民商法典》第48条对浪费人进行了更为详细的界定,即“在其财产的管理行为中因挥霍而使其配偶、共同生活者、未成年或残疾的子女丧失财产之人”。

但是也有一些民法典,其对浪费人的规制主要出于对挥霍财产者本人利益的考虑。比如,《奥斯曼帝国民法典》第946条对浪费人的界定是:“挥霍浪费者,是指当事人将其财产花费在不适当的地方且在其支出中加以挥霍,以至于由于浪费而丧失和毁损其财产,而且对于在获取和给付中一直处于疏忽大意,以及由于痴呆和缺失心智而不知晓经商之道和享受方式的人们,也被视为挥霍浪费者。”[①]《葡萄牙民法典》亦如此,其第152条对可被宣告为准禁治产人的浪费人的界定是“因惯性挥霍而显示无能力适当处理其财产之人”。[②] 根据葡萄牙学者的观点,该条中的“惯性挥霍”,是指那些惯常实施浪费财产行为的人,不要与管理不当或管理缺乏远见相混淆。这里指的是实施挥霍行为、作出与收益不成比例(所谓挥霍,必须是开支超过收益,危及资本)、不谨慎、不合理的开支。是否合理,必须考虑开支的目的。其行为虽具有毁坏性但其目的崇高者,不是挥霍。然而,必须注意伦理社会观,

① 本书所引《奥斯曼帝国民法典》的条文,皆参考《奥斯曼帝国民法典》,王永宝译,商务印书馆2018年版。

② 本书所引《葡萄牙民法典》的条文,皆参考《葡萄牙民法典》,唐晓晴等译,北京大学出版社2009年版。

目的虽非无益但过分花费似乎可视为挥霍。总之,《葡萄牙民法典》中对浪费人强调的是其挥霍行为的收支失衡。至于是否有损于家庭利益,则不再考虑。与之相对的是,作为现行民法典之前身的《塞亚布拉法典》(1867 年民法典)对浪费人禁治产设定了“已婚或有特留份之继承人”之要件。[①]

最特别的是《埃塞俄比亚民法典》。根据该法典第 339 条和第 351 条之规定,对浪费人的禁治产宣告可基于其本人利益的需要,也可为了其推定的继承人的利益作出。[②]

从对浪费人规制的目的来看,多数民法典的出发点是保护浪费人本人及其对之负有一定义务的重要家庭成员的利益,使其财产不致因其挥霍行为而严重丧失,从而危及自己及其家庭成员的生存保障。另外一些民法典直接宣称,对浪费人的规制乃是出于对其重要家庭成员的保护,至于其本人可能因挥霍财产而陷入困境的问题,则不予考虑。还有极个别民法典,仅从个人对其财产的适当管理的角度,为不能妥适管理其财产的挥霍浪费者进行保护性规制。总体上来说,对浪费人的规制本质上是为了更好地保存其财产,其最

---

① 参见[葡]平托(Carlos Alberto da Mota Pinto):《民法总论》,澳门翻译公司等翻译,法律翻译办公室、澳门大学法学院 1999 年版,第 125 页。

② 本书所引该民法典的条文,皆参考《埃塞俄比亚民法典》,薛军译,厦门大学出版社 2013 年版。

终目的大体上在于维护其本人及其对之负有一定义务的家庭成员不致陷入生存困境。基于此，再回头来看前文所述1869年《阿根廷民法典》的作者萨尔斯菲尔德所说的不应在法律上对浪费人进行规制的4点理由，均是不成立的：就其第一点理由而言，“挥霍并不改变智力上的能力”无论如何都无法构成对其进行法律规制的障碍，诸如聋哑、酗酒、吸毒等“并不改变智力上的能力”者而受到行为能力限制的立法例比比皆是；就其第二点理由而言，“个人的自由权仅在损及公共利益时才应受到限制”，显然过于狭隘，即便其自由权损及的并非公共利益，而是特定他人的利益，同样应当受到限制；就其第三点理由而言，“无法确定地将浪费人和非浪费人加以区分，所有这些要由法官来裁量”，而法官在众多浪费人中“只是对某些人宣布禁治产”，同样难以构成法律规制浪费人的理由，立法者不可能对所有事项都确立一个明确的标准，很多情事留待法官自由裁量是很常见的立法方式，由法官依据利害关系人的请求，根据具体情势来判断挥霍者的行为是否达到危及相关主体的利益从而对其行为能力加以限制，反而可以更好地实现意思自治和个案正义；就其第四点理由而言，“被称为浪费人的人只是在使用或滥用其自己的财产，这并不违反法律”，则与绝大多数立法者对浪费人进行规制的目的相悖，正是由于浪费人使用或滥用其财产损害了其对之负有一定义务的家庭成员的利益，因此才会选择对其行为能力进行限制。

基于这些考虑，在《阿根廷民法典》的后续修订中以及在最新的《阿根廷民商法典》中，立法者选择将浪费人纳入其调整范围，就不难理解了。

在目的之外，就浪费人的行为表现来看，无非其实施了挥霍财产的行为，至于如何来认定这种挥霍是否达到了违反法律规定的目的，则只能交由法官根据具体情形来判定。统观前述各国民法典，并没有发现立法者尝试对浪费人的行为标准加以确定或者对浪费人进行类型化的努力。对此，有学者将某些民法典中出现的对酗酒者、吸毒者和习惯性赌博者行为能力的限制归结为是挥霍浪费的三种形态，进而根据个别民法典只规定了酗酒、吸毒（和赌博）的典型行为而没有一般性地规制浪费人的现象，认定这是一种新的立法趋势，最终归纳出浪费人制度演化的一个新的维度："从挥霍到酗酒、吸毒与赌博"。[①] 此等看法似值得商榷。[②]

---

① 参见陈帮锋：《论浪费人》，载《现代法学》2011 年第 6 期，第 62~63 页。

② 其一，就"赌博"而言，在上述所有民法典中，只有《智利民法典》第 445 条为更加明确地说明何为"浪费"而举的事例中提到，"比如在以大量财产冒险的习惯性博戏行为、无适当原因大量赠与的行为以及将导致破产的消费行为"，皆属"完全缺乏节制的重复性挥霍行为"，因而应认定为浪费。除此之外，再无其他将博戏或赌博与浪费人或行为能力限制相联系的立法例。因此，将赌博作为挥霍浪费的一种典型行为，至少在立法层面是很难成立的。

其二，诚然，不少民法典对酗酒者和吸毒者也从行为能力的角度进行了规制。比如，《意大利民法典》第 415 条第 2 款将浪费人、酗酒者或吸毒成瘾者并列，作为可以被宣告为准禁治产人的案型；《埃塞俄比亚民法典》第 339 条第 2 款、《葡萄牙民法典》第 152 条、《秘鲁民法典》第 44 条、《泰国民商法典》第 32 条、《巴西新民法典》第 4 条、1968 年修订的

三、浪费人与行为能力限制

《十二表法》确立了浪费人的规制模式："禁治产+

《阿根廷民法典》第152条(附加)以及《德国民法典》已废除的第6条皆如此处理。但在这些立法例中，酗酒者和吸毒者无一例外都是和"浪费人"相并列存在的行为能力受限制的主体类型，前两者与后者并非种属关系，认为前两者是从后者中独立出来的观点，并无根据，只是某种基于生活事理的错误直觉罢了，法律对酗酒和吸毒的规制与对浪费人的规制显然出于不同的考虑，法律对前两者的规制乃出于此等行为本身的危害性，往往并不考虑其是否会带来本人及其家庭的危困，而这恰恰是对浪费人进行规制的重要出发点(之一)。

仅有的似乎可以支持前述所谓立法趋势的论据是《独联体成员国示范民法典》《土库曼斯坦民法典》《俄罗斯联邦民法典》《越南民法典》。《独联体成员国示范民法典》第52条规定："由于滥用酒精饮料或者毒品而将自己的家庭置于困难的物质境地的公民，可以由法院……限制其行为能力"。《土库曼斯坦民法典》第27条、《俄罗斯联邦民法典》第30条以及"越南民法典"(1995年民法典第25条、2005年民法典第23条、2015年民法典第24条)的规定基本相同。这几部民法典将"酗酒或吸毒"与"置家庭于物质困境"联系起来，作为限制某人行为能力的共同考量。但这些立法例既属少数亦非主流，并不具有代表性，更不能作为判断浪费人制度演变趋势的主要论据。

其三，陈帮锋博士在其《论浪费人》一文(本注释以下简称"陈文")中总结道："然而，并不仅仅是将典型的挥霍行为独立出来这么简单。从新近制定的民法典来看，出现了一种趋势：将挥霍浪费的属行为废除而只保留酗酒、赌博及吸毒的典型行为。"(第63页)此等结论的得出更加荒谬。首先，前文已述，只有《智利民法典》将赌博作为浪费的一种形态作了规定，并无任何其他民法典"将挥霍浪费的行为废除而保留赌博这种典型行为"。其次，其援引《荷兰民法典》第三编第44条第4项，用以说明该法典不但没有规定浪费人，而且"更是更换了一种说法，使用'放任'两个字来概括此类情形"(第63页)，完全不符合事实。实际上，"陈文"所没有注意到的《荷兰民法典》第一编第378条明确规定了"浪费人"，其辞曰："1. 下列情形下，地方法官应当对成年人实施看护：a. 精神障碍，不论是否是间歇性的，因而不能或者很难适当维护自己的利益；b. 浪费；c. 饮酒成瘾，因而不能适当维护自己的利益，或者在公共保佐”,禁治产意味着在财产方面的行为能力受限,承受保佐意味着他人对其财产管理的介入。这二者实际上是一体两面的,为达到对浪费人规制的目的,将之禁治产,自然要设立辅助人帮助其管理财产。后世继受浪费人制度的民法典,基本都遵循了《十二表法》所确立的制度框架,但在具体的制度配置上略有差异。

被1992年《照管法》修订前的《德国民法典》(第6条、第1896条)、2008年修订前的《瑞士民法典》(第17条、第370条)和《奥斯曼帝国民法典》(第958条、第990条)采纳的是“禁治产+监护”模式。其中,《奥斯曼帝国民法典》对被禁治产浪费人的监护人的规定最为特殊,只能由法官担任浪费人的监护人,其他人均无监护权(第990条)。

《智利民法典》(第342条、第442条)、《马耳他民法典》(第189条、第192条)、《西班牙民法典》(第286条、第297条)、《秘鲁民法典》(第564条、第566

场所多次滋事,或者给自己或他人造成危险。2. 预期未成年人成年时应当因第一款所称的原因被看护的,可以在成年前对其实施看护。”最后,其援引的1862年《纽约州民法典草案》、1995年《越南民法典》和1994年《俄罗斯联邦民法典》第一编的规定,并非“新近制定的民法典”,更不能代表某种趋势,且不说“陈文”写作时尚未颁布的2015年《阿根廷民商法典》中出现的相反趋势(废除了1968年增加的对酗酒和吸毒者的规制而只保留了浪费人的无资格制度),至少在不晚于上述几部民法典的1992年《泰国民商法典》和2001年《巴西新民法典》中,浪费人和酗酒者、吸毒者仍然是并列的准治产人或相对无行为能力人类型。因此,“陈文”所归纳出的“浪费人的行为模式从原来的笼统的挥霍浪费演化到了具体的酗酒、赌博与吸毒”浪费人制度演化趋势(第65页),未免以偏概全,缺乏说服力。

条）和《巴西新民法典》（第1767条）[①]采纳的是“禁治产+保佐”模式。

《埃塞俄比亚民法典》比较特殊，采纳的是“禁治产+监护或保佐”模式。其第339条规定，对浪费人在适当的情形作为精神病人处理；第351条规定的是对精神病人的禁治产宣告，这同样准用于浪费人；第358条和第359条规定的是，对被宣告禁治产者的人身和财产的保护，准用保护未成年人的规则，即指定监护或保佐。但在《埃塞俄比亚民法典》中，并未明确何时指定监护，何时指定保佐，而是由法院来决定。

1999年对成年人监护制度修改前的《日本民法典》（第11条）、《意大利民法典》（第415条、第417条）、《葡萄牙民法典》（第152条、第153条）、1968年修订的《阿根廷民法典》（第152附加条）及2015年《阿根廷民商法典》（第48条、第49条）[②]采纳的是“准禁治产+保佐”模式。

《韩国民法典》（第9条、第929条）采纳的是“准

① 本书所引巴西民法典的条文，皆参考《巴西新民法典》，齐云译，徐国栋审校，中国法制出版社2009年版。

② 在这两部阿根廷民法典中，规定浪费人是“无资格“（*inhabilitados*）人。“无资格”是阿根廷民法中的一种特别制度，类似于其他立法例中的准禁治产。在1869年的民法典中，行为能力不完全者被称为“无能力人”（*incapacidad*），在1968年的修订中，增加了一种新的行为能力不完全的状态，即“无资格”，指向的是其尚未达到宣告无能力的条件，但其完全行为能力的行使可能损害其人身或财产从而限制其权限之人，浪费人亦属其列。在2015年8月1日生效的最新《阿根廷民商法典》中，行为能力不完全的状态又细分为三：“无能力”、“限制能力”（*capacidad restringida*）和“无资格”，后者仅指承受保佐的浪费人。

禁治产(限定治产)+监护”模式。

1968年修订前的《法国民法典》(第513条、第514条)[①]、《泰国民商法典》(第32条)采纳的是“准禁治产+辅助”模式。在这两部民法典中,辅助是监护和保佐之外的另一种制度。在1968年修订前的《法国民法典中》,没有保佐制度,对准禁治产人适用辅助制度,对禁治产的精神病人适用监护或辅助制度,根据情形而定;在《泰国民商法典》中,辅助适用于准禁治产人,保佐适用于禁治产的精神病人。

《阿尔及利亚民法典》(第43条、第44条)采纳的模式是“准禁治产(限制行为能力)+视具体情况而监护、保佐或法定管理”。

1968年修订后的《法国民法典》(第488条、第508-1条)采纳的是“保护+财产管理”模式。其第一卷第十一编“成年与受法律保护的成年人”在废除原来规定的禁治产和准禁治产制度后,确立了对成年人的“保护”制度,“保护”的方式包括司法保护、受监护和财产受管理,就浪费人而言,承受财产管理。《荷兰民法典》(第一编第378条、第380条)采纳的模式与此类似,为“看护+临时财产管理人和看护人”模式,其看护广泛适用于精神病人、浪费人、酗酒者,与《法国民法典》中对成年人的“保护”在功能和制度设置上基

① 本书所引1968年修订前《法国民法典》的条文,皆参考《拿破仑法典(法国民法典)》,李浩培等译,商务印书馆1997年版。

本相同。

《魁北克民法典》(第256条、第258条)采纳的是“保护性监管+监护或顾问”模式。对浪费人是采用监护还是采用顾问的监管形式,根据成年人不能照顾自己或管理其财产的程度而定。需要说明的是,该法典并未严格区分监护和保佐,其监护包括人身监护、财产监护、兼顾人身和财产两方面的监护(第285条),其中财产监护类似于保佐。

无论各国民法典采用何种模式,其称呼为何,表达的意思基本相同:一方面,限制浪费人的行为能力;另一方面,在被限制的能力范围内,为其指定财产管理人。

在此方面,有学者基于对浪费人制度历史演变的片面梳理,将浪费人制度的演变归结为“从保存财产到尊重意思自治”。[①] 诚然,无论是罗马法中的浪费人制度还是近现代民法中的浪费人制度,“保存财产”都是其直接目的,只不过保存财产要实现的最终目的,在罗马法的不同历史时期和不同民法典中,略有差异。至于“向尊重意思自治”的演化,除在个别废除禁治产和准禁治产的民法典中有所体现,整体上来看,在浪费人制度中似乎并没有真正发生过。

在对浪费人的法律规制上,禁治产或准禁治产是

---

① 陈帮锋:《论浪费人》,载《现代法学》2011年第6期,第59页及以后。

主流的模式,20世纪下半叶以来,德国、瑞士、法国和日本也确实先后废除了禁治产和准禁治产制度,但是不能忽视的一个事实是,这几个国家的做法并非主流,在各国现行民法典中,禁治产或准禁治产仍然是规制浪费人的最常见模式。此外,在废除禁治产和准禁治产的上述诸国,其废除的程度和效果也各有不同。德国对禁治产制度的废除最为彻底,其于1992年通过《照管法》废除了成年人禁治产制度,代之以“照管”制度,此后经1998年的法律修正,“照管”被称为“法律上的照管”。与此前的禁治产人不同的是,被照管人的行为能力并不因法律上的照管而自动地丧失或受到限制。①

瑞士、法国和日本的做法则相对缓和,更多是从名义而非实质意义上废除这两项制度的。在瑞士,2008年对民法典修订的一个主要方面,是把成年人的“监护”改为了“保佐”,把“禁治产人”的表述改为了“受总括保佐的人”,并在一定程度上放宽了受保护成年人的能力范围,换汤不换药。在法国,1968年第68-5号法律将民法典第一卷第一编“成年、禁治产及裁判上的辅助人”修订为“成年与受法律保护的成年人”,废除了对“痴愚、心神丧失或疯癫者”的禁治产和对“浪费人”的准禁治产,代之以对“精神官能受到损坏

① 参见《德国民法典》(第2版),陈卫佐译注,法律出版社2006年版,第563页。

者”、“身体官能受到损坏者”和“挥霍浪费、纨绔不羁、游手好闲者”的司法保护、监护和财产管理。其中除司法保护制度外，在监护和财产管理中，被监护人和财产被管理人的行为能力受到限制，与此前受禁治产或准禁治产时，并无根本性变化。

日本的情形与此相似。日本于 1999 年年底对成年人监护制度进行了修改，废除了民法典中原有的禁治产和准禁治产制度，但在修改后的民法典中，这两项制度原来所规制的对象仍然基本保留了下来，只不过重新被纳入新的监护和保佐制度之中，并新增了“辅助”制度，适用更为灵活，对被监护人和被保佐人的行为自由有适当放宽，但其行为能力仍然受到限制。可谓“新瓶装旧酒”。究其根本，在于废除这两项制度的理由并不充分。在日本民法中，废除这两项制度的原因主要有二：一是用词问题，禁治产和准禁治产这种用词“给人的印象不好”，还受到就业、选举等方面的限制，还要在户口本上作出“玷污户口”的记录；二是禁治产和准禁治产的制度设置不合理，前者剥夺了所有的行为能力，后者使保佐人只有同意权而没有代理权，因此不能对本人起到充分的保护作用。① 但是这两个问题，完全可以通过制度配置的修正而解决。禁治产人或准禁治产人在就业、选举、户口登记方面存在的问

① 参见渠涛编译：《最新日本民法》，法律出版社 2006 年版，第 423～430 页。

题,其不合理性可以通过废除或修改就业制度、选举制度和户口登记制度中的相关规定来解决;禁治产人和准禁治产人在行为能力方面的问题可以通过放宽其行为能力的限度、赋予保佐人以代理权来解决。“禁治产”并非当然“绝对完全禁止”,准禁治产人的保佐人当然也可以享有代理权。① 看一下其他国家关于(准)禁治产的规定就很明了。比如,在《秘鲁民法典》(第44条)和《巴西新民法典》(第4条)中,被禁治产的浪费人属于“相对无能力”或“相对无行为能力”者;在《秘鲁民法典》(第45条)、《泰国民商法典》(第34条)和《魁北克民法典》(第258条)中,保佐人就享有代理权。

对浪费人行为能力的限度以及相应的制度配置,本就是立法者可以选择的技术问题,并没有一定之规,只要不违背最基本的法治信条和民法理念。至于最受非议的,对浪费人这类“没有精神疾病、没有生理缺陷、拥有正常的思维能力”②之人的行为能力的限制而引发的对意思自治的强制干预,其正当性无须做更多论证,只以“禁止权利滥用”抑或“法律家长制”的说辞就很容易证成之。

---

① 实际上,真正把“禁治产”与“完全无行为能力”对等规定的立法例,仅为少数,计有1999年修订前的《日本民法典》(第9条)、2008年修订前的《瑞士民法典》(第17条)、1968年修订前的《法国民法典》(第489条)等。

② 陈帮锋:《论浪费人》,载《现代法学》2011年第6期,第55页。

接下来我们具体分析一下各国民法典中浪费人行为能力的限度。

四、浪费人行为能力的限度

在各国民法典中,对浪费人行为能力的限制程度各有宽窄,“某人一旦因精神耗弱、铺张浪费被准禁治产,其管理财产行为只能经保佐人同意才能生效,其清醒时的拳拳之意便无法自由表达”[①]的情形,除在《马耳他民法典》等极少数立法例中,基本是不存在的。下面我们就对前文所述“始终明确规定浪费人制度型”的16部民法典中对浪费人行为能力的规定作一阐述。

1.《法国民法典》。如前所述,1968年修订前的《法国民法典》,对浪费人的规制采取的是“准禁治产+辅助”的模式,其第513条明确规定了浪费人非经辅助人协助得被禁止自为的行为:禁止为诉讼、和解、借款、受领动产原本并交付受领凭证、让与和就其财产订定抵押权,但此等禁止还需要利害关系人向法院提出请求方为有效(第514条)。由此观之,被准禁治产的浪费人,对其行为能力的限制相当有限。富有意味的是,1968年修订后的《法国民法典》在废除禁治产和准禁治产制度后,确立了对成年人的“保护”制度,但对浪费人行为能力的限制反而变本加厉。对浪费人的

① 陈帮锋:《论浪费人》,载《现代法学》2011年第6期,第61页。

“保护”方式是对其“实行财产管理”(第508-1条)。根据该法典第509~514条之规定,在财产管理中,仅设财产管理人,不设其他任何组织;财产受管理的浪费人,无管理人协助,不得进行在成年人监护制度下应当得到亲属会议批准的任何行为,如不得进行赠与;无此种协助,财产受管理的成年人亦不得受领资金和将资金投入再使用;如果其单独进行本应有财产管理人协助的行为,其本人或财产管理人均得请求撤销;如果财产管理人拒绝对某一行为给予协助,财产受管理的浪费人可以请求监护法官给予补充批准;不仅在财产方面,而且在人身方面,浪费人的行为能力同样受到限制,如未经财产管理人或监护法官同意,不得结婚;不仅在实体法上,在诉讼法上其能力同样受到限制,如不得单独提起非财产性质的诉讼,向财产受到管理的浪费人进行任何送达,均应当同时送达财产管理人,否则无效;但除此之外,凡是法律并不要求必须由财产管理人协助的各种行为,浪费人均可自行为之,如可以自由订立遗嘱;法官在设立财产管理时,或者在以后的判决中,还可以具体列举财产受管理者可以独自实施的行为,或者相反,增加规定一些应当得到财产管理人协助才能完成的行为。

2.《智利民法典》。《智利民法典》的立法者对浪费人行为能力的限制较为谨慎,其秉持的理念是“民事法律不越出其合理范围,不侵入家庭情感避难所,不强加难以执行且最终无效益的调查措施”。[①] 在该法典中，被禁治产并因此承受保佐的浪费人为相对无能力人，其行为在法律规定的特定情形在特定方面具有效力（第1447条）。法典第一卷第二十一题（第390~427条）就监护人和保佐人对财产的管理作了一般规定，第二十四题（第442~455条）对浪费人保佐作了专门的特别规定。根据此等规定，与被保佐的浪费人有关的一切裁判上的行为或裁判外的行为，如有可能损及其权利或使之承担义务，均由保佐人代理或许可（第390条）。如保佐人对被保佐的浪费人有侮辱性或损害性行为，浪费人有权请求检察官干预（第452条）。在不损及其权利或承担义务的前提下，浪费人始终保留其自由，并可为其个人开销而自由处分一笔与其资力相适应并由法官确定的金钱（第453条）。此外，浪费人在人身方面的能力也受到一定影响，主要体现为丧失亲权的能力（第449条）。在订立遗嘱上，其能力并不因此而受到影响（第1005条）。

3.《马耳他民法典》。在该法典中，“禁治产”与“剥夺行为能力”是同义的，因此，对浪费人的禁治产是绝对意义上的剥夺行为能力（第189条）。被禁治产者不但丧失一般意义上对其财产的管理，同时被剥夺订立遗嘱的能力（第597条）和作出赠与的能力（第

---

① 《智利共和国民法典》，徐涤宇译，北京大学出版社2014年版，“政府向国会提交的批准民法典的议案”，第9页。

1744 条),除非得到宣告其禁治产的法院授权。不独如此,即便是使浪费人获益性的行为也受到限制。比如,根据该法典第 630 条(因浪费而被剥夺继承权),享有特留份者因浪费而被禁治产的,遗嘱人可以通过明示的声明剥夺其继承权。①

4.《奥斯曼帝国民法典》。曾经的奥斯曼帝国的民法典对待禁治产人的态度与大多数民法典一样,对禁治产人的行为能力不是绝对意义上的剥夺,而是限制,主要是限制其对财产的口头处分(第 941 条和第 960 条),但法官有权作出禁止浪费人处分财产的决定(第 958 条)。此外,法典第九编第一章"相关禁治产的问题"第三节(第 990~997 条)专门对浪费人的禁治产做了更为详细的规定。比如,如果被禁治产的浪费人出售其财产,通常这种合同是无效的,但如果对浪费人有益,法官可以追认其效力(第 993 条);被禁治产的浪费人还可以为了其正常的个人生活所需,有效地进行借贷(第 996 条)。至于浪费人在遗嘱方面的能力,法律规定不详。

5.《西班牙民法典》。该民法典对浪费人行为能力限度的规定比较模糊,只是规定,在浪费人保佐的情形,保佐的目的仅限于保佐人介入浪费人无法独立完成的行为(第 288 条)。原本法典第一卷第十题第三

① 参见《马耳他民法典》,李飞译,齐云校,厦门大学出版社 2012 年版,第 67 页、第 150~151 页、第 157 页、第 362 页。

章“保佐”第二节曾专门规定了“浪费人保佐”（*De la curatela en casos de prodigalidad*），但该节所包含的5个条文（第294~298条）中的4个皆在2000年被废除，仅保留了经1983年修订后的第297条：“被宣告为浪费人者，在其被申请宣告为浪费人之前所实施的行为，不因此而受影响。”①在订立遗嘱能力方面，其能力未见限制。

6.《意大利民法典》。根据该民法典的规定，与处于严重状态的精神病人的禁治产相对，轻度状态的精神病人和浪费人则是准禁治产的对象。准禁治产人相对于禁治产人的行为能力的限度要宽一些，主要体现为三点：其一，前者在经过法院许可后，可以继续经营商业企业，而后者则被禁止从事此等活动（第425条）。其二，后者在被宣告禁治产后所实施的行为可以基于利害关系人的申请被宣告无效，前者在被宣告准禁治产后仍可实施一般性管理行为，对于特殊管理行为，需要遵守规定的程序，否则可以基于利害关系人的申请被宣告撤销（第427条）。此外，法典第776条还规定了因浪费而被准禁治产者比一般准禁治产人的

① 《西班牙民法典》，潘灯、马琴译，中国政法大学出版社2013年版。需要指出的是，就与浪费人相关的条文，该中译本有多处翻译值得商榷，笔者对所参考译文做了能力范围内（当然也有可能不准确）的修订。比如，原译者将“*curatela*”（保佐）译为“保育”（第一卷第十题第三章等），将“*pródigos*”（浪费人）译为“禁治产人”（第286条、第288条及第297条等）。就后者而言，很可能在西班民法（至少在《西班牙民法典》）中，就像在优士丁尼法中，禁治产人仅限于浪费人，但从译文的准确性上来说，以遵照原文为宜。

行为能力受到另一个严格限制:一般禁治产人“所为的赠与,即使在宣告准禁治产的判决做出之前或者在指定临时保佐人之前,如果是在准禁治产之诉被提起后所为的,得被宣告无效”,而“因浪费而被宣告准禁治产之人的保佐人,对该准禁治产人在准禁治产之诉开始前6个月内所为的赠与,可以请求宣告其无效”。其三,在遗嘱能力方面,根据法典第591条,后者没有,而前者并不受限制。

7.《韩国民法典》。在《韩国民法典》中,成年人的行为能力受到限制的状态称“无能力”或“无行为能力”,包括禁治产和限定治产,前者适用于“处于丧失身心状况之人”,后者适用于“身心耗弱或浪费财产,而有可能使自己或家庭生活变贫困之虞者”(第9~12条)。浪费人与其监护人的关系准用未成年人与其法定代理人的关系的规则,即原则上来说,浪费人实施法律行为必须经其监护人同意,但纯获利益的行为除外;浪费人违反该规定,未经监护人同意而实施的法律行为,可以撤销;在监护人确定的一定范围内,浪费人可处分其财产(第5~10条)。此外,法典第1062条明确浪费人有遗嘱能力。

8.《埃塞俄比亚民法典》。总体来说,该民法典对浪费人行为能力的规制不甚明了。在对浪费人的规制上,法典第339条规定的是“在适当的情形得被作为精神病人处理”,此外对浪费人就再无其他规定了。法典对禁治产的精神病人的人身和财产方面的规制,准用未成年人的相关规则。至于何时指定监护人，何时指定保佐人，由法院决定。法院还可以自行设定禁治产人可以自为的行为和不得自为的行为范围（第371条）。禁治产人不仅在财产方面的行为能力受限，在人身方面同样如此：他们在被宣告禁治产后不能立遗嘱（第368条）；除非得到法院的授权，不得订立婚姻合同（第369条）；若要与禁治产人离婚或结束非法同居关系，必须得到禁治产人及其监护人的亲自同意（第370条）。但对于精神病人的禁治产的这些规定，在多大程度上适用于浪费人，不甚了了。

9.《葡萄牙民法典》。在现行1966年民法典之前的1867年民法典（《塞亚布拉法典》）中，对成年人行为能力的限制分为禁治产和部分禁治产，其中浪费人被纳入禁治产的调整范围。在1966年民法典中，删除了部分禁治产的规定，增设了准禁治产制度，浪费人被划归该制度调整。① 禁治产人和准禁治产人均属于"无行为能力人"的范畴。在该法典中，被准禁治产的浪费人的行为能力受到极大限制："凡属生前之财产处分行为，以及属因个别情况而被详细列明于判决书上之一切行为，均须经保佐人许可，方得为之"，但"保佐人之许可，得以法院之许可取代"（第153条），而且"法院得将准禁治产人之全部或部分财产交予保佐人

① 参见［葡］平托（Carlos Alberto da Mota Pinto）：《民法总论》，澳门翻译公司等翻译，法律翻译办公室、澳门大学法学院1999年版，第125页。

管理”(第154条)。正是由于被准禁治产之人丧失了以生前行为管理其财产的能力,而监护的主要内容之一就是对被监护人的财产的管理,因此,被准禁治产的浪费人即便被指定为监护人,其权能也仅以照顾及管理被监护人的人身事务为限(第1933条第2款)。在《葡萄牙民法典》中还有一项比较特别的规定,即对因浪费而被宣告之准禁治产,其最低期限为5年,在准禁治产的宣告判决满5年后,才可批准终止准禁治产(第155条)。

10.《阿尔及利亚民法典》。该民法典对浪费人行为能力的规定比较简单,仅指出其为限制行为能力人,根据具体情况,对之设定法定管理、监护或保佐(第33~34条)。[①]

11.《秘鲁民法典》。在该法典中,浪费人为“相对无能力人”(第44条),其行为能力受制于保佐人,保佐人是浪费人的法定代理人(第45条)。浪费人行为能力的具体限度,由法官在宣布禁治产时根据其无能力的程度来确定(第581条),但未经保佐人特别同意,不得提起诉讼,也不得实施单纯的财产管理之外的行为(第591条)。此外,法典第687条肯定了浪费人订立遗嘱的能力。《秘鲁民法典》还规定了浪费人禁治产在一定范围内的溯及力,即在禁治产之前的行为,

① 参见《阿尔及利亚民法典》,尹田译,厦门大学出版社2013年版,第6页。

通常不得以禁治产为由被提出异议，但如果在其实施之时即存在众所周知的禁治产事由，此等行为可予撤销（第582条和第593条）。

12.《魁北克民法典》。《魁北克民法典》明确涉及浪费人的规定仅有第258条第2款：“对于威胁到其婚姻或民事结合的配偶或未成年子女的福利的浪费人，也可以指定监护人或顾问。”该条从属于第一编第三章“对成年人的保护性监管”，其具体形式有监护、保佐和顾问，至于选择何种形式，根据成年人不能照顾自己或管理其财产的程度而定（第259条）。但该法典对成年人的保护性监管更加突出的是“保护”的内容，强调对成年人的监管或关于成年人的决定应当尊重其权利并保护其自主权（第257条），成年人的监护人对于无能力管理其财产的受保护成年人的财产只享有简单的管理权（第286条），顾问则对受保护的成年人的财产不享有管理权，只是对其被顾问者的某些行为给予协助性介入（第292条）。可见，在《魁北克民法典》中，浪费人享有相当大的行为自由。

13.《荷兰民法典》。在《荷兰民法典》中，对浪费人实施的是“看护”，类同于1968年修订后的《法国民法典》中的“保护”。但虽名为“看护”或“保护”，实际上其行为能力受到极大限制。在《荷兰民法典》中，负责看护浪费人的是临时财产管理人和看护人。在看护申请受理期间，法院可以指定临时财产管理人，并规定临时财产管理人的权限，将特定资产或全部资产委托给财产管理人；除法官另有规定外，被申请看护的人对于财产管理下的资产，未经临时财产管理人同意不得管理和处分(第一编第380条)。在确定看护以后，除另有规定外，被看护人就丧失了实施法律行为的能力(第一编第381条)。但这种行为能力的丧失主要指向财产法律行为，“除另有规定外，由于浪费或饮酒成瘾被看护的人，有能力实施亲属法律行为”(第一编第382条)。但是与《法国民法典》相同的是，受看护的浪费人在婚姻能力上受到限制，其第一编第37条规定：“由于浪费或酗酒被看护，未经看护人同意不得结婚”，“如果不能取得同意，经被看护的人申请，由地方法官的批准取代。”在遗嘱能力上，同于绝大多数民法典的做法，浪费人可以订立遗嘱(第四编第55条)。

14.《泰国民商法典》。在该法典中，不同于对因精神病而被禁治产者设定保佐人，对因浪费的准禁治产人设定的是辅助人。不同于大多数民法典对浪费人行为能力的笼统规定，在《泰国民商法典》中，对准禁治产的浪费人的行为限度及其弥补作了非常细致的规定。其第34条全面列举了准禁治产人须得辅助人同意后方可实施的各种行为：(1)用财产投资；(2)接受投资财产，或本金或其他投资的返还；(3)贷款或借款、借出或借入有价值的动产；(4)提供任何形式的担保或保证，可能会产生使自己的财产被强制执行以清偿债务的后果；(5)出租或承租超过6个月租期的动产，或超过3年租期的不动产；(6)赠与，但因慈善、社交或道德义务且符合其生活状况的赠与除外;(7)接受附条件或附义务的赠与或拒绝接受赠与;(8)使有价值的动产或不动产上的权利取得或丧失的任何行为;(9)建造或改造建筑物或其他建造物的行为,或重大修缮行为;(10)向法院提起诉讼或启动其他司法程序,但根据第 35 条提起诉讼或请求罢免辅助人的诉讼除外;(11)和解协议或将争议提交仲裁的行为。除上述 11 种行为外,如果准禁治产人所实施的其他行为有给自己或家庭财产造成损失的情形,法院也有权裁定准禁治产人须事先得到辅助人的同意方可为此行为。如果准禁治产人因障碍而不能独立实施上列行为,法院可裁定辅助人有权代理其为之。如果辅助人无正当理由不同意准禁治产人为上述行为,准禁治产人可以向法院提出申请,法院认为对准禁治产人有利的情况下,可裁定许可准禁治产人不需取得辅助人同意而为此等行为(第 35 条)。在遗嘱能力和结婚能力方面,禁治产人受到限制,但准禁治产的浪费人是不受限制的。

15.《巴西新民法典》。在 2001 年《巴西新民法典》中,被禁治产的浪费人属于相对无行为能力人,即"相对无实施某些行为的行为能力或不能以自己的行为实施某些行为"(第 4 条),要承受保佐的限制。法典第 1782 条对浪费人的行为能力作出了明确的规定:"浪费人的禁治产仅剥夺他非经保佐人参与不得为借贷、和解、发出收据、转让、抵押、起诉或应诉以及一般地实施单纯管理行为以外的活动的能力。”至于遗嘱能力，该法典第1860条规定，无行为能力人和在制作遗嘱的行为中无充分辨识能力之人，不能立遗嘱。但这里的“无行为能力人”是否包括相对无行为能力人，不无疑问，然根据法典第四编第四题第二章第一节（“禁治产人”）的内容来判断，被禁治产的浪费人当属无行为能力人的范畴，因而不能独自订立遗嘱。

16.《阿根廷民商法典》。我们已经知道，1869年《阿根廷民法典》的作者萨尔斯菲尔德非常排斥对浪费人的法律规制，因此，该民法典中一开始并没有浪费人的相关规定，直到1968年的法典修订，第17711号法律通过第152（附加）条，新增了有关浪费人的规定，其规定的主要内容在最新的《阿根廷民商法典》中基本得到延续。因此，我们可以结合阿根廷现行民法典与原第152条（附加）的规定来分析浪费人的行为能力。浪费人在阿根廷民法中属于行为能力受到限制的“无资格人”，承受保佐。根据原第152（附加）条之规定，未经保佐人同意，无资格人不得通过生前行为处分其财产，但对于财产的管理行为，除法院明确予以限制的部分行为外，浪费人可以独立实施。根据新民法典的规定，保佐人协助浪费人实施生前处分行为和法官在判决中确定的其他行为（第49条），如果其浪费的习性已恢复，可被裁决终止无资格状态，如果仅部分恢复，法官可以扩大其能够独立实施或经保佐人协助实施的行为范围（第50条）。可以说，在阿根廷民法中，对浪费人的行为能力的限制仅指向生前处分财产的行为或法院确定的其他(管理)行为,其限制的力度较弱。

上述各国民法典对浪费人行为能力的限制不一而足,有的限制严格(马耳他),有的较为宽松(魁北克),多数较为持中;多数仅设原则性规定,个别详细列举浪费人不能独立实施的行为类型(泰国);多数仅限制浪费人的财产行为能力,有的则还限制其身份行为能力,如对其结婚能力的限制(法国、埃塞俄比亚、荷兰);多数仅限制其生前行为,少数还限制其死因行为,主要是对其遗嘱能力的限制(马耳他、埃塞俄比亚、巴西);多数仅限制其财产处分行为和负担行为,个别还限制其受益行为(马耳他);多数仅限制其实体法上的能力,个别还限制其诉讼法上的能力(法国、秘鲁);多数对浪费人行为能力的限制不设期限,而是根据具体情形可部分或全部恢复其行为能力,个别则明确规定了浪费人行为能力限制的最低时限(葡萄牙);多数对浪费人行为能力的限制仅自司法宣告之时起,个别承认对其行为能力限制的一定溯及力(意大利、秘鲁)。如此等等,可以看出,虽然近现代各国民法典对浪费人的规制在宏观上仍然沿袭的是《十二表法》所确立的框架,但在具体的制度设计上,则各有特色,但大体上体现的是对浪费人在财产方面的生前自由处分行为的限制和干预,从而更好地保存其财产,进而维护其本人乃至他人和社会利益。

五、我国浪费人制度的建构前景

通过上文对近现代各国民法典中浪费人制度的梳理,可以很明了地看到,其最早的成文形式可以追溯到《十二表法》的这一古老制度在现代各国民法典中仍然保持着活力,其制度规则在罗马人所设定的框架内更加丰富。

有学者出于对其认识的片面性,主要基于对(准)禁治产制度的合理性的批判,进而提出对浪费人制度合理性的质疑。其中较为典型且具有一定影响力的观点认为,对浪费人进行(准)禁治产这种“一棍子打死人”的做法不合时宜,这就要求废除“一刀切”的(准)禁治产制度,而且考虑到对意思自治理念的尊重,包括浪费人制度在内的限制成年人行为能力的制度都应取消。[①] 前文已经对(准)禁治产制度衰落(不合理)的论调进行了证伪,并展示了现代各国民法中对浪费人行为能力限制的普遍性,我们有理由对该制度的前景保持乐观。

① 参见陈帮锋:《论浪费人》,载《现代法学》2011年第6期,第61页、第65页。实际上,如前文所述,真正把“禁治产”等同于“无行为能力”这种“一棍子打死人”的立法例,仅为法典化早期的少数(1999年修订前的《日本民法典》、2008年修订前的《瑞士民法典》、1968年修订前的《法国民法典》),但恰恰是它们长期处于学界关注的聚光灯下,其相关规定和修法动向很容易被理所当然地视为主流或发展趋势。更有甚至,不少学者并未洞晓此等法典的最新修订,某些认识仍然建立在其旧有的规定之上,对此,不可不察。

实际上，自清末修律变法以来的中国法制现代化进程中，浪费人制度曾像在其他各国民法中得到充分关注。《大清民律草案》第23条第1款规定：“对于心神耗弱人、聋人、哑人、盲人及浪费人，审判衙门须宣告准禁治产。”第1438条规定：“受准禁治产之宣告人，须置保佐人。”北洋政府修订法律馆起草完成的《民国民律草案》也规定了浪费人制度，其第12条第1款规定：“有下列各款情形之一之人，法院得依本人、配偶、或最近亲属二人之声请，宣示禁治产：……（三）因浪费有陷自己及家属于穷困之虞者。”第13条规定：“前条……第三款原因之禁治产人为限制有行为能力。”第1270条规定：“依总则第十二条……第三项规定受禁治产之宣示者，须置照管人。”《民国民律草案》虽然未及正式公布实施，但该草案自1926年完成之后在司法实践中一直被作为条理为各级审判机关所援用，直至后来的《中华民国民法》生效时才停止适用。[①] 但是此后的《中华民国民法》中虽然仍有禁治产制度，但不见了浪费人的踪影。需要注意的是，“伪满洲国政府”在1932年宣布成立后也起草了民法典，其1937年通过并实施的“伪满洲国民法”沿袭了此前对浪费人的规制传统，第8条规定：“就心神耗弱人或因浪费而有

① 参见杨立新主编：《中国百年民法典汇编》，中国法制出版社2011年版，第10页。

使自己或家属限于穷迫之虞之人,法院须因本人、配偶、四亲等内之亲属、家长、监护人或检察官之请求,为准禁治产之宣告。"

就我国大陆而言,自 1949 年以来的民事立法中,从未出现过对浪费人规制的相关条款,然而在民法理论上,随着越来越多国外民法典的译介,浪费人制度逐渐走进我国学者的视野。徐国栋教授在其主编的《绿色民法典草案》中,以"不能自理者"这一上位概念囊括了精神病人、精神耗弱人和聋哑盲人,其中精神耗弱人指向不完全的精神病人、浪费人、老年人。[①] 近年来,更有多篇学术论文涉及这一主题。[②]

因此,无论是从浪费人制度在国外民法的现状,还是从我国立法史抑或民事理论的发展来看,该制度都有其存在的空间。最为重要的是,我国社会经济发展的现状也亟须从法律层面对浪费现象进行规制和制度建构。在 1949 年以来的立法中,对浪费的规制虽然从未上升为一种制度规则,但对浪费的"规制"尝试却从未中断。尤其是近年来,中央和国务院出台了不少有

---

① 参见徐国栋主编:《绿色民法典草案》,中国社会科学文献出版社 2004 年版,第 48~49 页。

② 参见陈帮锋:《论浪费人》,载《现代法学》2011 年第 6 期;范丰丽:《浪费人制度之发展》,载《湖北警官学院学报》2013 年第 10 期;王楚云:《论罗马法的浪费人保佐制度》,载《青海师范大学学报(哲学社会科学版)》2014 年第 1 期;徐爱国、潘程:《中国反浪费法的法理基础和法律设计》,载《河南财经政法大学学报》2018 年第 2 期。

分量的规定，如“八项规定”、“六项禁令”、《关于党政机关厉行节约制止奢侈浪费行为的若干规定》、《党政机关厉行节约反对浪费条例》、《关于厉行节约反对食品浪费的意见》，教育部等部委为落实该意见也发布了具体部门规章。上述文件、法规和规章的相继出现，至少说明了一个事实：浪费行为在现实生活中不仅普遍存在而且已经产生较大危害从而需要中央和国家层面的一再干预，但如何从法律尤其是私法制度层面建构相关规则，颇值思量，古老而富有生命力的浪费人制度或许是一个值得借鉴的选项。

诚然，禁治产和准禁治产制度确实在某些国家的法律中式微，即便如此，这仍不能构成在我国民事立法中引入这一制度的障碍，更何况众多的国外立法例表明，对浪费人的规制并不必然与这两种制度挂钩。将对个人意思自治的尊重视为限制浪费人行为能力之阻碍，同样缺乏足够的说服力，意思自治从来都不是没有限度的自治，在不违背最基本的私法理念的前提下对个人事务的法律干预既很常见又很必要，对此，我们可以找出无数种证成其合理性的论据。总之，事实胜于雄辩，众多国家现行民法典中对浪费人进行规制以及曾经排斥浪费人制度而在此后的法律修订中却增设相关规定的事实，使我们有充分地信心扫除一切质疑该制度合理性的阴霾。在我国苦于寻找对浪费进行规制的法律规则建构的当下，在民事立法中引入浪费人制度不失为一个可考虑的选项，至于浪费人制度的具体规则设计，诸如认定浪费人的标准、启动主体、其行为能力的限度等等，并无统一的做法，乃属立法者通过价值判断取舍的范畴，域外立法例亦可为我们提供一定借鉴。

第三章　罗马禁奢法的运作机制：监察官制度

前文第一章第一节所介绍的罗马禁奢法文本，大都反映了统治阶级为抵抗罗马社会日益严重而难以救治的道德衰败进行的顽强斗争，但却收效甚微，其原因在于，撇开习俗的变化与政治发展之间的紧密联系不说，这些法律规范企图恢复古罗马的传统美德，却对已经消解了传统美德的经济政治变化不予置喙。毫无疑问，随着时间的推移，招致强烈反对的道德败坏必然与国家整体达成某种默契。这些旨在打击败坏习俗的法律基本都是没有罚则的，或者即便有也未打算执行，也就不足为奇了。一方面，这种类型的法律看起来是有强制力的，实际上外强中干；但另一方面，“失之东隅”“收之桑榆”，它们却成为监察官审查市民行为的依据，违反它们的法律后果通过监察官的记过体现了出来。这些法律的制定使监察官的行动范围得到扩张，也难怪有学者认为，很可能监察官才是这些法律背后的真正推手,他们旨在通过这些法律获得干预某些特定行为的更大权力。[①] 无论如何,从结果上来看,在禁奢法的实际运作以及对奢侈进行规制的整个过程中,监察官成为事实上的操盘手,尤其在老加图时代,监察官在禁奢方面发挥了决定性的作用。

第一节　监察官制度概述

一、监察官的源流

(一)监察官的设立

关于监察官的产生,一种常见的解释是,该职位的设立源于世族贵族与平民为争取职官权力的斗争之中。在驱逐了最后一任王塔克文之后,罗马进入了共和制时期,但罗马共和制建立后直到公元前 367 年[②]的很长一段时间内,这种共和制实质上是世族贵族的共和制,国家主要权力均掌握在世族贵族手中,各种职官为世族贵族所垄断。然而,平民作为人数众多且在国家军事和经济上都作出重大贡献但在政治上被边缘化的群体,必然要和贵族展开权力的争夺。事实也确

---

① Cfr. Anna Bottiglieri, *La Legislazione sul Lusso nella Roma Repubblicana*, Napoli: Edizioni Scientifiche Italiane, 2002, p. 114.

② 经过平民与贵族的长期的斗争,在该年,平民获准担任国家最高官职,从而打破了世族贵族对国家政权的垄断,从根本上改变了罗马的政治格局,宣告了世族贵族共和制的终结。参见陈可风:《罗马共和宪政研究》,法律出版社 2004 年版,第 62 页。

实如此，平民为争取自身权利与贵族进行了长期不懈的斗争。随着平民保民官（公元前 493 年）以及行使执政官权力的军团长官（公元前 444 年）的设立，平民分享国家最高权力的势头已经不可阻挡，取得国家最高官职也只是时间问题。对此，世族贵族不甘于一直退让，他们利用各种机会为自己保留更多特权。

公元前 443 年，也就是在平民保民官提出允许平民担任执政官而贵族坚决抵制从而经过妥协而采取折中方案（暂停执政官选举，设立一个由百人团大会选举产生，理论上贵族和平民均可当选的新官职，即行使执政官权力的军团长官）的第二年，世族贵族利用已多年未进行国势调查（*Census*）①而执政官又忙于战事之际，向元老院提议增设 2 名只能由贵族担任的监察官职位，专门从事此前由执政官进行的国势调查。尽管这是一个无足轻重的职务，但考虑到可以因此设立更多的贵族官职，元老们欣然接受了这一提议，而保民

---

① 罗马的国势调查始于第六任王塞尔维尤斯·图留斯（Servius Tullius），其主要工作是进行人口登记，审查罗马市民的身份及其财产状况。进入共和时期以后，这项工作由执政官兼任，每五年循例进行一次。此外，我们在此所讲的监察官和国势调查，主要是罗马城的情况，在拉丁殖民地和自治市，同样也有监察官，也进行国势调查。对此，优士丁尼《学说汇纂》第 50 卷第 15 题专门对享有意大利权的殖民地的国势调查情况做了详细论述。在行省，同样进行国势调查，但没有关于行省一般性国势调查的记载。各个行省的国势调查各自独立进行，其主导的官员也不尽相同。See “Censor”, in William Smith, LLD, William Wayte, G. E. Marindin（eds.）, *Dictionary of Greek and Roman Antiquities*, London：John Murray, 1890. Recited from http://perseus.uchicago.edu/cgi-bin/philologic/getobject.pl? c.17:1:151.antiquities, 2019-12-10.

官们则认为这一职务确实必要,也就没有提出异议,监察官职位就此设立。[①] 罗马共和末期帝政初期的历史学家李维在其《罗马史》(4,8,3-7)中持相同的观点,并记载了第一任监察官的名字,他们是路求斯·帕皮流斯·穆吉拉努斯(Lucius Papirius Mugillanus)和路求斯·森普罗纽斯·阿特拉提努斯(Lucius Sempronius Atratinus)。[②]

但是这种传统的解释颇值得商榷,因为监察官在设立之初只是微末小吏(Liv. 4,8,5-6),除进行几年一度的常规性国势调查外,并没有被赋予多大权力,而且国势调查在当时的重要性远没有后来那么重要,更重要的反而是在国势调查之后进行的赎罪献祭(*lustrum*)。赎罪献祭仪式是国势调查的高潮,是在人口普查、财产评估等事项之后进行的对国家的"清洁",具

---

① 参见陈可风:《罗马共和宪政研究》,法律出版社 2004 年版,第 36 页及以后,尤其是第 56 页。关于监察官产生的时间,也有学者提出了不同的看法,认为该官职产生于公元前 434 年,并且这一年的独裁官马默库斯·埃米流斯·马默基努斯(Mamercus Aemilius Mamercinus)提议制定的《关于监察官的埃米流斯法》(*Lex Aemilia de censura*)将这个职位的任期限制在 18 个月;还有学者认为上述《埃米流斯法》是公元前 366 年制定的,并且它规定了监察官是一个独立的官职,在此之前,监察官只是拥有监察官权力的行使执政官权力的军团长官。参见[意]弗朗切斯科·德·马尔蒂诺:《罗马政制史》(第 1 卷),薛军译,北京大学出版社 2009 年版,第 244 页。

② 参见[古罗马]提图斯·李维著,[意]桑德罗·斯奇巴尼选编:《自建城以来》(第一至第十卷选段),王焕生译,中国政法大学出版社 2009 年版,第 139 页。著名的德国罗马法学家蒙森似乎也持同样的看法。参见[德]特奥多尔·蒙森:《罗马史》(第 2 卷),李稼年译,李澍泖校,商务印书馆 2004 年版,第 44 页。

有特别的宗教意义，该仪式的举行很可能是创立监察官职位的一个重要原因。无论如何，共和国中期我们所发现的监察官职务的概念中，这是一个核心要素。[①]随着共和国的发展壮大，执政官负责的事务越来越多，尤其是执政官经常在外带兵打仗，很少待在罗马城，而进行赎罪献祭则又要求他们必须亲自主持，这就导致长期以来赎罪献祭无法进行。实际上，在公元前443年之前的至少16年内都没有进行过这一仪式了。[②]因此，之所以增设监察官这一官职，很可能只是为了履职的便利。

如果再深究，设立这样一个官职（财产调查是其重要的工作）的原因，或许应当从百人团体制的特别需要中去寻找，“因为在百人团体制中，市民在军队和政治性大会中的地位是由其财产状况决定的。如果有变化，或者是由于市民的经济状况的变化造成的，或者是由于遗产转移造成的，这些变化也会影响军事和政治地位；因此，必须认真地记录它们，而不能听任不确定性的存在。当财产调查由最高官员来进行时，他们也可能由于分心做更重要的事而让通常5年的期限超过，当这些活动只是为了清查人口数量时，还不会造成

---

① 参见［英］安德鲁·林托特：《罗马共和国政制》，晏绍祥译，商务印书馆2016年版，第173页。

② See "Censor", in William Smith, LLD, William Wayte, G. E. Marindin (eds.), *Dictionary of Greek and Roman Antiquities*, London: John Murray, 1890. Recited from http://perseus.uchicago.edu/cgi-bin/philologic/getobject.pl? c.17:1:151.antiquities, 2019-12-10.

什么严重的后果。但是,一旦百人团大会达到其确定的体制安排,那时,定期的财产调查的必要性就变得愈加明显了”。[①] 百人团体制虽然在埃特鲁斯时期就已经存在,但直到公元前 5 世纪中期,其主要特征才确定下来,而这正与监察官起源的年代相符应。

(二)监察官的存续期间

监察官一职前后存续 421 年,即自公元前 443 年至公元前 22 年。但在此期间,经常出现多年不选举监察官从而造成该官职缺位的现象,尤其是在共和早期和末期:早期是因为经常进行对外战争导致大量市民不在罗马,因而无法从事国势调查;末期同样是因为战争的原因,但主要是内战,如从公元前 82 年(苏拉开始独裁)到公元前 70 年(庞培和克拉苏担任执政官)就出现了监察官空缺。[②] 虽然公元前 70 年再次选举了监察官,但此后的半个世纪基本上未再出现过监察官的身影,直到公元前 22 年,监察官以独立的身份最后一次亮相:奥古斯都任命路求斯·穆纳丘斯·普兰库斯(Lucius Munatius Plancus)和保卢斯·埃米流斯·雷必达(Paulus Aemilius Lepidus)担任废置已久

---

① [意]弗朗切斯科·德·马尔蒂诺:《罗马政制史》(第 1 卷),薛军译,北京大学出版社 2009 年版,第 245 页。

② 有一种观点认为,监察官一职为苏拉所废除,但事实是,在苏拉去世以后的公元前 70 年,再次选举了监察官,但没有任何法律提到“恢复”了该官职,因此,很可能只是在此前一段时间内没有进行监察官的选举从而出现空缺,但该官职本身并没有被废除。

的监察官。[1] 此后，监察官一职为凯撒所创设的承担相似功能的“风纪官”（*praefectura morum*）[2]所取代，但也有个别皇帝在从事国势调查时仍以监察官的名义进行。比如，公元 48 年，克劳丢斯皇帝任命自己为监察官，并指定维提流斯（Vetillius）为另一位监察官；[3]公元 73 年或 74 年，韦斯帕芗皇帝（Vespasianus，公元 69～79 年在位）任命自己及其儿子提图斯为监察官。[4] 图密善皇帝（Domitianus，公元 81～96 年在位）曾将自己任命为永久监察官（*censor perpetuus*），但此后的皇帝并没有延续这种做法。此外，德求斯（Decius，公元 249～251 年在位）皇帝统治时期，曾指定瓦勒流斯（Valerius）为独任监察官。公元 4 世纪末，也有人提议要恢复监察官一职，但并未得到响应。[5] 监察官这一曾在共

---

① 参见［古罗马］苏维托尼乌斯：《罗马十二帝王传》，张竹明等译，商务印书馆 2000 年版，第 70 页（神圣的奥古斯都传）和第 202 页（神圣的克劳狄传）。

② 又译“公民道德督查”。参见［古罗马］苏维托尼乌斯：《罗马十二帝王传》，张竹明等译，商务印书馆 2000 年版，第 37 页（神圣的朱里乌斯传）。

③ 参见［古罗马］苏维托尼乌斯：《罗马十二帝王传》，张竹明等译，商务印书馆 2000 年版，第 202 页（神圣的克劳狄传）；［古罗马］塔西佗：《编年史》（下册），王以铸、崔妙因译，商务印书馆 1997 年版，第 354 页。

④ 参见［古罗马］苏维托尼乌斯：《罗马十二帝王传》，张竹明等译，商务印书馆 2000 年版，第 308 页（神圣的韦伯芗传）和第 319 页（神圣的提图斯传）。

⑤ See “Censor”, in William Smith, LLD, William Wayte, G. E. Marindin (eds.), *Dictionary of Greek and Roman Antiquities*, London: John Murray, 1890. Recited from http://perseus.uchicago.edu/cgi-bin/philologic/getobject.pl? c.17:1:151.antiquities, 2019-12-10.

和国的舞台上叱咤风云的角色,在共和末期逐渐走向衰落,并最终随着君主制的确立,其职权“为君主所篡夺”,[①]终于消失在古罗马的历史长河之中。

二、监察官的运作

(一)监察官的选举

该职位最初专属于贵族来担任,因此只能从贵族中选举产生,但公元前 367 年通过的一系列李其纽斯法[②]很可能已经将该职位对平民开放,并且在公元前 351 年,盖尤斯·马尔求斯·鲁图卢斯(Gaius Marcius Rutulus)成为平民担任监察官的第一人(Liv. 7,22,7)。[③] 到了公元前 339 年,是年颁布的《关于设立平民监察官的普布利流斯·菲罗法》(*Lex Publilia Philonis de censore plebeio creando*)规定,两名监察官都可以来

① [意]朱塞佩·格罗索:《罗马法史》,黄风译,中国政法大学出版社 1994 年版,第 324 页。

② 这一系列法律包括由当年的保民官盖尤斯·李其纽斯·斯托罗(Gaius Licinius Stolo)和路求斯·塞克斯求斯·拉特拉努斯(Lucius Sextius Lateranus)就债务问题、土地问题和平民担任执政官问题提起并通过的 3 项法律。当然,真正具有历史意义的是第三项法律,此后,两个执政官中的一人必须为平民。关于这几项法律及其内容的详细介绍,可以参见齐云、徐国栋:《罗马的法律和元老院决议大全》,载徐国栋主编:《罗马法与现代民法》(第 8 卷),厦门大学出版社 2014 年版,第 211 页;陈可风:《罗马共和宪政研究》,法律出版社 2004 年版,第 59 页及以后;[意]朱塞佩·格罗索:《罗马法史》,黄风译,中国政法大学出版社 1994 年版,第 90~91 页。

③ 这是有确切记载的平民担任监察官的最早事例。有学者认为,允许平民担任监察官的起始时间是公元前 356 年。参见[意]朱塞佩·格罗索:《罗马法史》,黄风译,中国政法大学出版社 1994 年版,第 92 页。

自平民，至少其中一人应为平民（Liv. 8，12，15）。直到公元前131年，首次出现两位监察官均由平民担任的情形。

监察官的选举在百人团会议上进行，理论上每5年一次，因为每5年要进行一次国势调查。但实际上，由于各种原因导致的国势调查的不规律性，监察官选举的周期也相当不规则。在最初的125年中，经常出现超出5年的情形，而在第一次布匿战争爆发前的50年中，监察官的平均间隔周期则少于5年。[①]

选举由执政官主持。原则上只有曾担任过执政官之人才有资格参选监察官，但也有少数例外。实际上，从公元前209年起，除一个例外，当选的监察官都来自前执政官。[②] 两名监察官的选举必须在同一天进行，并且在第二名监察官的选举结果出来之前，第一名监察官的选举是无效的。两位监察官都被选出并通过一项关于监察官权力（*de potestate censoria*）的百人团法律获得授权之后，[③]他们就可以正式履职了。

---

① 参见［英］安德鲁·林托特：《罗马共和国政制》，晏绍祥译，商务印书馆2016年版，第175页。

② 参见［英］安德鲁·林托特：《罗马共和国政制》，晏绍祥译，商务印书馆2016年版，第179页。

③ 监察官只需要通过一项百人团法律获得授权（监察权），这不同于其他源于一个最初的最高地位的官员都必须通过《库里亚法》（*Lex Curiata de imperio*）获得授权（治权）。这说明，监察官并非过去统一的最高权力经历某种分化后产生的，而这也是为什么如后文所说，监察官没有治权，而其他源于最高权力的官职拥有治权的原因。

(二)监察官的地位

监察官在古罗马(至少是共和时期)政治体制中占有极为重要的位置,对于这一点从后文关于监察官所拥有的强大职权的论述中会有更加直观的认识,在这里我们首先关注的是另一个问题,即监察官的社会地位。对此,存在两个表面上龃龉的现象。一方面,相较于拥有治权的执政官和裁判官等高级官员,监察官虽然也被视为高级官员,但不享有治权,因此他们也未被赋予治权的外在标志,即执法西斯束棒的侍从官。他们无权召集元老院和民众会议,也不能进行同僚的提名和指定继任者。他们如果要对一个逃避国势调查的人(*incensus*)进行起诉,必须求助于执政官的强制权(*coercitio*)。从这一点来看,似乎监察官的地位要低于执政官和裁判官。其官阶甚至低于独裁官所任命的骑兵长官(*magister equitum*),因为后者也享有治权。① 但是另一方面,监察官在共和国中却拥有着除独裁官外最高的"尊严",是一种最受人尊敬的神圣的官职。"这个职位凌驾于本城邦其它一切的荣誉之上,在某种意义上说,是政治生涯的顶峰"。② 监察官拥有象牙

---

① See "Censor", in William Smith, LLD, William Wayte, G. E. Marindin (eds.), *Dictionary of Greek and Roman Antiquities*, London: John Murray, 1890. Recited from http://perseus.uchicago.edu/cgi-bin/philologic/getobject.pl? c.17:1:151.antiquities, 2019-12-10; [意]弗朗切斯科·德·马尔蒂诺:《罗马政制史》(第1卷),薛军译,北京大学出版社2009年版,第245页、第248页。

② [古希腊]普鲁塔克著,黄宏煦主编:《希腊罗马名人传》(上册),陆永庭、吴彭鹏等译,商务印书馆1990年版,第360页。

座椅(*sella curulis*),这是一种只有执政官和裁判官等少数高级职官才可以坐的镶有象牙饰物的安乐椅。他们在任期内穿着紫红镶边的白色托加(*toga praetexta*),虽然这是各级长官、祭司和生来自由的 16 岁以下的男孩常见的服饰,但他们在死后享有在葬礼上穿着紫红托加(*toga purpurea*)的荣耀,这可是一项过去只有王室成员才拥有的特权。显赫的地位使其被称为"最神圣的长官"(*sanctissimus magistratus*)。[①] 监察官的葬礼(*funus censorim*)更是气派至极,成为最高规格葬礼的标志,因此又称为"国葬"。[②]

监察官之所以享有如此地位和尊严,有些学者认为,原因在于其承担了诸多被逐渐赋予的重要职权,尤其是风纪监督(*regimen /disciplina/cura morum*)权,即对罗马市民道德品行的管控权。不仅如此,监察官在行使上述职权时无须对任何其他权力负责,全凭自己的责任心来行事(Liv. 4,24,4)。[③] 有学者认为,监察官的职责是完成一系列基本而且耗费时间的工作,对于那些构成了公民团体的个人在公共和私人生活中的地位和幸福,这些职能都将会产生重要的影响。在这

① 参见陈可风:《罗马共和宪政研究》,法律出版社 2004 年版,第 77 页。

② 参见[古罗马]塔西佗:《编年史》(上下册),王以铸、崔妙因译,商务印书馆 1997 年版,第 209 页(上册),第 403 页(下册)。

③ See also "Censor", in William Smith, LLD, William Wayte, G. E. Marindin(eds.), *Dictionary of Greek and Roman Antiquities*, London: John Murray, 1890. Recited from http://perseus.uchicago.edu/cgi-bin/philologic/getobject.pl? c.17:1:151.antiquities, 2019-12-10.

方面,监察官比任何其他官员都更多地触及公民团体。因此,监察官是具有最高声望的人。[①] 这些解释的论据诚然不假,但其更多具有某种事后诸葛亮的意味,有失偏颇,只能解释监察官在获得上述职权后的情形,然该官职的权威性是自始就存在的。另一些学者的解释更有说服力,他们将目光投向监察官职务的宗教性质,认为监察官所拥有的权威应该来自宗教方面。具体来说,古罗马监察官的历史,是与赎罪献祭有关的宗教性权力转变为政治性权力的历史,[②]而这种转变的逻辑只可能在于按等级和百人团划分的城邦体制的需要。[③]

(三)监察官的任职期限

监察官与其他职官的一个形式上的最大不同,可能就是其任职期限了。除监察官外,其他主要官职的任职期限都是固定的且较短,如执政官、裁判官和保民官的任期均为 1 年,独裁官的任期甚至只有 6 个月。因为罗马人认为,要想最大限度地保障市民的自由,官

---

① 参见[英]安德鲁·林托特:《罗马共和国政制》,晏绍祥译,商务印书馆 2016 年版,第 179 页。

② 我们所知的直到公元前 389 年的 13 位监察官中,有 5 位属于在神法方面拥有特殊职权的帕皮流斯氏族(*Papirius*)的事实,在某种程度上佐证了这一观点。

③ 参见[意]弗朗切斯科·德·马尔蒂诺:《罗马政制史》(第 1 卷),薛军译,北京大学出版社 2009 年版,第 246 页。

员的任职期限不能太长，必须限制在一个较短的时间内。[①] 监察官是一个例外，其任期一开始是不确定的，通常只是在国势调查期间和随后进行的赎罪献祭仪式结束之前任职。[②] 监察官的最初任期有多长已不可考，前文已述，增设监察官职位的初衷主要是便于赎罪献祭的进行，虽然理论上来说该仪式应该在每 5 年的国势调查之后进行，但实际上由于各种意外情况的出现，赎罪献祭举行的间隔周期非常不确定，尤其是在第二次布匿战争爆发后的半个世纪中，在此之后，该仪式

---

① 李维在《罗马史》9,34 中记录了保民官普布流斯·森普罗纽斯(Publius Sempronius)对于罗马职官任期的详尽阐述，中译文参见［古罗马］提图斯·李维著，［意］桑德罗·斯奇巴尼选编：《自建城以来》(第一至第十卷选段)，王焕生译，中国政法大学出版社 2009 年版，第 417～423 页。See also Nico P. Swartz, *The Censor in the Late Republican Empire and His Meaning for Modern Democracy*, in *Journal of Politics and Law*, 2010, 3(1), p. 110.

② 参见［意］朱塞佩·格罗索：《罗马法史》，黄风译，中国政法大学出版社 1994 年版，第 89 页和第 162 页。根据西塞罗(《论法律》3,3,7)和李维(《罗马史》4,24,5；9,33,4–6)的传统叙述，监察官的任期期间最初为 5 年，直到公元前 434 年被限定为 18 个月。但现代学者经过研究证实，这些传统叙述中存在对古老文献资料的误读，"期限 5 年"是指国势调查的间隔期而不是监察官的任期，虽然为了国势调查的需要，监察官的选举每 5 年进行一次，但监察官职责的履行却不需要这么长的时间。起初，监察官的任期很可能低于 18 个月。参见［意］弗朗切斯科·德·马尔蒂诺：《罗马政制史》(第 1 卷)，薛军译，北京大学出版社 2009 年版，第 247 页；［英］安德鲁·林托特：《罗马共和国政制》，晏绍祥译，商务印书馆 2016 年版，第 175 页。

的举行周期才相对固定。[①] 就监察官的任期而言，通常的观点是，公元前 434 年的独裁官马默库斯·埃米流斯·马默基努斯提议制定的《关于监察官权力的百人团法》(*Lex centuriata de potestate censoria*)，又称《关于监察官的埃米流斯法》，将之明确限定在 18 个月，结束了之前的不确定状态。[②] 该法所确立的监察官的任职期限在接下来一百多年的时间内都得到遵循，直到公元前 312 年~公元前 310 年的监察官阿皮尤斯·克劳丢斯(Appius Claudius)突破了这一限制，他在任期结束后迟迟不肯卸任，继续霸占这一职位。[③] 克劳丢斯之后，埃米流斯法所确立的 18 个月任期限制是否得以延续，因没有明确的文献记载，在没有相反论据的

① See "Censor", in William Smith, LLD, William Wayte, G. E. Marindin (eds.), *Dictionary of Greek and Roman Antiquities*, London: John Murray, 1890. Recited from http://perseus. uchicago. edu/cgi-bin/philologic/getobject. pl? c. 17:1:151. antiquities, 2019-12-10.

② 对该法的提议制定者及其年份的争议，参见[意]弗朗切斯科·德·马尔蒂诺：《罗马政制史》(第 1 卷)，薛军译，北京大学出版社 2009 年版，第 244 页。

③ 根据李维的记载：公元前 310 年，阿皮尤斯·克劳丢斯担任监察官已满 18 个月，按照《埃米流斯法》，他的任职已经结束，但是尽管他的同僚盖尤斯·普劳求斯(Gaius Plautius)业已卸任自己的职务，他却贪占其位，在选举出两位新的监察官之后，他仍不肯交卸自己的职务，任何力量都无法迫使他。时任平民保民官普布流斯·森普罗纽斯(Publius Sempronius)决定采取行动，他不止一次当众朗读《埃米流斯法》，称赞该法的制定者把这种享有主宰性权力的任期缩短为 1 年半，对阿皮尤斯·克劳丢斯冷嘲热讽，并威胁他，如果他不服从《埃米流斯法》，就把他关进监牢。参见[古罗马]提图斯·李维著，[意]桑德罗·斯奇巴尼选编：《自建城以来》(第一至第十卷选段)，王焕生译，中国政法大学出版社 2009 年版，第 415~423 页。

情况下，我们倾向于认为是肯定的。

如果一名监察官在任职期间死亡，理论上应再选举一名监察官来弥补该空缺，就像发生在执政官的情形一样。但实际上，只在公元前 393 年进行过一次补选监察官的事例：监察官盖尤斯·尤流斯（Gaius Iulius）死亡后补选了马尔库斯·科尔内流斯·马卢吉涅西斯（Marcus Cornelius Maluginenses），但该补选行为后来被认为违反了宗教禁忌，因为高卢人就在之后马卢吉涅西斯进行赎罪献祭仪式时占领了罗马。此后，如果一名监察官在任职期间死亡，不再补选，而是要求另一名监察官辞职，重新选择两名新的监察官（Liv. 5, 31, 6-7; 6, 27, 4-5; 9, 34, 22）。[①]

古罗马的很多官职虽然对连任多有限制，但通常不会禁止二次担任同一官职，然监察官则是例外。起初，并没有法律禁止监察官的再任，但作为惯例，一人只能担任监察官一次，唯一的例外是盖尤斯·马尔求斯·路提鲁斯（Gaius Marcius Rutilus），他首次担任监察官的时间不详，但他此后又于公元前 265 年再次担任该官职。他后来提议民众大会制定了一项法律，规定任何人不得二次担任监察官。他也颇有意味的因此

① 亦可参见［古罗马］提图斯·李维著，［意］桑德罗·斯奇巴尼选编：《自建城以来》（第一至第十卷选段），王焕生译，中国政法大学出版社 2009 年版，第 421 页。

获得了“监察官”的别名(Censorinus Gaius Marcius Rutilus)。[①]

第二节　监察官的主要职权

一、监察官职权概览

关于监察官的主要职权及其变化,有3则原始文献对此作了明确记载,根据其时间先后,列示如下:

其一是西塞罗的《论法律》3,3,7:“监察官调查登记居民的年龄、子孙后裔、家庭情况和财产状况,管理城市庙宇、道路水道、国库和税赋征收,按乡区登记居民,然后按财产、年龄和社会地位进行划分,确定应入骑兵和步兵的青年,禁止有人独身,监督居民风俗,不让行为不端者继续留在元老院。”[②]

其二是李维的《罗马史》4,8,2-6:起初,监察官的职权非常有限,基本上就是进行纯粹的国势调查工作,因此是一个并不起眼的职务,但是后来其权力逐渐增强,变得异常重要,“以至于罗马风习和生活方式都归属它管理,判定元老阶层和骑士百人团合适与不合适也归于这一职务的权力下,对公有地和私有地的监督、

---

① 参见 Valerius Maximus, *Factorum et Dictorum Memorabilium*, 4, 1, 3;[古希腊]普鲁塔克:《普鲁塔克全集》(I),席代岳译,吉林出版集团股份有限公司2017年版,第400页。

② [古罗马]西塞罗:《论共和国 论法律》,王焕生译,法律出版社1997年版,第257页。

对罗马人民征税也都由它决定和裁夺”。[①]

其三是普鲁塔克的《马可·加图传》16：“监察官的权力多种多样，包括检查市民的生活和行为”，“他们有权贬黜武士或放逐行为放纵无度的元老院议员，并能修订财产估计办法，将市民按照社会、政治等级列表。还有其他的巨大权力也属于这个官职”。[②]

根据上述3则原始文献的描述，产生于公元前434年的监察官，该官职的最初权力并不大，主要负责国势调查（*census*，其职名 *censor* 即源于此），内容包括人口和财产调查，后来其权力不断扩大到风纪监督、元老遴选（*lectio senatus*）和骑士资格审查（*recognitio equitum*）等，此外还在经济财务领域管理许多重要事务，从而成为公元前4世纪～公元前2世纪这一历史时期极为重要的官职。[③]

监察官不仅享有从政治到经济到社会风纪维护等方面的巨大权力，而且在行使其职权时拥有绝对自由，“评判自由是这个官职的本质”，[④]监察官在履职中享

---

① ［古罗马］提图斯·李维著，［意］桑德罗·斯奇巴尼选编：《自建城以来》（第一至第十卷选段），王焕生译，中国政法大学出版社2009年版，第139页。

② ［古希腊］普鲁塔克著，黄宏煦主编：《希腊罗马名人传》（上册），陆永庭、吴彭鹏等译，商务印书馆1990年版，第360～361页。

③ Cfr. Michel Humm, *Il Regimen Morum dei Censori e le Identità dei Cittadini*, in *Homo, Caput, Persona. La Costruzione Giuridica dell' identità nell' esperienza Romana*, Pavia, 2010, p. 283.

④ 转引自［意］弗朗切斯科·德·马尔蒂诺：《罗马政制史》（第1卷），薛军译，北京大学出版社2009年版，第247页，脚注［72］。

有充分的自由裁量权,无须对任何其他权力负责。他们甚至不受执政官和裁判官的否决权的制约,保民官的否决权也不可能针对监察官发生。无论是针对监察官对市民册的制定,还是对元老院议员的选拔,都是如此。[①] 但也因此存在监察官权力被滥用的隐患,故而要设置一定的制约机制。对其制约的一种方式是,根据习惯,如果监察官要对某人作出惩罚(如记过或剥夺元老资格),他在作出决定的同时需要给出理由(*subscriptio censoria*)。至于有学者提出的,监察官还需要宣誓保证其履职的公正性,并没有得到文献的支持。[②] 对监察官活动的另一种制约,可能在于他们的同僚制,即两位监察官彼此之间相互有权干预同僚所实施的任何一种行为。[③] 关于对监察官权力的其他可能的限制,尤其是保民官的阻挠和控告,如有学者

---

① 但在针对市民册的制定和元老院议员的选拔等重要活动之外的其他事项上,保民官的否决权似乎有一定的适用空间,但这是有争议的。参见[英]安德鲁·林托特:《罗马共和国政制》,晏绍祥译,商务印书馆 2016 年版,第 174~175 页。

② See Nico P. Swartz, *The Censor in the Late Republican Empire and His Meaning for Modern Democracy*, in *Journal of Politics and Law*, 2010, 3(1), p. 110-111.

③ 但监察官的这种同僚制有些不同于执政官的那种同僚制,对于后者来说,每个同僚都拥有全部不可分割的权力的整体,相互拥有否决权;对于前者来说,其同僚否决权更强调的是对相关事项的协商决定权。此外,关于监察官同僚制是如何运作的,总是需要监察官同僚合作进行同一行为,还是该行为在拥有否决权的同僚不表示反对的时候就是有效的,至今未有定论,但是,监察官在行事的时候,与其同僚进行协商的必要性则是毋庸置疑的。参见[意]弗朗切斯科·德·马尔蒂诺:《罗马政制史》(第 2 卷),薛军译,北京大学出版社 2014 年版,第 224~225 页。

提出的保民官通过"预报凶兆"的方式阻止市民册的制定和元老院议员的选拔，并未得到确切的证实。[①]

监察官这一最初设立时并不起眼的官职，为何会一步步走向权力的巅峰？要理解监察官权力的变化，只能通过关注这个官职从为争取政治平等的阶级斗争到贵族与平民联合组成的新贵族时期的发展，才能够获得认识。共和中期以后，随着贵族与平民之间平等的基本实现，二者逐渐联合组成新的贵族阶级，监察官权力的扩大与贵族和平民联合组成的新贵族的巩固恰相吻合。监察官显然和执政官一起都是这个新贵族阶层的一个基本工具，监察官的各种职责及其活动是精英阶层自我规范的一部分。这还可以从如下事实中得到证实：自公元前351年出现第一个平民担任监察官以来，整个接下来的时期里，除公元前340年例外性地出现一对贵族监察官，总是出现一个贵族监察官和一个平民监察官；而且不知道是通过法律还是通过习惯的方式形成了一项原则：监察官必须是前任执政官，至少从公元前312年以后基本都是如此。因此，监察官职位以这种方式被保留给新贵族阶层中已经取得过一次或多次最高官职的那些最高人物。我们还知道，将元老院议员的选拔权授予监察官的《关于遴选元老

① 参见［英］安德鲁·林托特：《罗马共和国政制》，晏绍祥译，商务印书馆2016年版，第180页；［意］弗朗切斯科·德·马尔蒂诺：《罗马政制史》（第2卷），薛军译，北京大学出版社2014年版，第221页、第225页。

的奥维纽斯法》(*Lex Ovinia de senatus lectione*)是一项平民会决议,这种权力通过平民会决议得到承认,表明它归功于平民首领,很可能是平民出身的新贵族的一项动议。因此,和执政官一样,甚至比执政官更甚,在公元前3世纪时期,监察官是新贵族实行领导和控制的代表性机构。这就使我们能够解释,为何在这样一个官员手中握有如此大的权力,虽然他产生时只有有限的职权,而现在变成了罗马政治生活的主宰者。①

二、监察官的宗教权力

在上文提到的3则原始文献中并没有提到监察官的宗教权力,但现实中监察官在两个方面享有宗教权力:其一是和执政官、裁判官一样享有最高占卜权(*maxima auspicia*);其二体现在前文第一节介绍监察官产生时提到的主持赎罪献祭仪式中。在此,我们仅对监察官第二个方面的宗教权力展开说明,因为它与监察官的起源直接相关。

赎罪献祭,顾名思义,是通过向战神马尔斯献祭(猪牛羊)为罗马人民(净化)赎罪的一种宗教仪式。该宗教仪式通常由一名监察官来主持,每5年在战神

① 参见[意]弗朗切斯科·德·马尔蒂诺:《罗马政制史》(第2卷),薛军译,北京大学出版社2014年版,第222~224页。

广场(Campus Martius,又译马尔斯广场)举行一次,即在进行国势调查之后进行。赎罪献祭仪式只由一名监察官主持,但另一名监察官也必须出席。虽然监察官职位在被贵族垄断一段时间之后很快就向平民开放,但在国势调查之后举行的赎罪献祭仪式直到公元前280年才首次由平民监察官来主持。①

第一次赎罪献祭仪式举行于公元前566年,由时任国王塞尔维尤斯·图留斯在进行国势调查之后进行,此后,每五年于国势调查之后举行。共和早期,国势调查和赎罪献祭仪式均由执政官负责,自公元前443年设立监察官之后,这两项工作转交给监察官来进行。

正常情况下,国势调查与赎罪献祭是同期进行的,每五年于国势调查之后举行赎罪献祭仪式。具体来说,监察官于当选后的4月开始履职,次年5月完成国势调查后,举行赎罪献祭仪式。② 但根据李维在《罗马

① See "Censor", in William Smith, D. C. L., LL. D, *A Dictionary of Greek and Roman Antiquities*, London: John Murray, 1875, p. 261.

② See "Lustrum", in William Smith, LLD, William Wayte, G. E. Marindin (eds.), *Dictionary of Greek and Roman Antiquities*, London: John Murray, 1890. Recited from http://perseus. uchicago. edu/cgi-bin/philologic/getobject. pl? c. 3:1:154. antiquities, 2020-01-15. 认为赎罪献祭仪式在监察官任职后的当年举行的说法,并不可信,因为在举行赎罪献祭仪式之前要先完成国势调查以及对市民品行的评价(监察官记过),这些工作在检察官任职当年通常是完成不了的。参见[英]安德鲁·林托特:《罗马共和国政制》,晏绍祥译,商务印书馆2016年版,第174页及以后。

史》10,47,2 中的记载,公元前 292 年,监察官普布流斯·科尔内流斯·阿尔维纳(Publius Cornelius Arvina)和盖尤斯·马尔求斯·鲁提卢斯(Gaius Marcius Rutilus)举行了赎罪献祭,而这对监察官为自公元前 443 年第一对之后的第 26 对,这次赎罪献祭为第 19 次。[①] 正常情况下,自公元前 443 年~公元前 292 年的 151 年,应该产生 31 对监察官并进行 31 次赎罪献祭。这也就意味着,在此期间:其一,5 年一度的国势调查有时可能会被打破,有些国势调查没有进行,至少不是由监察官负责进行的;其二,国势调查与赎罪献祭的相互伴随性有时也会被打破,有些国势调查之后没有进行赎罪献祭。李维在《罗马史》3,22,1 和 24,43,4 中的两处记载的确佐证了后一点:公元前 459 年和公元前 214 年,在国势调查之后本该进行的赎罪献祭都因故取消了,前者是因为卡皮托山被占领以及执政官死亡;[②]后者是因为时任监察官之一的普布流斯·富流斯(Publius Furius)去世。

根据公元 3 世纪的古罗马作家琴索里努斯(Cen-

① 参见[古罗马]提图斯·李维著,[意]桑德罗·斯奇巴尼选编:《自建城以来》(第一至第十卷选段),王焕生译,中国政法大学出版社 2009 年版,第 493 页。

② 但需要注意的是,根据李维在《罗马史》3,24,10 中的记载,这次取消的赎罪献祭在第二年又补上了。中译文参见[古罗马]提图斯·李维著,[意]桑德罗·斯奇巴尼选编:《自建城以来》(第一至第十卷选段),王焕生译,中国政法大学出版社 2009 年版,第 107 页。

surinus）的说法，最后一次赎罪献祭发生在公元 74 年，韦斯帕芗皇帝在位期间，此后再无举行该宗教仪式的记载。①

三、监察官的世俗权力

（一）国势调查

进行国势调查是监察官的首要职责，这项工作肇始于第六任王塞尔维尤斯·图留斯。共和时期以后，该工作首先由执政官兼任，此后设立监察官一职后，则由监察官专任。国势调查在帝政时期仍然进行，这也是罗马史上少有的从王政历共和持续到帝政时期仍然进行的一项行政工作，但帝政时期的国势调查程序大大简化，与之有关的古老仪式已不复存在。

根据历史学家李维的记载，由塞尔维尤斯·图留斯主持的首次国势调查中，进行罗马市民户籍登记的人数不少于 8 万——这个数字还只是能拿起武器的人。在进行国势调查之后，公元前 566 年，塞尔维尤斯召集所有的罗马市民、骑兵和步兵，凌晨于战神广场集合，在那里举行作为国势调查完成的仪式，以猪、牛、羊

① See "Censor" and "Lustrum", in William Smith, D. C. L., LL. D, *A Dictionary of Greek and Roman Antiquities*, London: John Murray, 1875, p. 265, 720.

作为祭品为罗马人民进行赎罪献祭。[①]

国势调查一直是在战神广场进行。公元前 435 年,经第二任监察官盖尤斯·富流斯·帕库鲁斯(Gaius Furius Paculus)和马尔库斯·吉加纽斯·马切里努斯(Marcus Geganius Macerinus)批准,在战神广场上修建了一座被称为“市会堂”(Villa Publica)的公共建筑,并首次在这里进行了国势调查(Liv. 4,22,7)。[②]实际上,市会堂只是用于监察官的办公场所,国势调查仍在露天广场上进行。国势调查并无一定之规,虽然监察官也会通过告示事先发布一些简单的规则,规定纳入调查的财产范围及其估价方式等,但主要还是凭监察官自由裁量(*ad arbitrium censoris*),诚如前文所述,“评判自由是这个官职的本质”。当然,不仅在国势调查中,在进行风纪监督等行使监察官权力的其他情形同样如此。国势调查在监察官的主导和评判员

① 参见[古罗马]提图斯·李维著,[意]桑德罗·斯奇巴尼选编:《自建城以来》(第一至第十卷选段),王焕生译,中国政法大学出版社 2009 年版,第 51 页。

② 瓦罗在《论农业》中对该建筑的建造及其用途有详细记载。参见[古罗马]M. T. 瓦罗:《论农业》,王家绶译,商务印书馆 2006 年版,第 208~210 页。需要注意的是,在该著作的中译本中,译者在第 208 页注释②中将“市会堂”的建造年份认定为公元前 434 年,但根据李维《罗马史》4,22-23 所提供的信息,应为公元前 435 年。

(*iuratores*)等助手的协助下进行，主要程序和内容如下：[①]首先是进行占卜；之后传令员(*Praeco*)按部落将罗马市民召集到监察官面前；[②]每个家父都必须亲自到场，[③]对其本人及其家庭成员的人身和财产事项作出陈述，并就此"发自真心地"(*ex animi sententia*)进行宣誓。所陈述的人身事项主要包括姓名、年龄、婚姻状况、子女数量等，财产事项主要是拥有的各项市民法上的(*ex iure Quiritium*)财产(包括土地、奴隶和牲畜等)以及根据监察官确定的估价方式计算的各项财产的价值。[④]

擅自缺席国势调查者将受到严厉的惩罚。根据李维在《罗马史》1,44,1 中的记载，首创国势调查的塞尔维尤斯·图留斯对此等人处以拘禁甚至死刑。[⑤] 在共

---

① See "Censor", in William Smith, LLD, William Wayte, G. E. Marindin (eds.), *Dictionary of Greek and Roman Antiquities*, London: John Murray, 1890. Recited from http://perseus. uchicago. edu/cgi-bin/philologic/getobject. pl? c. 17:1:151. antiquities, 2019-12-10.

② 在监察官进行国势调查之前，各部落内部会事先进行一个先期的调查，并据此制作一个清单。

③ 孤儿和作为自权人的单身女性，由监护人代其参加，他们的名字被单独造册，不计入市民册(*capita*)。

④ 对于需要登记的财产事项及不同财产的估价方式，李维在《罗马史》39,44 中有详细记载，在此不予详述。所登记财产的价值是计税的依据，其税率通常为 1‰，老加图时期提高到 3‰。See also "Tributum", in William Smith, D. C. L., LL. D, *A Dictionary of Greek and Roman Antiquities*, London: John Murray, 1875, p. 1157.

⑤ 参见[古罗马]提图斯·李维著，[意]桑德罗·斯奇巴尼选编：《自建城以来》(第一至第十卷选段)，王焕生译，中国政法大学出版社 2009 年版，第 51 页。

和时期,他们可能会被卖为奴隶(Cicero,*Pro Caecina*,99)。到共和末期,才允许不能出席者由他人代其参加国势调查。[①] 至于在部队服役的军人,是否享有免于出席国势调查的特权,还是需要指定一位代理人代其参加,则不甚明了。[②]

在对罗马市民的人身和财产事项进行登记后,监察官要据此编造各个等级、部落和百人团的人员和财产名册,将每个市民分别登记到相应的等级、部落和百人团,以作为确定征税、募兵和市民等级的依据,被登记在市民册中即意味着拥有市民法权或者说是罗马法上的人格(*caput habere*)。因此,国势调查在罗马的政治、经济、军事等方面都具有重要的意义。

(二)元老遴选和骑士资格审查

在监察官后来获得的职权中,通过元老遴选和骑士资格审查,将他们认为不适格的元老和骑士从各自名单中删除并增补他们认为合适的新成员,对于罗马的政治体制无疑具有较大的冲击力。

元老遴选之权,即负责制定元老院议员的名单

---

① 班提亚(Bantia)自治市以罗马城的法律为蓝本的立法规定:“如果某人故意地不参加国势调查,并且被证实,将被鞭打,或者由裁判官在人民在场的情况下处死。”Cfr. *FIRA*,I,16,中译文参见[意]弗朗切斯科·德·马尔蒂诺:《罗马政制史》(第1卷),薛军译,北京大学出版社2009年版,第248页,注释[78]。

② See “Censor”,in William Smith,D. C. L.,LL. D,*A Dictionary of Greek and Roman Antiquities*,London:John Murray,1875,p. 263.

(*album senatorum*),在王政时期属于王,共和早期属于执政官和行使执政官权力的军团长官。一项日期不详的(主流的观点是制定于公元前318年~公元前312年)平民会决议,即《关于遴选元老的奥维纽斯法》将挑选和任命元老的权力转交给监察官,并规定元老院的成员应从各个等级(贵族和平民)最优秀者中选出。[①] 该法确立了监察官对元老院成员资格独一无二的权威,使贵族自动被选为元老的期望落空。不过,在一般情况下,监察官只是在前任留下的元老名单基础上进行调整,他们还必须遵循高级长官(执政官、独裁官、裁判官、骑兵长官等)卸任后作为"最优秀者"进入元老院的传统习惯,实际上他们本身就是传统习惯的维护者,而且有些长官(保民官等)在卸任后必然获得元老资格也为法律所明确,[②]因此,监察官的遴选元老权更多的表现为对元老资格的确认,[③]以及将其认为不合格者从元老名单中剔除。即便如此,监察官仍然拥有相当大的权限。首先,合格与否的标准并不明确,

---

① 根据费斯图斯在《词语含义》中"Praeteriti"词条的说法,元老是从"各个等级最优秀者中选出"(*ex omni ordine optimum quemque … legerent.*)。

② 大约颁布于公元前102年的《关于平民保民官的安提纽斯法》(*Lex Atinia de tribunis plebis*)规定,平民保民官卸任后自动成为元老。公元前81年,苏拉甚至通过立法将财务官的人数增加到20人,并规定他们卸任后也能获得元老资格。

③ 完整的元老地位,需要监察官的确认,这一原则即使在苏拉的立法以后也仍然被保留。参见[英]安德鲁·林托特:《罗马共和国政制》,晏绍祥译,商务印书馆2016年版,第107~108页。

而是由他们自己掌握,只要2名监察官认为某元老不适格就可以将其从元老院驱逐,且对于被除名的元老,监察官并不会像他们对待被记过者那样给予其自我申辩的机会,①虽然根据传统,他也需要像在作出监察官记过时那样对其决定作出解释或说明理由(Liv. 39,42,6);其次,卸任高级长官的人数相对于元老席位的空缺来说可能还是太少,在依次征召前元老院成员、担任过贵族官职的人、前任市政官、前任保民官和财务官之后,空缺的名额则由监察官从没有担任过任何官职的市民中自由裁量择优选出。②

元老的遴选和国势调查是分开进行的,前者并非后者的一部分,因此,在国势调查期间被监察官记过的

---

① 有学者认为,在监察官做出此等决定之前,通常会有某种形式的听证,而在共和国末年,由于下文马上就要提到的克洛丢斯的立法,这种做法成为必须。参见[英]安德鲁·林托特:《罗马共和国政制》,晏绍祥译,商务印书馆2016年版,第111页。诚然,根据传统,如果某人被人向监察官提出指控,监察官在决定对其记过之前通常会给予起自我辩护的机会,但没有文献表明在《关于监察官的克洛丢斯法》(*Lex Clodia de Censoribus*)之前,监察官在遴选元老时会给予被开除的元老此等辩护机会。安德鲁·林托特在提出上述观点时所援引的普鲁塔克在盖尤斯·格拉古传记中提到的事例,也并不涉及剥夺盖尤斯·格拉古的元老资格问题,而是有人以其擅离职守为由对他向监察官提出指控。参见[古希腊]普鲁塔克:《普鲁塔克全集》(Ⅲ),席代岳译,吉林出版集团股份有限公司2017年版,第1492页;W. Jeffrey Tatum, *The Lex Clodia de Censorial Notione*, in *Classical Philology*, 1990, 85(1), p. 37-38.

② 参见陈可风:《罗马共和宪政研究》,法律出版社2004年版,第79页;[意]弗朗切斯科·德·马尔蒂诺:《罗马政制史》(第2卷),薛军译,北京大学出版社2014年版,第154~155页。

元老，并不当然丧失元老资格，而是在下一次遴选元老时才会被除名。

公元前 58 年，由保民官克洛丢斯（Publius Clodius Pulcher，公元前 93 年或 92 年～公元前 52 年）提起制定了《关于监察官的克洛丢斯法》，[①]该法的主要目的在于限制监察官控制元老院名单的权力，其方法是要求两个监察官对同一个市民的考评一致才能生效，这样就无形中引入了监察官的同僚否决权，形成了权力制约。该法还授权监察官把在普通法院定罪的元老开除出元老院。[②] 根据传统的观点，该法并无实际上的创新，只是把过去的习惯做法以法律的方式固定了下来，因为有大量的事例表明，在该法之前，对市民进行记过时就要求两位监察官的一致同意，而且如果监察官决定对某人进行记过或受理对某人的指控之后，通常也会给予某人申辩的机会。[③] 但该法的突破性在于，它把过去对监察官记过时所要求的同僚制和给予的申辩权，扩大到遴选元老的事项上，要求监察官在决定剥夺某人元老资格时同样需要两位监察官的一致意

---

① 在有些文献中又称为《关于监察官处分的克洛丢斯法》（*Lex Clodia de Censoria Notione*）。

② 参见齐云、徐国栋：《罗马的法律和元老院决议大全》，载徐国栋主编：《罗马法与现代民法》（第 8 卷），厦门大学出版社 2014 年版，第 186 页。

③ See W. Jeffrey Tatum, *The Lex Clodia de Censorial Notione*, in *Classical Philology*, 1990, 85(1), p. 34-35.

见并给予该元老自我辩护的机会。①

当然,克洛丢斯之所以提议制定该法并非出于公共利益的考虑,而是旨在博得元老们的好感,以此获得元老们对自己的政治支持,这也恰好迎合了元老们的需求,此时他们还笼罩在公元前 70 年的监察官对元老院进行人员大清洗的震惊之中,当年多达 46 名元老被除名,其中也包括了前一年的执政官伦图鲁斯 · 苏拉(Publius Cornelius Lentulus Sura)。最终该法顺利获得通过。但它在维护了元老们的尊严的同时却挑战了监察官的权威,减损了监察官的权力。在此之前,监察官可是几乎不受限制完全独立行事;而现在,他们在决定要开除一名元老时则要有充分的正当理由,并迎接元老们的自我辩驳。在传统习惯中,这是完全不可想象的,因而该法激起了传统习惯的维护者们(如西塞罗)强烈的质疑和声讨,而且从更为实际的层面看,该法所要求的程序也使监察官要剥夺一名元老的资格异常艰难,元老的正常遴选工作也变得延宕无期。这也就不难理解,为何在该法的提议制定者克洛丢斯去世后的当年,即庞培第三次担任执政官的公元前 52 年,经其同僚执政官梅特鲁斯(Quintus Caecilius Metellus Pius Scipio)提议制定的《关于监察官的切其流斯法》(*Lex Caecilia de Censoribus*)就废除了前述《关于监察官的克

---

① See W. Jeffrey Tatum, *The Lex Clodia de Censorial Notione*, in *Classical Philology*, 1990, 85(1), p. 39.

洛丢斯法》。[①] 克洛丢斯法的废除，使监察官重新恢复了在元老遴选时不受限制的自由裁量权，即便如此，监察官的权势和影响力也已不复往日的荣光，随后不久的内战时期，未再进行过监察官的选举，直到公元前22年，奥古斯都才再次任命（而不是选举）了监察官。

对于骑士资格审查，我们在后文讲到监察官记过时会谈到具体的事例，此处仅做简要分析。在共和国初期，骑士并不构成一个单独的阶层，他们只是第一等级的市民中比较特殊的一类，需要具备比第一等级确定的财产数量更高的财产资格，直到格拉古时期才成为一个真正的阶层，被称为骑士阶级（ordo equester）。骑士阶级在罗马的经济、社会、政治和军事生活中都举足轻重，对罗马的政治变迁和政制发展具有重要影响，因为他们掌握着比第一等级的市民更多的财产；其成员主要源于贵族和富裕的平民；在百人团体制中，他们组成了18个百人团，而且从一开始就由国家为他们提供购买和饲养马匹的费用（当然，后来也出现了私马骑士）；他们还享有一系列其他特权，比如，在观看竞技表演时可以坐在紧接着元老的头等席的前14排座

① 有学者认为，梅特鲁斯之所以提议制定该法，在很大程度上出于个人利益的考虑，他因为担心将来被监察官从元老院除名，为示好监察官提出了废除克洛丢斯法的议案，但从结果上来说，该法在实现了其个人目的的同时，也维护了国家利益。See W. Jeffrey Tatum, *The Lex Clodia de Censorial Notione*, in *Classical Philology*, 1990, 85(1), p. 43.

位上,[1]还被授予审判尤其是刑事审判的职权,等等。[2]由此可见,监察官所享有的决定骑士资格的权力之大!

(三)风纪监督

随着共和进程的发展,监察官的权力被扩大到风纪监督。这是监察官职权中最为重要的部分,风纪监督权使监察官在各种官职中最令人敬畏。这不是一种原来就有的权力,它与赎罪献祭的宗教性职能没有任何关联,而是逐渐得到确认的。原始文献所记载的关于监察官记过的最早一批事例集中出现在公元前4世

---

① 《关于剧场中前14排座位的法律》(*Lex theatralis de XIV ordinibus*)规定骑士阶层在举办竞技表演时可以坐在紧接着元老的头等席的前14排座位上。该法颁布的时间不详,朗格(Heinrich Lange)认为该法颁布于公元前146年,而蒙森(Theodor Mommsen)则认为,该法应该颁布于格拉古兄弟时代,当时,骑士阶层的重要性得到肯认。Cfr. Giovanni Rotondi, *Leges Publicae Populi Romani*, Hildesheim - Zürich - New York: Georg Olms Verlag, 1990, p. 294. 该法后来被苏拉废除,再之后,公元前67年,由保民官罗修斯·沃多(L. Roscius Otho)提起的《关于剧场的罗修斯法》恢复了骑士的这一特权,并规定了骑士阶级的财产资格为40万塞斯特斯。在奥古斯都时期,许多骑士在内战中财产减少,担心因违反有关剧场法而受罚,不敢冒险坐到前14排上观看娱乐表演。对此,奥古斯都提起制定了《关于剧场的尤流斯法》(*Lex Iulia de theatralis*)。该法规定,如果骑士本人或其父亲或祖父曾拥有过骑士阶级的财产(40万塞斯特斯),他就可以坐到剧场的前14排。参见齐云、徐国栋:《罗马的法律和元老院决议大全》,载徐国栋主编:《罗马法与现代民法》(第8卷),厦门大学出版社2014年版,第205页,第225页;[古罗马]苏维托尼乌斯:《罗马十二帝王传》,张竹明等译,商务印书馆2000年版,第71页(神圣的奥古斯都传);Giovanni Rotondi, *Leges Publicae Populi Romani*, Hildesheim - Zürich - New York: Georg Olms Verlag, 1990, p. 374.

② 关于骑士阶级的更多介绍,可以参见[意]弗朗切斯科·德·马尔蒂诺:《罗马政制史》(第2卷),薛军译,北京大学出版社2014年版,第252~260页,第430~431页。

纪末3世纪初，很可能正是在此时监察官逐渐成为道德风纪的管理者和维护者。最早的这批案型主要针对的是违反家庭义务、奢侈、在履行兵役时疏忽大意、在耕种土地时疏忽大意等。比如，公元前307年的监察官把路求斯·安纽斯(Lucius Annius)从元老院名单中除名，因为他在没有召开家庭会议的前提下抛弃妻子；公元前275年，著名的盖尤斯·法布里求斯·鲁基努斯担任监察官期间，将前执政官普布流斯·科尔内流斯·鲁菲努斯逐出元老院，因为他拥有一个重达10磅的银瓶；公元前254年，监察官处罚了400名未履行职责的年轻骑士，并驱逐了16名元老院议员；在敌人面前举止不端的事例以及没有正当理由不服兵役的行为，因此而遭受处罚的事例比比皆是。尤其是在布匿战争以后，由于深刻的社会变革，古老的习俗开始动摇，监察官通过风纪监督作出处罚变得更为经常。[①]

这项职责旨在确定每个市民在多大程度上履行了对国家的责任，但其标准是由监察官自由裁量的，因此，监察官逐渐获得对每个市民的公共生活和私人生活的全面监督权，他们也成为公私道德的维护者和传统习俗的守护人。在履行该项职责时，可以是根据自己在国势调查时所发现的他人的不当言行而对其作出惩罚，更经常的情况是某人对他人的违反风纪的行为

---

① 参见[意]弗朗切斯科·德·马尔蒂诺：《罗马政制史》(第2卷)，薛军译，北京大学出版社2014年版，第222~223页。

向监察官提出指控，然后由监察官作出决定。监察官在履行该项职责时所施加的惩罚被称为“监察官记过”，也就是加在他的名字旁边的标注，这种标注对罗马市民社会地位的巨大杀伤力，我们将在下一节详细阐述。

监察官在进行风纪监督时具有很大的随意性和主观色彩，全凭自己的信念行事，自由评判，凡是他们认为有违道德的行为都可记录在案，但通常要对其记过的决定做一个简要的解释，即在市民册中被记过之人的名字旁边注明记过原因（*subscriptio censoria*）。通常情况下，根据传统，监察官记过需要2位监察官的一致同意，而且在决定对某人进行记过之前，会给其进行申辩的机会，有时还会要求指控人在场，实际上类似于举行一场简易诉讼，但即便如此，监察官仍享有充分的自由裁量权，他完全可以根据自己的判断作出决定。①

（四）财务管理

由于每个罗马市民要根据其在国势调查中登记的

---

① See “Censor”, in William Smith, LLD, William Wayte, G. E. Marindin (eds.), *Dictionary of Greek and Roman Antiquities*, London: John Murray, 1890. Recited from http://perseus.uchicago.edu/cgi-bin/philologic/getobject.pl? c. 17:1:151. antiquities, 2019-12-10; W. Jeffrey Tatum, *The Lex Clodia de Censorial Notione*, in *Classical Philology*, 1990, 85(1), p. 34-37.

财产数额缴纳税款(*tributum*),[①]因而此等税收的征管工作自然落到监察官身上。此后,由于公地的扩张以及收入来源渠道的增加,使共和国的财富数量急剧增长,而占有土地等重要财富的新贵族力求将管理权专属地掌握在它的代表性官员手中,这一重任就落到了监察官身上。[②] 在财政管理和国家财产管理方面的权力是监察官权力的又一次扩张,他们不但监管着国家的税收,如田税(*vectiga*)、关税等,[③]而且有权(通常要征得元老院同意)征收新的赋税和将国有土地进行出

---

① 此等税是一种直接税,并非严格意义上的财产税,因为在计算作为纳税基础的财产数额时,债务是不扣减的。前文提到,此等税的税率通常为1‰,老加图时期提高到3‰。该税的征收是不确定的,根据国家的需要(如战争或城市建设)而征收,具体何时征收、税额多少、税基如何计算等,皆由元老院来决定,元老院有时也将此等决定权交给监察官,后者可以任意作出决定。马其顿战争以后(有学者认为是公元前168年,参见徐国栋:《罗马公法要论》,北京大学出版社2014年版,第219页;有学者认为是公元前147年,See "Tributum", in William Smith, D. C. L., LL. D, *A Dictionary of Greek and Roman Antiquities*, London: John Murray, 1875, p. 1157. 根据西塞罗的记载,第三次马其顿战争的终结者路求斯·埃米流斯·保卢斯因为占领了马其顿人的宝库,给国库充实了一笔巨额的财富,从而取消了该税。这样看来,前一种观点更为可信。参见[古罗马]西塞罗:《论义务》,王焕生译,中国政法大学出版社1999年版,第233页。战利品和战争赔款等充盈国库,因此,罗马市民被豁免了缴纳该税的义务,直到潘萨(Pansa)和希尔求斯(Hirtius)担任执政官的公元前43年,由于国库空虚,复征该税。再之后,是否征收此税,则取决于皇帝的个人意愿。

② 参见[意]弗朗切斯科·德·马尔蒂诺:《罗马政制史》(第2卷),薛军译,北京大学出版社2014年版,第225页。

③ 此等税务的征收通常由监察官通过公共招标的方式拍卖给出价最高的包税人(*publicani*)来进行,为期5年。

售或出租,[1]还要负责制定两次征税期间(5 年)的国家预算,确保收入足以应付支出。在这些方面,其职责类似于现代的财政部部长。但监察官并不直接接触国家的收入,所有的公共收入都直接缴付给由元老院负责的国库,完全由元老院负责相关开支。

(五)其他职权

监察官的职权还扩张到监管所有的公共建筑和工程。他们不但要确保神庙、道路、引水道、下水道和所有其他公共建筑处于良好的状态,公共场所不被私人侵占,而且要建设新的公共工程,如神庙、宫殿、剧院、广场、城墙、道路、桥梁、引水道、下水道等。在操作层面,就像税务的征收工作一样,公共建筑和工程的维修保养和建造工作也通过公共招标的方式拍卖给出价最低的承包商(*conductores*)进行,监察官负责验收工程的实施是否符合承包合同。在此,需要注意的是,市政官也和监察官一样在公共建筑和工程方面负有监管职

---

① 制定于公元前 123 年~公元前 122 年的《关于把亚细亚行省的土地由监察官出租的森普罗纽斯法》(*Lex Sempronia de provincial Asia a censoribus locanda*),其名称即彰显了监察官将国有土地进行出租的权力。

责，[①]他们二者各自的职责范围很难准确划分，大体上可以这么说，前者的监管具有某种治安维护的色彩，后者的监管更多涉及财务事项。

监察官还负责监管与神灵祭祀有关的费用开支，甚至卡皮托上的圣鹅的喂养也归他们负责。实际上，根据普鲁塔克在《罗马掌故》中的记载，监察官就职以后，先要签订供应圣鹅的契约以及亲自动手清洗朱庇特神庙中的雕像之后，才能进行其他工作。[②]

第三节　监察官与禁奢

对私人奢侈的干预，长期以来一直是监察官的职权。自公元前 4 世纪获得风纪监督权，他们的主要工

① 市政官是设立于共和初年的罗马的普通执法官，其职责范围广杂。笼统地来讲，他们是作为罗马社会的保护人，是负责罗马人民公共安全与福利的“城管”。具体来说，他们负责的主要事项有：(1) 人民生活的物质状况，如公共设施维护、粮食供应、水的管理、浴场管理、餐馆管理、房屋修缮、公共道路的修缮和安全保障；(2) 人民生活的经济状况，如贸易、市场政策、货币流通、计量、称重、高利贷、公地使用等事项；(3) 人民生活的精神状况，如道德（控告侵犯贞洁者，销毁不道德的或危险的书籍等）、公共礼仪（规制公共场所的衣着不当、对高贵者的不敬等行为）、节俭（对奢侈的控制，尤其是禁奢法律的执行，但这部分职责基本被监察官吸收）、娱乐（公共节日、赛会、竞技管理等）。See Rudolf von Ihering, *Law: As a Means to an End*, translated from the Germany by Isaac Husik, Boston: The Boston Book Company, 1913, p. 377-378.

② 至于为何要在卡皮托山上供养圣鹅，可能是为了纪念它们在高卢战争中的贡献，因为它们的警觉而发现了高卢人的入侵，也可能是出于别的考虑。具体的分析参见［古希腊］普鲁塔克：《普鲁塔克全集》(V)，席代岳译，吉林出版集团股份有限公司 2017 年版，第 670 页。

作之一就是维持古老的罗马习俗。虽然从公元前 2 世纪初期开始,随着罗马的对外征服,财富增加,奢侈现象日甚,这种机制在维持社会风纪方面捉襟见肘,因此对奢侈行为的法律规制应运而生,但即便禁奢法大量出现之后,监察官也是禁奢工作中最为重要的组成部分之一,而且因为有了禁奢法的凭仗,监察官手中平添了一把利器,他们通过对人们行为的日常监督,时刻注视着禁奢法运行的实际状况,并以“记过”和经济处罚等方式对违反禁奢法等有悖传统习俗的各种行为进行处罚,维系着共和国的基石。

一、监察官记过中的禁奢

本部分所阐述的内容与监察官职权中的“风纪监督”有关。监察官在进行风纪监督时,如果发现有违社会风俗或道德规范的不当行为,则可以将之记录在案,作为对市民品行的书面评价,称为“监察官记过”。这种记录涉及的行为既有公共社会生活中的不良行为,如偷窃、在军队服役时开小差或做生意不诚实等,也有纯粹私人生活领域的不道德行为,如生活奢侈、不听亲属会劝告而休妻或者被认为做了与身份不相符的事情等。被监察官记过会承受一系列严重的后果,因此是一种非常严厉的惩罚。

(一)监察官记过的情形

一个人可能被监察官处罚的情形难以尽数,因为如前所述,评判自由是监察官一职的本质,某种行为是否被监察官记过在绝大多数情况下取决于其自由裁量，[①]但大体上可以分为三种类型：

其一，个人私生活领域的不当言行。比如，解除婚姻或婚约方式不当或理由不足[②]；拒绝结婚而保持独身[③]；对妻子或子女实施了被认为不恰当的行为，对子

---

① 克劳丢斯皇帝在担任监察官期间的几则事例充分说明了至少在帝政时期监察官权力行使的任意性：(1)在审查骑士资格时，他放过了一个品行恶劣的年轻人，只因为他的父亲担保说："我对自己的儿子完全满意。"克劳丢斯便没有再对他进行审查，而说："他有自己的监察官。"(2)对另一个因腐化私通而臭名远扬的人，他仅仅忠告他要收敛一点，或无论如何要谨慎一点，他还对他说："我有什么必要知道谁是你的情妇呢？"(3)他从陪审员名单中勾掉了一个著名人物——希腊行省首席市民，甚至剥夺了他的罗马市民权，仅由于他不懂拉丁语。(4)他取消了许多人的资格，有的是因为他们没有向他请假就擅自离开了意大利。参见[古罗马]苏维托尼乌斯：《罗马十二帝王传》，张竹明等译，商务印书馆2000年版，第202页(神圣的克劳狄传)。

② 比如，前文提到的路求斯·安纽斯被监察官记过并最终被从元老院除名，只因他在没有召开家庭会议的前提下抛弃妻子。

③ 对这种行为，极少数情况下才会被记过，但通常会招致监察官的罚款(*aes uxorium*)。李维《罗马史》43，16中提到监察官的罚款权和扣押权，西塞罗《论共和国》2，35，60中也提到监察官的罚款权。当然罚款的权力不独监察官享有，但无论何种长官，其罚款都有数额的限制。公元前454年，执政官蒙塔努斯(Spurius Tarpeius Montanus)和瓦鲁斯(Aulus Aternius Varus)提起制定了《关于最高罚款的安特尔纽斯和塔尔佩尤斯法》(*Lex Aternia Tarpeia de multa maxima*)。该法以及此后于公元前452年制定的《梅内纽斯和塞克斯求斯法》(*Lex Menenia Setia*)都规定了长官罚款的最高限额，即2只羊和30头牛，或2头牛和30只羊。See Adolf Berger, *Encyclopedic Dictionary of Roman Law*, in *Transactions of the American Philosophical Society*, New Series-Vol. 43, No. 2, 1953, p. 548；[古罗马]西塞罗：《论共和国 论法律》，王焕生译，法律出版社1997年版，第93页；齐云、徐国栋：《罗马的法律和元老院决议大全》，载徐国栋主编：《罗马法与现代民法》(第8卷)，厦门大学出版社2014年版，第178页。

女过于严苛或放纵，子女不遵从父母[①]；奢侈的生活方式或过度的开支；疏于耕作土地[②]；虐待奴隶或门客；从事不名誉的职业或行当，如在剧场演出；骗取遗产；欺诈孤儿；等等。

其二，公共生活领域的不当言行。包括公职人员或针对公职人员的不当言行：公职人员的行为方式不符合其尊严，如受贿；对监察官的严肃询问而不合时宜的开玩笑[③]；作伪证或发伪誓；在军队中疏忽大意、

① 普鲁塔克在加图传记中记载了一则事例：元老院议员路求斯·昆图斯（Lucius Quintus）由于在酒宴上对其宠儿过于放纵顺从，被加图驱逐出元老院和骑士的行列；另一位元老院议员马尼流斯（Manilius）因为在白天当着女儿的面拥抱了他的妻子也被加图驱逐。参见普鲁塔克著，黄宏煦主编：《希腊罗马名人传》（上册），陆永庭、吴彭鹏等译，商务印书馆1990年版，第362~363页。

② “若有人任由其土地荒芜，不加照管，既不耕耘又不锄草；或疏于管理他的树木或葡萄藤的，并非不受处罚。此处罚属于监察官的工作，监察官将把他们贬为‘等外民’（*aerarius*）。”参见［古罗马］奥卢斯·革利乌斯：《阿提卡之夜》（1~5卷），周维明等译，中国法制出版社2014年版，第241页。

③ 奥卢斯·革利乌斯在《阿提卡之夜》中记载了3则监察官对那些开不合时宜的玩笑，甚至只是对在他们面前打呵欠的人，给予严厉处罚的例子：（1）监察官正在进行有关婚姻的严肃誓约，他按惯例问立誓者：“发自真心地说，你有妻子吗（*ut tu ex animi tui sententia uxorem habes*）？”这是监察官在国势调查中询问被调查者婚姻状况时通常的询问程式，而立誓者是个爱开玩笑的轻薄浪子，好插科打诨，他就认为这是个恶作剧的好机会，因此在监察官如是问他之时，他答道：“我有妻子，可时凭赫拉克勒斯起誓，并非如我心意（*habeo equidem uxorem sed non hercle ex animi mei sententia*）。”于是，监察官因其不合时宜的玩笑而把他贬为“等外民”，还记录下了原因：因其对监察官所开的粗鄙无理的玩笑。（2）一个人被他的朋友当证人召来法庭，却在法庭上昏昏入睡，鼾声如雷，监察官遂因为其漫不经心、随随便便而决定对其进行处罚。好在此人发誓说实在是因为患有瞌睡症而支持不住睡意，方免于承受本已确定的罚金。小西庇阿，即普布流斯·西庇阿·阿非利加努斯（Publius

表现怯懦、不服从命令;使公共马匹处于不良状态。①

其三,有损公共道德的言行。监察官可能通过告示禁止某些悖于公共道德的言行,如果违反告示的规定,则会被记过并降等。

(二)监察官记过的后果

被监察官记过的后果非常严重,它会改变该市民在城邦中的身份地位,被从部落中除名,降为"等外民"(*tribu movere et aerarium facere*),即被从百人团大会的5个等级中排除。②早期,这种降等会带来极为不利的后果,意味着对其所有的财产都要征税,而不限于

Scipio Africanus)在担任监察官时,在其一篇演讲中提到了上述这则故事。(3)马苏流斯·萨宾(Massurius Sabinus)在其《记事录》(*Memorial*)中记载了这样一个事例:公元前159年,当监察官普布流斯·西庇阿·纳西卡(Publius Scipio Nasica)和马尔库斯·波皮流斯(Marcus Popilius)视察骑士时,发现有一匹马瘦骨嶙峋,喂养不周,而骑马的人则肥头大耳,红光满面,他们就问:"为什么你照顾你自己胜过你的坐骑?"那人答道:"我照顾我自己,而奴隶斯塔求斯(Statius)照顾马。"此种回答显得非常无礼,结果那人按惯例被贬为"等外民"。参见[古罗马]奥卢斯·革利乌斯:《阿提卡之夜》(1~5卷),周维明等译,中国法制出版社2014年版,第255~256页。其中第一则事例也被西塞罗记录了下来,并明确这里的立誓者是路求斯·波尔求斯·纳西卡(Lucius Porcius Nasica)。参见[古罗马]西塞罗:《论演说家》,王焕生译,中国政法大学出版社2003年版,第411页。

① "某个罗马的骑士所养的马看起来瘦骨嶙峋、不堪入目,就属于疏忽(*inpolitiae*),这个词的意思,就跟你说疏于照顾(*incuriae*)一样",最终该骑士被贬为等外民。[古罗马]奥卢斯·革利乌斯:《阿提卡之夜》(1~5卷),周维明等译,中国法制出版社2014年版,第241页。

② 有学者认为,"降为等外民"作为监察官记过的后果,主要出现在共和国中期,在共和国后期,"降为等外民"可能不是因为监察官记过,而是监察官施加的一种单独的惩罚。参见[英]安德鲁·林托特:《罗马共和国政制》,晏绍祥译,商务印书馆2016年版,第177页。

地产,而且还因为降等从而使其丧失选举权和被选举权。如果是元老院议员,被降等则意味着在此后的元老遴选时丧失元老院议员资格。前文已述,国势调查与元老遴选是分开进行的,元老在国势调查期间被监察官记过并不立即导致元老资格的丧失,但在下一次遴选元老时则可能会被排除在元老院名单之外。[①] 但在马上要提到的克劳丢斯改革后,被监察官记过并不影响其担任公职的能力,如果被除名的元老此后当选了贵族官职的话,仍可以恢复元老院议员的资格。如果是骑士,被降等则伴随着丧失骑士资格(*ademptio equi*),被责令"卖掉马匹"(*vende equum*)。[②]

后来,阿皮尤斯·克劳丢斯进行了改革,等外民被纳入城市部落,因而等外民与部落民之间的区别不复存在,此后,从部落中除名或降为等外民,则只意味着从乡村部落移入不太体面的城市部落,尤其是那一对

① 比如,李维在《罗马史》24,18 中记载,作为元老院成员的财务官梅特鲁斯(Metellus)因其在坎尼会战中的不当行为于公元前 214 年被监察官从其部落中除名,降为等外民,但他是在公元前 209 年,即下一次元老遴选的时候才被从元老院除名。See also W. Jeffrey Tatum, *The Lex Clodia de Censorial Notione*, in *Classical Philology*, 1990, 85(1), p. 37.

② See "Censor", in William Smith, LLD, William Wayte, G. E. Marindin (eds.), *Dictionary of Greek and Roman Antiquities*, London: John Murray, 1890. Recited from http://perseus. uchicago. edu/cgi-bin/philologic/getobject. pl? c. 17:1:151. antiquities, 2019-12-10.

不名誉的低劣部落——埃斯奎林和苏布拉纳。[①]

被监察官记过还关乎被记过者的名誉(*nomine*),使之遭受"社会唾弃"(*ignominia*),这是一种比"破廉耻"(*infamia*)的后果要轻一些的名誉减损,不会影响其担任公职的能力和参军的能力,但会丧失提起民众诉讼的能力,也会被排除在贵族等级之外。[②] 尤其是对于共和时期的罗马,一个"以关荣和良好名声为中心来实现雄心的社会"来说,任何形式的不名誉都是一个严重问题。[③]

考虑到监察官的同僚制,监察官记过的生效需要得到两位监察官的一致首肯,而且监察官的裁决并不具有既判力(*res iudicata*),其效力不具有持久性,可以为后任监察官或某项法律所移除。[④] 即便如此,它首

---

① 也有学者提出,将被记过者从部落中除名(从乡村部落转入城市部落)是一般性惩罚,而降为等外民则意味着丧失选举权和被选举权,只针对情节严重者。这种观点没有考虑到阿皮尤斯·克劳丢斯对等外民身份的变革。参见陈可风:《罗马共和宪政研究》,法律出版社2004年版,第78~79页。

② 参见黄风编著:《罗马法词典》,法律出版社2002年版,第186页、第124页。

③ 参见[英]安德鲁·林托特:《罗马共和国政制》,晏绍祥译,商务印书馆2016年版,第178页。

④ See "Censor", in William Smith, D. C. L., LL. D, *A Dictionary of Greek and Roman Antiquities*, London: John Murray, 1875, p. 263-264.

次使罗马市民对该处罚的严酷性感到恐惧。[①] 然而，女性，由于不在部落之中，她们既不纳税，也不能参军，更不享有政治权力，则完全不在监察官的控制范围。

二、监察官的经济制裁与禁奢

对奢侈行为的更加直接的打击是，对于拥有某些昂贵的财物者施以严重的经济处罚。我们知道，在国势调查中，家父作出财产申报后，监察官会对其申报的财产价值予以评估，而出于各种目的，监察官可以在登记时提高申报财产的估价。根据李维在《罗马史》4,24,7 和 9,34,9-10 中的记载，出于对提议制定法律将监察官的任职期限限定为不超过 18 个月的独裁官马默库斯的报复，时任监察官盖尤斯·富流斯（Gaius Furius）和马尔库斯·革伽纽斯（Marcus Geganius）将马默库斯逐出其部落，降为等外民，剥夺其市民权，并将其财产的估价提高 8 倍。但很多情况下，监察官出于抑制奢侈的目的提高公民申报财产的估价进而征收更多的税，这种处罚可谓釜底抽薪。比如，拥有的首

① 西塞罗：《论共和国》4,6,6："监察官的判处除了使被判处者羞愧外，几乎不会给他带来任何其他损害。就这样，既然任何一种这样的判处关系的只是名誉，因而这样的惩处被称为'丧失名誉'（*ignominia*）。据说国家第一次对他们的严酷感到恐惧。" Cfr. Leonardo Ferrero e Nevio Zorzetti（a cura di）, *Opere Politiche e Filosofiche di M. Tullio Cicerone*（Volume primo）, Torino：Unione Tipografico - Editrice Torinese, 1974, pp. 354-355. 中译文参见［古罗马］西塞罗：《论共和国 论法律》，王焕生译，法律出版社 1997 年版，第 136 页。

饰、衣物或车辆的价值超过 1.5 万阿斯者，按其实际价值的 10 倍来估计；再如，自上一次国势调查以来，所购买的 20 岁以下的奴隶的价值超过 1 万阿斯者，同样按其实际价值的 10 倍来估价（Liv. 39,44,2-3）。[①]

当然，即便没有在登记时提高申报财产的估价，监察官也可以通过在事后提高税率的方式达到此等目的。比如，老加图在担任监察官进行国势调查时，“将首饰、服饰、宝石、家具、餐具等凡是价值超过一千五百德拉克马的均按十倍的价格估价，用提高估价的办法来提高征收的税额。然后对所估价格按千分之三征税（而此前这一税率为千分之一）。其目的就是要使这种财产占有者承担重负，同时使他们看到拥有同样财产但生活简朴的人向公共财库交的款就少。他以为这样一来人们可能就会摒绝铺张浪费”。[②]

这种通过经济处罚来打击奢侈行为的做法只为老加图和弗拉米努斯等少数监察官所采，但是其后的监察官基本延续了这种对待奢侈行为的严厉态度。比如，前文提到的，公元前 169 年，当监察官提贝流斯·森普罗纽斯·格拉古在晚上回家走过罗马的街道时，人们都会熄灭灯火，唯恐有沉湎宴乐之嫌。

---

① See also A. E. Astin, F. W. Walbank, M. W. Frederiksen, and R. M. Ogilvie (eds.), *The Cambridge Ancient History* (2nd ed.), Vol. 8, Cambridge: Cambridge University Press, 2008, p. 183.

② [古希腊]普鲁塔克著，黄宏煦主编：《希腊罗马名人传》（上册），陆永庭、吴彭鹏等译，商务印书馆 1990 年版，第 363 页。

第四章　罗马禁奢法的历史遗产：何以继承

在 200 年左右的历史进程中以十余部专门性立法来规制同一类事项，罗马禁奢法无论在罗马史上还是人类法律史上无疑都是一个传奇的存在，其留下的历史遗产值得我们不断去发掘和反思。前文更多从事实描述的角度对罗马禁奢法的文本及其运作机制进行的展示，让我们对罗马禁奢法的全貌有了较为直观的感知。但是这种历史遗产何以继承呢？我们都清楚，任何制度尤其是法律制度都因应特定的历史环境，脱离具体的语境单纯谈论规范或借鉴，无异于学术耍流氓。同任何其他制度一样，既然罗马禁奢法也有其特定的历史语境，那么我们在今天重新思考借鉴或继受它的时候，除了直面它的真容，扒皮抽筋剔骨的解构更为必要。前文提到，传统上对罗马禁奢法的解释通常从三个方面着手：维护社会道德、保护家庭财产、抑制来自富裕的骑士阶层的选举竞争。虽然其解释力都存在一定局限性,但也都在一定程度上可以证成禁奢法的价值预期,沿着这条线索,下文我们将从道德—社会—政治—权力的视角进一步解读罗马禁奢法。

第一节　罗马禁奢法的“道德—社会”之维

一、奢侈对传统习俗的冲击

从维护传统道德的角度来解释罗马的禁奢法,由来已久,古罗马时期的作者们就指出了禁奢法旨在对抗奢侈的蔓延,恢复罗马市民的传统道德习俗。直到20世纪初,仍有学者持类似观点。人们普遍认为,奢侈是所有道德恶疾之源,沉溺于奢侈有损传统的美德,特别是身心的抵抗力;耽于奢侈还会强烈地刺激贪婪,因此是滋生腐败的一个主要原因;奢侈和过度花费也是对家庭财产和个人财产的不当处分。①

几个世纪以来,罗马人的基本生活原则都是俭朴和节制,罗马的道德理念就是建立在这种古老的习俗之上,对节俭的推崇是罗马共和国的传统。② 正如李维在《罗马史》开篇就写道的,“确实从未有过哪个共和国(*res publica*)更伟大,更富有德行(*sanctior*),树立

---

①　See A. E. Astin, F. W. Walbank, M. W. Frederiksen, and R. M. Ogilvie(eds.), *The Cambridge Ancient History*(2nd ed.), Vol. 8, Cambridge: Cambridge University Press, 2008, p. 184.

②　Diler Tamer, *Lex Oppia and the Sumptuariae Leges*, in *Annales de la Faculté de Droit d' Istanbul*, 39(56), p. 124.

了如此多的良好榜样，以至于贪婪和奢侈才如此晚地一直未能渗入那个社会，清贫和节俭在那里能如此长久地才不再受到那么巨大的推崇。确实是财富愈少，贪欲愈少：只是不久前财富才带来贪婪，泛滥的逸乐带来欲望，为了奢侈和纵欲而不惜损害和毁灭一切”。“随着国家纲纪的逐渐下滑，社会风尚首先是可以说逐渐败坏，然后是愈来愈衰微，终于开始倾覆，而后到了我们这个时代，我们既忍受不了我们自己的过失，也忍受不了所采取的救治措施”。[①]

随着古人的习俗被逐渐抛弃，社会开始退化，而与传统格格不入的奢侈在其中发挥了重要作用，因此奢侈生活是对罗马城邦的一种重大威胁。塔西坨也指出，奢侈损害了传统的纪律，进而损害了罗马国家的基础：“士兵的力量被奢侈之风腐蚀了，这种奢侈之风同古代的纪律和我们祖先的遗训形成了鲜明的对比。在我们祖先的时候，勇气而不是金钱（*virtue quam pecunia*）构成了罗马国家的更好的基础”。[②]

在奢侈的侵蚀下，共和中后期的罗马共和国已经像撒路斯提乌斯描述的那样堕落不堪、声名狼藉。西塞罗在《论共和国》中不无痛惜地总结说，古老的风习

① Liv.，*Praefatio*，9-11. 中译文在王焕生译本基础上略有改动。参见［古罗马］提图斯・李维著，［意］桑德罗・斯奇巴尼选编：《自建城以来》（第一至第十卷选段），王焕生译，中国政法大学出版社 2009 年版，第 5 页。

② ［古罗马］塔西佗：《历史》，王以铸、崔妙因译，商务印书馆 1981 年版，第 136 页。

和人的力量是罗马共和国的基础,古时的风习培养了许多杰出的人,而杰出的人又维护古老的风习和祖先的制度,不过,当共和国到了中后期,尽管它仍像一幅美丽的图画,然而其色彩因年代久远正在褪色,被称为罗马共和国存在基础的古老的风习已经完全成为过去而被遗忘,以至于不仅不再受到遵守,甚至都不为人知晓。①

二、罗马精英对奢侈的反击

传统的简朴习俗早已成为记忆,奢侈之风形势日益严峻,传统罗马文化不断受到外来文化的冲击和挑战,处于此等境遇的罗马共和国引起很多人的担忧,以老加图、小西庇阿等为代表的贵族保守派人士强烈反对散漫奢侈的“希腊生活方式”,而倡导回归朴素节俭的传统“罗马生活方式”。② 罗马人确实也在抵制奢侈之风方面进行了很多努力。公元前 161 年,即在《范纽斯法》的提起制定者盖尤斯·范纽斯·斯特拉波担任执政官的那一年,甚至发生对希腊人的驱逐运动,除少数有罗马人庇护者外,希腊哲学家、修辞学家被悉数

① 参见[古罗马]西塞罗:《论共和国 论法律》,王焕生译,法律出版社 1997 年版,第 143~144 页;[古罗马]西塞罗:《国家篇 法律篇》,沈叔平、苏力译,商务印书馆 1999 年版,第 115~116 页。

② See A. E. Astin, F. W. Walbank, M. W. Frederiksen, and R. M. Ogilvie(eds.), *The Cambridge Ancient History*(2nd ed.), Vol. 8, Cambridge: Cambridge University Press, 2008, p. 465-466.

逐出罗马。[①] 阿忒奈乌斯在《智者盛宴》12,547a 中提到,在路求斯・波斯图密乌斯・阿尔比努斯(Lucius Postumius Albinus)任执政官时(公元前 173 年或公元前 154 年),宣传快乐主义思想的伊壁鸠鲁派人士阿尔凯乌斯(Alcaeus)和菲利斯库斯(Philiscus)被逐出罗马城。[②]

此外,以监察官为代表的精英人士着力于匡扶传统的生活方式。尤其是在老加图与弗拉库斯担任监察官期间。二人都具有保守的政治和文化品格,致力于维护简朴的生活方式,捍卫罗马传统,并同时于公元前 195 年担任执政官,又于公元前 184 年同时成为监察官。他们的当选监察官使公元前 2 世纪早期的政治生态呈现出另一个特点,即他们非常强调"习俗"(*mores*)作为人的行为标准。当然,这并非创新,监察官的主要职责之一就是维护公共道德和社会风纪,但相对于监察官的其他职责,如国势调查,老加图和弗拉库斯

---

① 根据苏维托尼乌斯的记载:"盖乌斯・法尼乌斯・斯特拉波和马尔库斯・瓦列利乌斯・麦撒拉执政时(161 B. C.),大法官马尔库斯・庞波尼乌斯向元老院提出了一个建议。元老院讨论了哲学家和修辞学家问题之后作出决议,要求大法官马尔库斯・庞波尼乌斯提高警惕,保证为了国家利益遵守自己的就职誓言,不许哲学家和修辞学家居住罗马。"参见[古罗马]苏维托尼乌斯:《罗马十二帝王传》,张竹明等译,商务印书馆 1995 年版,第 358 页。对该法令的深入解读,可参见姬庆红:《古风与新潮的碰撞与交融——古罗马共和时期的两项教师法令释读》,载《首都师范大学学报》(社会科学版)2013 年第 6 期。

② 转引自李艳辉:《评阿忒奈奥斯的"奢侈误国"理念及其循环史观》,载杨共乐主编:《史学理论与史学史学刊》2014 年卷(总第 12 卷),社会科学文献出版社 2014 年版,第 229 页。

更加关注如何以习俗来引领社会风气，尤其是罗马上层社会人士的行为方式。[①] 我们知道，监察官履行其维护公共道德和社会风纪之职责的方式通常是通过"监察官记过"的方式对市民的名誉进行评判，逃避兵役、滥用职权、作伪证、纵情于奢侈享乐等行为是监察官经常处罚的事由，所有监察官基本上每年都会有所作为。但是在第二次布匿战争以后，情势发生了微妙的变化，胜利的喜悦笼罩了罗马人，公元前 199 年，非常意外的是，监察官没有将任何一个人从其所属的阶层中逐出，此后的公元前 194 年和公元前 189 年也仅有个别人受到非常轻微的处罚。这种现象在以传统道德观念的维护者自居的老加图和弗拉库斯看来是不可容忍的，誓要将正在腐蚀罗马社会的奢侈现象和软弱彻底粉碎的二人最终于公元前 184 年获得监察官职位。在他们担任监察官期间，以严厉著称，被逐出元老和骑士阶层的人数急剧增长，比较引人注目的事例有如，公元前 192 年的执政官路求斯·昆克求斯·弗拉米尼努斯（Lucius Quinctius Flamininus，约公元前 228 年~公元前 170 年）被剥夺元老身份，这种事情在罗马的历史上已经近百年没有发生过了；公元前 190 年的执政官，被称为亚洲征服者的路求斯·科尔内流斯·西庇阿（Lucius Cornelius Scipio Asiaticus）被逐出骑士

---

① See A. E. Astin, F. W. Walbank, M. W. Frederiksen, and R. M. Ogilvie (eds.), *The Cambridge Ancient History* (2nd ed.), Vol. 8, Cambridge: Cambridge University Press, 2008, p. 181.

阶层,我们要知道,这位西庇阿可是在第二次布匿战争中打败汉尼拔并获得非洲征服者称号的大西庇阿(Publius Cornelius Scipio Africanus,公元前235年~公元前183年)的弟弟。①

在老加图的很多演说中我们都可以发现,与奢侈行为的斗争是老加图始终致力从事的主要活动之一。实际上,在当时的社会背景下,与奢侈行为的斗争并非老加图等少数人士的专利,元老院和民众大会在很多时候也都站在这一阵营,支持禁奢立法。

当然,无论是监察官的举措还是禁奢法律,罗马统治阶层之所以在规制奢侈行为方面不遗余力,还在于这样一种担忧:过度奢华的宴饮(奢侈行为的主要类型,也是禁奢法主要的规制对象)以及过多的宴饮宾客所造成的物质混乱,使人担心这可能成为进一步的政治混乱的源头。② 奢侈之风的大行其道,传统的行为规范面临新的价值体系的冲击,还使社会团结问题面临挑战,不同阶层的罗马人之间的隔阂更加严重,禁奢法律也寄望于在根除这些日益严重的问题方面有所作为。③

---

① See A. E. Astin, F. W. Walbank, M. W. Frederiksen, and R. M. Ogilvie(eds.), *The Cambridge Ancient History* (2nd ed.), Vol. 8, Cambridge: Cambridge University Press, 2008, p. 182-183.

② Cfr. Emanuela Savio, *Intorno alle Leggi Suntuarie Romane*, in *Aevum*, 1940, 14(1), p. 193-194.

③ Diler Tamer, *Lex Oppia and the Sumptuariae Leges*, in *Annales de la Faculté de Droit d' Istanbul*, 39(56), p. 121.

三、外来文化甄选机制失灵

所有对罗马社会奢侈的来源的分析，都将其指向某个外在的原因，认为这种“恶”是从外部特别是从东方引入罗马的，但究竟哪一个起源才是罪魁祸首，从来没有公论。李维和老普林尼都强调，奢侈之风在公元前 2 世纪开始出现于罗马，是伴随亚洲征服者西庇阿将军和执政官乌尔索（Gnaeus Manlius Vulso）分别从叙利亚和小亚细亚凯旋而进入罗马的。李维将奢侈溯源于公元前 187 年乌尔索（Gnaeus Manlius Vulso）从亚洲凯旋，并且还列举了此次凯旋所带来的各种奢侈的形式：华丽的家具、挥霍的宴会以及相关的娱乐活动（Liv. 39,6,7）。老普林尼也认为，道德衰落缘起于与东方的接触，但他将罗马道德衰落的起始时间界定为公元前 189 年，西庇阿对亚洲的征服首次将奢侈带到意大利，而帕加马国王阿塔鲁斯（Attalus）的遗嘱（将王国赠与罗马）对罗马人道德的破坏更为严重，因为罗马人“不仅学会了欣赏外国的财富，而且渴望得到它们”。[①] 波利比阿则认为，公元前 168 年，随着第三次马其顿战争的胜利，罗马获得对马其顿的绝对控制，其大量的财富输入罗马，放荡之风兴起（Polybius 32,11）。活跃于公元前 1 世纪的历史学家维雷尤斯·帕特尔库鲁斯（Velleius Paterculus）提到，大西庇阿为罗

---

① Pliny, *N. H.* 33,53,148-150.

马人开启了通往权力之路,小西庇阿为罗马人开启了通往奢侈之路。[①] 公元1世纪的另一位历史学家马克西姆斯(Valerius Maximus)将罗马"堕落"的开始追溯到公元前179年对马其顿国王菲利普五世的胜利。[②] 撒路斯提乌斯在《喀提林阴谋》中认为,苏拉远征亚细亚的军队第一次感染并带回了奢侈之风。[③] 阿忒奈乌斯在《智者盛宴》12,543a中引述大马士革人尼古拉斯的话,提到鲁库鲁斯(Lucius Licinius Lucullus,公元前118年~约公元前56年)从东方凯旋后,放弃了古时的节制作风,采用了铺张的生活方式,成为罗马人中各种奢侈形式的始作俑者。[④] 阿庇安则将罗马感染奢侈之风的时间前推到萨莫尼安战争期间,来自意大利本土,他在《萨莫尼安人的历史(片段)》中提到,公元前343年,罗马在坎帕尼亚留下的一支驻军沾染了当地

---

① Velleius Paterculus, *Historiae Romanaem*, 2, 1.

② Valerius Maximus, *Factorum et Dictorum Memorabilium*, 9, 1, 3.

③ "苏拉为了赢得他带到亚细亚去的军队的忠诚,他竟然违反我们祖宗的惯例(*contra morem maiorum*),允许他们过骄奢淫逸的生活,放松了纪律对他们的约束。在温柔乡一般的、可以纵欲的国土上所过的无所事事的日子很快便使他的士兵们的好战精神萎靡下来了(*molliverant*)。……正是在这个地方,罗马人民的一支军队第一次学会了谈情说爱和饮酒作乐;学会了欣赏雕像、绘画和刻有花纹人物的酒瓮并从私人的家庭和公共场所盗窃这类东西,学会了劫掠神殿并亵渎无分圣俗的一切事物。"参见[古罗马]撒路斯提乌斯:《喀提林阴谋 朱古达战争》,王以铸、崔妙因译,商务印书馆1996年版,第101~102页。

④ 转引自李艳辉:《评阿忒奈奥斯的"奢侈误国"理念及其循环史观》,载杨共乐主编:《史学理论与史学史学刊》2014年卷(总第12卷),社会科学文献出版社2014年版,第228页。

人的奢侈放纵习气，他们的生活习惯开始腐化。①

虽然古典作家们对罗马感染奢侈之风的时间和来源说法不一，但对奢侈之所以产生的机制的认识，似乎争议不大。帝政初期的历史学家维雷尤斯·帕特尔库鲁斯的看法为其典型：天下无敌（指迦太基的灭亡）造成纪律涣散、警惕放松，一旦松懈下来，对武力的追求就会让位于对享乐的追求，这种追求首先表现为公共场合的堂皇奢华，但很快就出现了个人生活的奢侈和软弱的气息。②

面对奢侈之风的冲击，无论是监察官的奋力抵御还是禁奢法的强势介入，这些措施无疑都是治标之举。长期以来，罗马人早期之所以能够抵制奢侈之风，固守美德、批判地接收异族文化是重要原因。他们一方面遵守古老习俗；另一方面从被征服者所遗留的风纪中

---

① 参见［古罗马］阿庇安：《罗马史》（上卷），谢德风译，商务印书馆 1978 年版，第 37 页。

② 参见［美］克里斯托弗·贝里：《奢侈的概念：概念及历史的探究》，江红译，上海人民出版社 2005 年版，第 70 页。塔西佗用实例具体说明了这种机制是如何被蓄意利用的：塔西佗的岳父，不列颠行省总督阿格利科拉（Cnaeus Iulius Agricola），对不列颠人采取的就是以奢侈之魅力让他们安于闲适生活的温水煮青蛙策略。阿格利科拉鼓励人们修建庙宇、公共场所和住宅，并对此予以"公家的协助"。他还向不列颠上层阶级的子女提供学习罗马文化等自由教育的机会，使他们不断罗马化。最后的结果是，不列颠人一步步迈向堕落的深渊，"他们逐渐为一些使人堕落的器物设备如花厅（*porticus*）、浴池和风雅的宴会等所迷惑"，议事厅和浴场越来越多，宴会聚餐越来越奢华，曾经好战"野蛮"的不列颠人就这样在不知不觉中被改造得日益奴性化，"而他们却愚笨得把这些东西称为'文化'"。参见［古罗马］塔西佗：《阿古利可拉传　日耳曼尼亚志》，马雍、傅正元译，商务印书馆 1959 年版，第 17 页。

选取高贵者予以接收，将无用者摒弃，罗马人对待外来文化的这种态度是他们能够抵制奢侈之风侵袭的重要原因。然而，所有这些努力在与奢侈之风的较量中统统败下阵来。[①] 原本能够在固守传统美德的基础上择优继受外来文化的罗马人，对外来文化的选择逐渐良莠不分。上述前瞻性地认识到由于财富的积聚而带来的生活方式的变化所具有的长远政治意义因而倡导恢复传统生活方式的诸位志士，对于这种改变也是苦无良策，不得已而诉诸禁奢法律以寻求改变，但禁奢法律也没有取得什么实质性效果。简单纯朴的罗马生活方式被另一种新的生活方式取代已是难以阻止的潮流。[②]

第二节　罗马禁奢法的“社会—政治”之维

一、禁奢与抑制社会政治衰落

对奢侈问题的道德讨论和禁奢法的出台之间的关系，在古代文献中经常被强调。它们仅从道德层面来看待该问题，对奢侈的道德谴责被认为蕴含在法律之

① 参见李艳辉：《评阿忒奈奥斯的“奢侈误国”理念及其循环史观》，载杨共乐主编：《史学理论与史学史学刊》2014年卷（总第12卷），社会科学文献出版社2014年版，第229~230页。

② See J. A. Crook, Andrew Lintott and Elizabeth Rawson (eds.), *The Cambridge Ancient History* (2nd ed.), Vol. 9, Cambridge: Cambridge University Press, 2008, p. 59.

中，坚持认为出台奢侈法律是出于道德的考虑，罗马的腐化和政治不稳定被认为是道德衰落的结果，其中奢侈扮演着重要角色。而在关于道德的任何论述中，监察官的角色又是至关重要的，他们是统治阶层的道德的维护者。但对禁奢法的制定以及监察官对禁奢法的捍卫不能仅仅从道德的角度或者个人强硬性格的角度进行解读，在制定禁奢法律时，道德并非唯一的更非决定性的推动因素，道德主义者对罗马世风日下的关注掩盖了对禁奢法律的颁布起到决定性作用的社会、政治和经济层面的其他问题。决定使用立法措施介入过去一直由监察官负责的领域，统治阶层对控制奢侈的浓厚兴趣以及其他类似措施的存在，都清晰地表明，制定禁奢法律是一项具有社会意义的政治决定。[①] 过度奢华的宴饮以及过多的宴饮宾客所造成的物质混乱使共和国的统治者们感到担忧，因为这可能成为进一步的政治混乱的源头。[②] 在公元前 2 世纪的罗马智识者眼中，奢侈已然成为社会和政治衰落的主要原因，奢侈因其对国家的潜在威胁已然上升为一个政治问题。

要理解禁奢立法对于抑制社会—政治衰落的重要性，需要在一个更大的背景下来考量：罗马统治阶层的

---

① See Emanuela Zanda, *Fighting Hydra-Like Luxury: Sumptuary Regulation in the Roman Republic*, London: Bristol Classical Press, 2011, p. 49.

② Cfr. Emanuela Savio, *Intorno alle Leggi Suntuarie Romane*, in *Aevum*, 1940, 14(1), p. 194.

总体政策。虽然从原始文献传达的信息来看,每项禁奢法的制定都是奢侈增加的结果,或者是因为先前法律的失败,但是实际上,禁奢法的制定不是偶然的,而是统治阶层出于政治原因而干预公民私人生活的一种方式。禁奢法律是罗马元老院阶层为捍卫其权力所采取的系列措施的一部分。问题出现在布匿战争快要结束的时候,当时新的个人经济机遇和财富增长令统治阶层感到担忧。这种问题既是社会—政治问题,也是经济问题。罗马元老院阶层需要捍卫和保护其作为其权力基础的财富,同时,需要面对新的问题:私人出于政治原因对财富的使用,将财富用于增加个人的政治权力。

二、禁奢与控制权力阶层竞争

在理解这个问题时,“竞争”是一个关键词。首先,元老院阶层需要限制其成员的花费,从而限制在花费方面以及在财富与权力展示方面的竞争。一个元老的奢侈花费可能带动统治阶层的其他成员做同样的事,这会使他们的经济权力面临严重危险。根据20世纪杰出的古代法学者大卫·道贝(David Daube,公元1909~1999年)的理论,罗马禁奢法的目的,表面上看,是要抑制一个人通过过度慷慨而毁掉自己,实际上,是要使那些不能或不愿过度慷慨的人从过度慷慨的社会压力下解放出来;统治阶层的成员不想冒被认为不够慷慨的风险,也不想冒与其他人竞争的风险,因此，通过制定法律限制奢侈，从而使他们从需要花费的社会义务中解脱出来。[①] 因此，禁奢法是罗马统治阶级用于自我防卫的武器，以此来保护其权力的基础，其防卫的敌人不是来自外部，而是来自统治阶级的成员之间在生活的各个方面的激烈竞争，其目的是要保护元老院阶层免于内部竞争，这种竞争使统治阶级的稳定性和祖产处于危险之中，同时，保护最高财产阶级的构成。[②]

《奥皮尤斯法》最能说明问题。该法制度的历史背景是，罗马正陷于与汉尼拔的战争，为了保卫罗马，战胜外部的敌人，人们认识到，贵族与平民之间必须结成真正的同盟。因此，在坎尼会战（公元前 216 年）的下一年，保民官就对罗马妇女的生活方式进行了规制，使她们放弃奢华的生活，过一种古人所倡导的简朴生活。但是很遗憾，该法并没有得到所有贵族成员的严格遵守。根据李维在《罗马史》26，36，1-8 中的记载，该法颁布的 5 年后，公元前 210 年的执政官马尔库斯·瓦勒流斯·莱维努斯（Marcus Valerius Laevinus）号召所有的罗马人将自己的金银铜等财富全部捐给已经被战争掏空的国库，只为自己、妻子和子女保留指环

---

① See David Daube, *Roman Law: Linguistic, Social and Philosophical Aspects*, Edinburgh: the University Press, 1969, p. 117-128.

② See Emanuela Zanda, *Fighting Hydra-Like Luxury: Sumptuary Regulation in the Roman Republic*, London: Bristol Classical Press, 2011, p. 52-53, 110.

(*anulos*),为儿子保留徽章(*bullam*),为妻子和女儿每位女性保留一盎司黄金。[①] 这个数量可是《奥皮尤斯法》规定的数量的2倍。这就说明了,《奥皮尤斯法》并非要禁止女性占有超过半盎司的黄金,而只是禁止她们通过佩戴重量超过半盎司的金饰来炫耀其财富。[②]

其他一些措施也同样表现出统治阶层对其构成和祖产的关心,如著名的禁止元老经商的《关于元老的克劳丢斯法》。该法表面上限制了元老院阶层的经济活动,实际上是为了确保其祖产免遭不必要的风险,因为商业活动的结果不可预期,这样会使元老院阶层的财产承受很大的风险,从而带来政治上的不稳定性。从这个意义上来看,禁奢法与《关于元老的克劳丢斯法》具有相同的宗旨。

因而,禁奢法的制定从表面上看好像是掌握权力的精英阶层的"作法自毙",但实际上禁奢法的提议以及立法进程基本上都控制在该阶层手中,对奢侈的法律规制之举在某种意义上只是精英阶层内部的一种自

① 参见[古罗马]提图斯·李维著,[意]桑德罗·斯奇巴尼主编,[意]乔万尼·罗布兰诺选编:《自建城以来》(第二十一至第三十卷选段),王焕生译,中国政法大学出版社2015年版,第149页。Cfr. anche Emanuela Savio, *Intorno alle Leggi Suntuarie Romane*, in *Aevum*, 1940, 14 (1), p. 176-177.

② Anna Bottiglieri, *La Legislazione sul Lusso nella Roma Repubblicana*, Napoli: Edizioni Scientifiche Italiane, 2002, p. 106.

我规制。①

三、禁奢与抵御外部阶层入侵

前文我们就注意到非常重要的一点，禁奢法主要规制的是私人宴会。除了对宴会的法律调整之外，对于其他形式的奢侈性花费，罗马法很少染指或者只是暂时性规制。为何宴会在统治者眼中成为一种需要规制的威胁呢？这是因为，在古罗马社会，宴会与政治之间有着密切的联系，这是理解以饮宴的规制为主的禁奢法律的关键。关于宴会的政治意义和功能在前文第一章第二节已经强调过了，宴请对于罗马人的重要性，就像文艺沙龙对于 18 世纪法国贵族一样重要，也像凡尔赛的法庭对 17 世纪的贵族一样重要。当夜晚来临，罗马的上层人士、富裕的平民以及各种社团都热衷于举办宴会，他们宴请各层次的门客和朋友以及他们所宠爱的人。最理想的宴会更像一个沙龙或专题研讨

---

① 即便如此，也难以掩盖权力阶层内部在对待禁奢法的问题上有时存在的甚至是强烈的政治冲突，在这种冲突中时而一派处于上风，时而另一派占据优势。因此也就不要奇怪，比如，具有同样的道德目的的两部法律，支持《琴求斯法》的一方和支持《普布利求斯法》的一方竟是对手。Cfr. Anna Bottiglieri, *La Legislazione sul Lusso nella Roma Repubblicana*, Napoli: Edizioni Scientifiche Italiane, 2002, p. 114. 再如，前文提到过的共和时期一对著名的政治"冤家"，老加图和弗拉库斯。老加图在仕途上端赖弗拉库斯的提携，二人都是保守主义者且致力于维护简朴的传统生活方式，先是同时担任执政官，后又同时成为监察官，在他们任职期间，都强调"习俗"的重要性，注重以习俗来引领社会风气。就是这样一对具有相似理念的政治家，在对待是否废除《奥皮尤斯法》时却成为对抗激烈的双方的代表。

会。在宴会上,除了暴饮暴食那些惊艳味蕾的饕餮美食美酒,客人们还就某一主题或事项的发表看法,充分交流,并达成共识,进而获得选举支持,结成联盟,形成一种隐性的俱乐部。[①] 针对宴会的禁奢立法,表面上试图规制私人生活的某个方面,但其潜在所负载的重要社会意义和政治意义,即在于抑制这种经常出现在同等人之间以及恩主门客之间的慷慨行为成为一种具有严重的政治和社会后果的威胁。[②] 著名古代史学者道斯特(M. Dauster)在其最近一篇关于罗马禁奢法的研究论文中也证明,立法者旨在通过此等立法以及对随之而来的门客关系的建立或扩张进行监督,来维持对最高政治机构的控制。禁奢法律的主要目标是限制用金钱购买权力,以及对朋友网络和门客关系的任何增加进行规制。禁奢法律是政治精英抵抗外来者对其霸权的直接侵犯的一种捍卫措施。[③]

对参加宴会客人数量的限制彻底暴露了禁奢法的真正目的,它们所针对的是宴会本身。对共和时期乃至帝政时期的罗马人尤其是精英阶层而言,宴会从来

---

① 参见[法]菲利浦·阿利埃斯、乔治·杜比主编:《私人生活史·I·古代人的私生活:从古罗马到拜占庭》,李群等译,北方文艺出版社2009年版,第179~184页。

② See Emanuela Zanda, *Fighting Hydra-Like Luxury: Sumptuary Regulation in the Roman Republic*, London: Bristol Classical Press, 2011, p. 57.

③ See Molly Ann Rosser Dauster, *Roman Republican Sumptuary Legislation: 182-102*, in Carl Deroux (ed.), *Studies in Latin Literature and Roman History*, Vol. XI, Brussels: Latomus, 2003, p. 93.

都不仅是一项娱乐活动，而是一项承载着政治功能的社交活动，是上层人士在元老院和集议场等公务场所之外最为重要的社交平台，他们借此建立和巩固各种私人关系，就重要的政治议题非正式但往往具有决定意义的相互交流意见，从而影响罗马的政治进程。在这个意义上，我们才能准确理解罗马禁奢法对宴饮进行规制的真正意义，项庄舞剑（生活）意在沛公（政治）也！

这也就是为什么，就像我们在前文提到的，很多禁奢法通常都是由元老院发起的。元老院集团之所以不断促成此等主要关涉宴饮的奢侈花费的法律，是因为这触及他们的红线：在政治上有所企图者很可能利用奢华的宴会来俘获他人尤其是门客的支持从而达到某些政治目的，因为宴请他人是仅仅为了款待其朋友还是为了进行政治游说，是很难识别的，因此元老们试图通过禁奢法律来避免发生这种混淆的任何可能性，防止选举舞弊。总体来说，统治阶级频繁推出禁奢法，旨在回应外部对其霸权的威胁，此等法律尤其想要抑制新生的富裕平民和低等级的贵族的崛起。[①] 随着大量人口的涌入，某些政治投机者利用传统节日大搞宴会从而获得更多人尤其是门客的支持，将会破坏统治阶层内部的关系。因此，对庇主—门客关系的控制始终

① See Molly Ann Rosser Dauster, *Roman Sumptuary Legislation of the Republican Era C. 200-100 B. C.*, Thesis (M. A.) of Texas Tech University, 1996, p. 5, 13.

是统治阶层所关注的问题之一：公元前 209 年《普布利求斯法》旨在限制门客于农神节对庇主的馈赠；公元前 204 年的《琴求斯法》具有同样的旨趣。此外，公元前 181 年的《奥克尤斯法》与同年颁布的罗马史上第一部调整选举舞弊的法律《关于选举舞弊罪的科尔内流斯和贝比尤斯法》(*Lex Cornelia Baebia de ambitu*)①之间的内在关联也不容忽视。公元前 161 年的《范纽斯法》和公元前 159 年颁布的罗马史上第二部调整选举舞弊的法律《关于选举舞弊罪的科尔内流斯和富尔维尤斯法》(*Lex Cornelia Fulvia de ambitu*)②也存在类似的关联。公元前 182 年通过的一项元老院决议则限制了要求同盟者捐款用于罗马官员的庆典活动的可能性。这一时期所讨论的一个核心问题就是使用财政资源于政治活动的可能性，这也是关于选举舞弊的法律所调整的事项之一。可以说，罗马所有政治制度的安排都是为了达到对市民所从事的活动尤其政治活动的控制。禁奢法的价值基础当然也就不仅是道德层面的(甚至可以说这只是表面上的)，更主要的是要

① 由该年的执政官普布流斯·科尔内流斯·西第古斯(Publius Cornelius Cethegus)和马尔库斯·贝比尤斯·塔姆菲鲁斯(Marcus Baebius Tamphilus)提起，它规定犯选举舞弊罪者 10 年内无候选人资格。参见齐云、徐国栋：《罗马的法律和元老院决议大全》，载徐国栋主编：《罗马法与现代民法》(第 8 卷)，厦门大学出版社 2014 年版，第 187 页。

② 由该年的执政官多拉贝拉(Gnaeus Cornelius Dolabella)和诺比略尔(Marcus Fulvius Nobilior)提起，该法对选举舞弊罪规定了死刑。参见齐云、徐国栋：《罗马的法律和元老院决议大全》，载徐国栋主编：《罗马法与现代民法》(第 8 卷)，厦门大学出版社 2014 年版，第 191 页。

达到共同体对其成员的实际控制，从而抑制大的门客集团的产生并削弱可能对选举产生的不当影响。[①] 前文提到，据马克罗比尤斯所说，法律甚至规定人们在用餐时必须敞开家门，因为这样可以更加容易地进行控制和监督。

统治阶层的禁奢行为，其旨趣无疑在于维持既有的基本价值不被改变。统治阶层必须要进行自我保护，保护其既有机制的运行，保护第一等级的组成结构不被改变。对财富的规制最终是要使财富的使用服务于既有机制的维持。在统治阶级看来，贸易造就了新的富人或者使既有的财富增加，但不能打破统治阶级内部以及社会各阶层之间政治关系的平衡。因此，禁奢法律背后的理念并非仇视财富，与奢侈的斗争所针对的并非财富本身；相反，在界定统治阶级的成员身份时财富至关重要，禁奢法的支持者（典型的如老加图）也在极力增加财富，与奢侈的斗争针对的是达到个人目的而将财富用于政治舞台。这也就解释了，为何只有奢侈生活方式中的某些方面成为禁奢法的规制对象，尤其是宴会，因为宴会经常被用于攫取权力和影响

① Cfr. Guido Clemente, *Le Leggi sul Lusso e la Società Romana tra III e II Secolo A. C.*, in Andrea Giardina e Aldo Schiavone (a cura di), *Società Romana e Produzione Schiavistica*, III, Roma-Bari, 1981, p. 8-9.

力的政治场景中。[1] 此等法律及其支持者所致力于的乃是维系既有政治关系的平衡,尽可能延长其权力的行使,排斥新的个人和团体于权力的体制之外。[2] 禁奢法的经济目的以及维持私生活领域的传统习俗的道德取向都服务于统治阶级的政治目的。

然而我们也要注意到,正如前文(第一章第三节)

---

① 这也是古罗马禁奢立法与前现代禁奢立法首要的也是最明显的区别。在古罗马,奢侈的饮食是禁奢法的主要目标,而在中世纪晚期和现代早期,禁奢法的主要目标是用以维持不同等级之间外观上的区分的服饰。并不是说饮食中的奢侈就消失了,而是成为次要的问题,到了 15 世纪,饮食的问题就不再成为禁奢措施的规制对象了。有学者认为,除此之外,古罗马禁奢法和前现代禁奢法在阶级特征上也有需要强调的重大区别:古罗马禁奢法没有明确涉及阶级,它仅限于统治阶级内部。禁奢法律只是感受到需要自我保护的统治阶级进行自我调节的一种形式。当然,可能有人会说,其他国家也以类似的方式,希望通过制定此等法律来自我保护。但是其不同在于,他们进行自我保护所针对的对象不同。古罗马的立法,其自我保护所针对的是潜伏在统治阶级内部的敌人:其成员之间激烈且具有毁灭性的竞争。前现代的立法,是一种针对外部攻击的防御方式:崛起的新的社会力量可能会抓住统治阶级的鲜明特征并继承其权力。与前现代各个社会的统治阶级相比,古罗马的寡头统治显得更加强大和稳固。需要通过制定禁奢法来重建阶级划分是社会流动和新的社会力量崛起的结果,这些方面绝不能归之于公元前 2 世纪到公元前 1 世纪的罗马社会。在古罗马,由于新出现的社会力量特别是由于罗马市民身份的扩张和奴隶的解放,确实存在一定的紧张关系,但这从未使统治阶级的存在处于危险之中,从未成为一个主要的政治问题;而中世纪和现代早期各个社会的禁奢法,由于当时社会流动已经成为一个政治问题,必须通过确立固定的区别来减少阶层的流动性和保持差异性。See Emanuela Zanda, *Fighting Hydra-Like Luxury: Sumptuary Regulation in the Roman Republic*, London: Bristol Classical Press, 2011, p. 109-110.

② Cfr. Guido Clemente, *Le Leggi sul Lusso e la Società Romana tra III e II Secolo A. C.*, in Andrea Giardina e Aldo Schiavone (a cura di), *Società Romana e Produzione Schiavistica*, III, Roma-Bari, 1981, p. 10-11.

所分析的,禁奢法是末期执行的法律,提议和支持禁奢法的精英阶层都很明白,这种立法的效果只能是一阵风,不可能得到有效执行,因此也不会带来什么根本性的改变,甚至可以说是一种为了寻求存在感的立法。公元前 2 世纪是一个大变革时期,罗马社会、经济、智识和道德等各方面均发生迅速变化,这种变化给公共领域带来的冲击使精英阶层寝食难安,传统上属于他们势力范围的公共领域正在被各种外在的变化所侵蚀,于是,他们决定将这种集体的焦虑立刻转化为行动,就此催生了一系列禁奢法。

第三节　罗马禁奢法的"政治—权力"之维

一、宴会的私密性隐藏的政治危险

禁奢问题是随着第二次布匿战争的结束而出现的,禁奢法律的制定,首先是为了限制富裕的圈外人直接进入由传统贵族所控制的更高社会等级的机会,其次是出于控制传统门客制度的压力。禁奢法律针对的那些有野心的个人,他们试图运用其财富,通过操作与家庭、朋友和门客的结盟,来改变游戏规则。[①] 富裕的罗马人可以通过多种形式来展示其财富和地位,上层

---

① See Molly Ann Rosser Dauster, *Roman Sumptuary Legislation of the Republican Era C.* 200−100 *B. C.* ,Thesis(M. A.)of Texas Tech University,1996,p. 18.

人士可以举行盛大的凯旋式、可以举行隆重的伴以公共赛会的豪华葬礼、可以举行重大宗教节日的庆祝活动以及其他各种娱乐活动,而那些在经济上处于优势的中下层人士,也可以通过赞助公共赛会和豪华的私人住宅来彰显其财富。实际上,罗马权贵和富商们确实争相组织豪华的比赛和建造富丽堂皇的住宅,但赛会和建筑的奢侈并没有引起禁奢法的关注,它们是不受谴责的,甚至还受到社会上下的追捧,只有同样常见的展示生活奢侈和财富的宴会成为法律规制的选择对象,一个重要的原因是,上述活动中只有宴饮娱乐在某种程度上具有私密性,其他活动都是公开进行的。因此,一方面,对私人生活领域的奢侈尤其是附载一定政治属性的豪华宴饮,进行道德谴责甚至法律规制;另一方面,却对公共建筑以及公共和私人领域的其他公开奢侈花费予以宽容,这种矛盾就很容易化解了。[①] 对罗马统治者来说,对于私人宴饮缺乏公共监督是一件头疼之事。对私人生活的缺乏公共监督,加之拥有大量财富的“新人”对传统的门客制度的冲击,使他们感受到足够的压力,从而决定进行法律规制。法律规制的主要对象指向宴会而不是其他形式的奢侈性花费,是因为只要有钱,任何人都可以举办宴会。这就使传统的社会阶层划分逐渐淡化,而宴会的私密性则更加

① See Emanuela Zanda, *Fighting Hydra-Like Luxury*: *Sumptuary Regulation in the Roman Republic*, London: Bristol Classical Press, 2011, p. 25.

危险。禁奢法通过规制此等私密性的活动，旨在消除它们可能对传统政治—权力体制造成的威胁。[①]

如此看来，罗马禁奢法将其主要规制对象指向饮食，是因为宴会在选举政治中所起的重大作用，以及因此对传统权力结构的潜在威胁。从这个角度，也可以解释为何有时禁奢法和各种反对选举舞弊的法律相伴生。但是，对这种解释也应保持谨慎。对官员腐败的担心不能完全从当代政治清廉的角度来加以评判。实际上，罗马人对公共财产和私人财产并无泾渭分明的划分，贿赂司空见惯。各种行政长官的候选人为当选而竞相出资举办竞技活动和宴席。这些禁奢立法尽管可能起因于统治精英的政治目的，但同时也的确代表了对良好政治秩序的追求，不能完全将之视为装腔作势的表面文章，因为这些法律所依赖的信条代表了一种"政治秩序"的特定概念。对共和国的罗马人来说，这一秩序的基础是公共生活和私人生活的正确关系。西塞罗在《为穆列纳辩护》（Pro Murena，76）中的一句话是对这种正确关系的精彩总结："罗马人民憎恶个人的奢侈，但热衷公共的盛况"（*Odit populus Romanus privatam luxuriam，publicam magnificentiam diligit*）。个人奢侈代表着以财富达到个人的满足，这些满足无论是表现为靡费的生活、贪婪的消费，还是更为危险的权

① See Molly Ann Rosser Dauster，*Roman Sumptuary Legislation of the Republican Era C. 200–100 B. C.*，Thesis（M. A.）of Texas Tech University，1996，p. 83.

力雄心,都是欲望的不同类别,都会对良好的政治秩序带来破坏,因为它们都把个人的满足放在首位。越是沉湎于个人的享受,越是对公共利益缺乏责任和决心。由于维护一定的公共利益是任何国家的分内之事,那么国家就会力图控制那些它认为有损公共利益的欲望。①

但是,如果仅仅在上述意义上来理解禁奢法的政治意义,可能还没有深入问题的实质。要对罗马禁奢法有进行更为透彻的认识,可能还要直达作为政治问题的核心——权力,从权力角逐的角度看看是否能够更加深度地透析它。

二、权力—财富的失衡与禁奢法的兴起

前文我们提出一种论点,奢侈是为了彰显财富,因此,重要的不是消费了什么,而是这种消费给他人传递的信号。财富的彰显能给富人带来间接的政治和经济利益,这是奢侈行为的动因。掌握政治权力的阶层促生禁奢法旨在抑制这种彰显行为,因为传统的财富分配格局由于新的收入来源的出现被打破。如果掌握政治权力(包括限制奢侈的权力)者恰好也是拥有财富者,那么统治阶级会放任这种行为。

布匿战争之前的罗马社会结构十分稳定,元老院

① 参见[美]克里斯托弗·贝里:《奢侈的概念:概念及历史的探究》,江红译,上海人民出版社2005年版,第81~84页。

阶层与骑士阶层无论在政治上还是在财富上都表现出实质性的差异。彼时的商业活动尚未得到发展，财富主要源于不动产尤其是土地的占有，而土地集中在贵族（元老院阶层）手中。元老们的财富也以不动产尤其是土地和农产品为主，他们被禁止从事贸易或者与国家订立包税合同等，虽然他们也偶尔从事工业活动，但其主要收入来源还是农业。这种对元老院的收入来源的限制不仅是一种习惯，还体现为立法，如公元前218年的《关于元老的克劳丢斯法》。元老们的收入虽然稳定，但很难有大的增长空间。[①] 从公元前3世纪开始，随着罗马的对外扩张尤其是布匿战争带来新的经济机遇，涌现出大量新的收入来源，比如海上贸易及其他对外贸易、与国家订立公共工程合同或军事物资供应合同等。相比于传统的主要源于土地的收入，这些新的收入来源能够更加快速地集聚财富，但它们对元老院阶层是封闭的，元老们对此望尘莫及，他们被禁止从事此等活动。这就为不掌握直接的政治权力的骑士阶层打开了集聚巨额财富之门，大量财富被聚拢在骑士阶层手中，其身家的丰厚程度将元老院阶层远远甩在了身后。在这种情况下，传统的土地贵族想要继续通过财富的彰显来保持他们与其他人的社会区分，

① See also Giuseppe Dari-Mattiacci and Anna E. Plisecka, *Luxury in Ancient Rome: Scope, Timing and Enforcement of Sumptuary Laws*, Amsterdam Center for Law & Economics Working Paper No. 2010-03, in *Legal Roots*, Vol. 1, 2012, p. 8.

就变得非常困难了。①

财富占有状况的改变对传统的罗马社会结构产生了重大影响。在财富的积累达到一定程度后,政治权力成为骑士阶层下一步想要征服的对象,而为了使政治权力不致旁落,元老院阶层则寄望于借助法律扼杀作为新人的骑士们通过炫耀性的奢侈行为提高其影响力,改变既有的社会关系网络,进而觊觎政治权力的企图。作为罗马上层社会的两个阶层,元老院阶层与骑士阶层之间财富分配与权力分配的不匹配引发了禁奢法。② 元老院阶层是由担任国家高级官职的元老院议员所在的家族组成的,而骑士阶层的成员主要是通过贸易活动获得巨额财富的商人,前者手握政治权力,后者占有大量财富。财富通常并不那么容易为人所察知,因此需要通过奢侈行为彰显之。

在社会学上,奢侈也被认为仅仅旨在彰显身份,奢侈物本身没有多大的消费价值。通过奢侈行为彰显财富所要达到的目的或能够获得的收益,无论是社会地位,还是经济机遇,抑或政治人脉,最终都是为了建立

① 公元前1世纪所确立的元老和骑士的不同财产资格(前者是100万塞斯特斯,后者是40万塞斯特斯)并不能反映二者之间财富的真实差异。参见[古罗马]塔西佗:《编年史》(上册),王以铸、崔妙因译,商务印书馆1997年版,第90页。

② See Giuseppe Dari-Mattiacci and Anna E. Plisecka, *Luxury in Ancient Rome: Scope, Timing and Enforcement of Sumptuary Laws*, Amsterdam Center for Law & Economics Working Paper No. 2010-03, in *Legal Roots*, Vol. 1, 2012, p. 15-25.

某种有利的社会关系，从而在满足了财富的欲望之后进而觊觎在政治上的存在空间。相较于其他形式的奢侈，宴会在彰显作用的发挥上居于至关重要的地位，因为它不仅是展示个人财富的机会，更是可以借此展示自己的社交网络，并且还可以借机建立一个新的社交网。其他形式的奢侈，如资助公共赛会、建造豪华住宅或者对门客们的日常赠礼，也会起到某种彰显作用，但在建立经济和政治网络方面，与宴会相比，则来得更加缓慢，而且这些支出可以使大众收益，对它们的规制也将不得人心。[①] 因此，奢侈的宴会自然成为禁奢法最为突出的打击目标。

从制定时机和目的来看，禁奢法的出现确实与财富利益和政治权力利益的不均衡状况相吻合。这一点也可以从禁奢法律所规制的特定物品和行为得到证实：一方面，法律对昂贵的进口商品的消费限制，揭示了其试图影响掌握更多财富的骑士阶层的行为；另一方面，对长官和长官候选人受邀参加低社会等级者组织的宴会的限制，揭示了其试图抑制富裕“新人”的政治影响。

---

① See Giuseppe Dari-Mattiacci and Anna E. Plisecka, *Luxury in Ancient Rome: Scope, Timing and Enforcement of Sumptuary Laws*, Amsterdam Center for Law & Economics Working Paper No. 2010-03, in *Legal Roots*, Vol. 1, 2012, p. 5-6.

三、权力—财富的复衡与禁奢法的没落

元老院阶层是否要通过制定禁奢法来规制骑士阶层的奢侈行为，还取决于在元老院阶层的成员是否占有相当数量的财富，如果他们中的多数都足够富裕，则不会有禁奢法存在的可能；如果情况相反，则禁奢法就会应运而生。防止骑士阶层利用财富通过操作与家庭、朋友和门客的结盟来改变传统社会网络的禁奢法的制定，成为元老院打出的一记重拳，而随着某些骑士阶层通过各种手段跻身元老院从而打破元老院内部的平衡，关于禁奢法的制定与废除便展开了更为复杂的拉锯。在某种意义上，禁奢法只是大多数寡头们为了维护他们的权力，或者更确切地说，为了维护他们的权力在面对迅速变化的社会关系时可以有效行使的模式而采取的系列举措中的一种。①

到了帝政初期，政治权力与财富重新进行了洗牌，新的权力划分格局趋于稳定，元老院的权力逐渐转移到元首手中，元老院阶层的权力淡化到与其占有的财富处于基本平衡的状态，作为新人的骑士阶层在权力的角逐中获得了与其占有的财富处于基本均衡状态的政治地位，因此，禁奢法在罗马进入元首制时期以后偃

① Cfr. Guido Clemente, *Le Leggi sul Lusso e la Società Romana tra III e II Secolo A. C.*, in Andrea Giardina e Aldo Schiavone (a cura di), *Società Romana e Produzione Schiavistica*, Ⅲ, Roma-Bari, 1981, p. 4.

旗息鼓了。可以说，禁奢法兴起于元老院阶层与骑士阶层进行经济权力竞争的时期，是政治权力与经济权力的不平衡的产物，而这种不平衡的出现又可归因于罗马在共和国的最后两个世纪所进行的军事扩张以及因此带来的经济扩张。在这个时期，掌握政治权力的元老院阶层丧失了部分经济权力，让位于日渐崛起的骑士阶层。这种不平衡，随着罗马进入帝政时期，当元老院将其残存的政治优势也让位于元首而基本丧失政治权力，得以解决，禁奢法律也随之没落。① 这也应了塔西佗的一句话：“万事万物，不管是道德的变迁还是季节的变迁，都存在着一种循环往复。”②

行文至此，对罗马禁奢法的考察基本告一段落。如果按照笔者的本意，该研究到此应该就要画上一个句号了。然而，按照法学界似乎普遍认可的看法，制度史研究甚或是更广泛意义上的法学研究，都要有中国问题的意识，要服务于当下中国的现实，要有解决中国问题的应用价值，否则就会难逃理论与实践两张皮的口实。事实上，不出意外，本研究成果的各位鉴定专家近乎一致提出的修改建议或者指出的不足之处，也符

---

① See Giuseppe Dari-Mattiacci and Anna E. Plisecka, *Luxury in Ancient Rome: Scope, Timing and Enforcement of Sumptuary Laws*, Amsterdam Center for Law & Economics Working Paper No. 2010-03, in *Legal Roots*, Vol. 1, 2012, p. 22-23.

② ［古罗马］塔西佗：《编年史》（上册），王以铸、崔妙因译，商务印书馆 1997 年版，第 178 页。

应了这一点。毋庸讳言，上述似乎普遍的看法当然有其难以辩驳的合理性，各位鉴定专家的意见也非常中肯，而且确实带着可以明显感受到的善意。当然，坦率地讲，之所以对罗马禁奢法的中国借鉴或启示，此前没有太多的思考，如果非要给自己找一个借口的话，那就是笔者一直以来秉持的一种懒惰的，也可能是错误的，甚至可以说有些不负责任的偏见，认为历史研究主要还是以呈现为主，至于对它可能会有的——也可能完全没有——现当代意义的阐述，应该是读者的事儿，抑或者说，理论的归理论，实践的归实践。或许这也可以作为自己能力不济的一个很好的“遮羞布”呢！但既然这块布现在被扯了下来，那还是去勇敢面对吧。接下来，将目光拉回中国的现实，笔者试着去为本研究续一个“狗尾”——即便前述罗马禁奢法的研究可能还称不上一个合格的“貂”——简单谈一下罗马禁奢法在中国语境下的一点启思。

第四节　罗马禁奢法的遗产与中国禁奢法的前景

一、我国对奢侈法律规制的历史进程

在我国传统文化中，奢侈/浪费从来被视为一种与美德相悖的恶习，奢侈浪费之风也是历代统治者极力

打击的对象。[①] 新中国成立以来，对奢侈/浪费的规制尝试也未曾中断，无论是新中国成立不久后即开展的包括“反浪费”在内的“三反”运动，还是近些年中央出台的“八项规定”“六项禁令”，抑或中央和国务院联合发布的《关于党政机关厉行节约制止奢侈浪费行为的若干规定》《党政机关厉行节约反对浪费条例》《关于厉行节约反对食品浪费的意见》，以及最高人民法院、最高人民检察院和国务院各部委对上述规定的落实举措，都是这种理念的体现。但如我们所看到的，上述规定并不具有严格意义的“法”的性质，从其内容来看也不是具体的行为规范，其规范的主体也主要限于党政机关及其工作人员。

从法律层面来看，我国最早在 1975 年《宪法》序言中提到要“勤俭建国”，此后的 1978 年《宪法》中首次对挥霍浪费作出正面规定，[②]但其在客体上仅指向公共财产，在主体上主要指向国家机关。直到 1982 年《宪法》，其第一章“总纲”第 14 条第 2 款才普遍性地规定了“国家厉行节约，反对浪费”的一般条款，并且

---

① 参见易培强：《中国传统节俭思想略论》，载《消费经济》2018 年第 2 期；完颜绍元：《汉唐明清官场如何反奢侈之风》，载《人民论坛》2013 年第 36 期；林丽月：《明代禁奢令新探》，载《第五届中国明史国际学术讨论会暨中国明史学会第三届年会论文集》，黄山书社 1993 年版，第 232~248 页；陈彩云：《明清时期江南士绅的禁奢思想及实践》，载《江西社会科学》2011 年第 5 期。

② 第一章“总纲”第 8 条第 2 款规定：“国家禁止任何人利用任何手段……挥霍国家和集体财产，危害公共利益。”第 15 条第 1 款规定：“国家机关必须……厉行节约……”

该条款在《宪法》此后历经 1988 年、1993 年、1999 年、2004 年、2018 年 5 次修订均得以保留。但在部门法层面,除了 2020 年通过并于 2021 年月 1 日起施行的《民法典》中从宏观层面确立了包含节约之意的“绿色原则”,[①]我国规制奢侈浪费行为的法律仍然阙如。转机发生在 2020 年 8 月,彼时,习近平总书记对制止餐饮浪费行为作出重要指示,此后,制止餐饮浪费成为自上而下讨论和关注的社会热点,并引起立法者的注意,迅速成为一项立法议题。《反食品浪费法(草案)》很快在 2020 年年底起草完毕,历经十三届全国人民代表大会常务委员会两次审议,最终于 2021 年 4 月 29 日通过并实施。新中国首部规制奢侈浪费行为的部门立法就此诞生。

《反食品浪费法》通过后,各部委和省市积极响应。2021 年 5 月 27 日,北京市第十五届人民代表大会常务委员会第三十一次会议通过并公布实施《北京市反食品浪费规定》;2021 年 6 月 11 日,国务院食品安全办、教育部、商务部、市场监管总局、国家机关事务管理局等五部委发布《关于贯彻实施〈中华人民共和国反食品浪费法〉有关事项的公告》;2021 年 7 月 30 日,天津市第十七届人民代表大会常务委员会第二十八次会议通过并公布实施《天津市反食品浪费若干规

① 《民法典》第 9 条规定:“民事主体从事民事活动,应当有利于节约资源、保护生态环境。”

定》。难以尽述，其余不赘。对于这部立法，舆论几乎是一边倒地鼓与呼，[①]虽然偶尔也能听到一些异样的声音，警醒反食品浪费执法中的“用力过猛”，[②]但是在规制食品浪费的问题上，如何有效平衡道德约束与法律强制之间的关系，进而在通过立法对奢侈/浪费进行一般性的规制方面，如何进行微妙的法律制度构建，相关的理性反思和学理探讨，仍远远不足，甚至几乎尚未开启。

虽然本书的研究主题是古罗马对“奢侈”的规制，而我国并没有，也看不出来在可预见的将来可能会有，关于本义上的奢侈的专门立法，但是正如本书“前言”部分所指出的，无论在理论研究层面，还是规范使用层面，抑或日常语用层面，奢侈与浪费实际上是难以遽然割裂的两种现象，它们在各种场景下经常是如影随形，犹如孪生。罗马禁奢法所“禁”的就不仅是“奢”，也是包括“浪费”的呢！这样说来，如果冒昧扯几句罗马禁奢法对我国奢侈法律规制的启示似乎也不能完全算作无的放矢。

---

① 例如，参见师宇：《反食品浪费：通过立法扬美德》，载《吉林日报》2021 年 5 月 19 日，第 8 版；何东平：《用法律筑起反食品浪费屏障》，载《江西日报》2021 年 5 月 20 日，第 10 版；舒圣祥：《立法推动“反食品浪费”成社会风尚》，载《江淮法治》2021 年第 9 期。

② 例如，参见刘天放：《反食品浪费执法需防“用力过猛”》，载《湘声报》2021 年 5 月 21 日，第 A03 版；郭元鹏：《丢弃“发黄青菜”被罚，反食品浪费岂能变味》，载《济南日报》2021 年 5 月 17 日，第 2 版。

二、罗马禁奢法对我国奢侈法律规制的启示

从根本上来说，在罗马社会，无论是大量禁奢立法的相继出现，还是监察官对奢侈行为的更为严厉的苛责，抑或对浪费人规制的进一步强化，以及发生在罗马人尤其是精英阶层之间对于禁奢法的广泛争议，都是罗马在第二次布匿战争之后所经历的社会转型时期，“传统”对于新的社会现实的一种应激反应，其间夹杂着统治阶层对新的社会现象对传统社会和权力秩序所带来的威胁的担忧。最终，随着罗马的政治体制由共和走向帝制，作为罗马共和之基础的“传统”土崩瓦解，所重构的新的权力体制对奢侈的法律规制失去动力，禁奢法就此消弭在罗马史的洪流之中，即便在此后伟大的优士丁尼皇帝重整的罗马法长卷中，也没能再激起任何涟漪。

罗马禁奢法的辉煌史诗，有其特殊的政治、文化、社会等方面的历史背景，这些因素在现代社会当然已不可同日而语，那么罗马禁奢法还留下哪些历史遗产，可以脱离于这些历史情境，对于我们今天对奢侈的法律规制提供一些启思呢？我认为在如下两个方面，可能值得我们去探索：

其一，立法层面，虽然以宴饮为主要规制对象的罗马禁奢法与目前包括我国在内的世界范围内以食品为主要规制对象的立法，其侧重点有明显不同，而且罗马禁奢法对宴饮人数的限制更多出于政治因素的考量，

但其对宴饮花费、食物种类和餐具方面的限制，仍然可以而且有必要作为引导性规范纳入今天的禁奢立法中，而这也是我国《反食品浪费法》中所缺失的。实际上，罗马禁奢法从上述各个层面对宴饮的规制，在我国公务接待中已为常态。中央办公厅和国务院办公厅印发的《党政机关国内公务接待管理规定》中对配餐人数、菜肴、用餐场所等作了明确规定，大多省市还对接待费用的数额作出了明细要求。虽然此等规定无法作为强制规定推行于普通民众，但作为倡导性规范仍有其必要，而且对食物种类尤其是食用野生动物的限制，与全国人民代表大会常务委员会《关于全面禁止非法野生动物交易、革除滥食野生动物陋习、切实保障人民群众生命健康安全的决定》的精神完全契合。

除单独的禁奢立法外，在现有立法中适当嵌入相关制约奢侈浪费的行为规范是另一条更为可行之举，浪费人制度即其适例。浪费人这一古老而富有生命力的制度，自《十二表法》确立以来，直至现代世界范围内掀起的民法典编纂浪潮，在法律的舞台上一直活跃着它的身影。通过对因为自己的浪费行为而影响到本人或他人利益的主体的行为能力的限制，浪费人制度理论上可以对有浪费恶习者形成一定的威慑，而众多现行各法域民法典对这一制度的接纳，甚至有些国家曾经排斥该制度而后却又重新拥抱它的事实，则是对其有效性的最好说明。遗憾的是，虽然在清末民初，浪费人制度也曾在《大清民律草案》、《民国民律草案》和

“伪满洲国民法”中现身,但在此后的《中华民国民法》和《中华人民共和国民法典》以及我国澳门地区的《民法典》中,都不见它的身影。浪费人制度在我国各法域的遁形,其根本原因有待继续考证,很可能与人们对禁治产制度的重大误解有关,但该制度在规制浪费方面的可能价值毋庸否认。在我国苦于寻找对浪费进行规制的法律规则建构的当下,在《民法典》中引入浪费人制度不失为一个可考虑的选项。

其二,日常监督层面,古罗马的监察官在社会风纪维护方面扮演重要角色,是监督民众日常行为的道德审查官,也是禁奢法运作的实际操盘手,在规制奢侈浪费方面举足轻重,但在法律—道德各司其职的现代法治语境下,失却了类似职官存在的土壤。对于奢侈浪费行为,除了违反法律规定情形下借由公权力介入的强力规制外,[①]似乎也只能委诸社会舆论监督。社会舆论在道德监督方面的天然劣势在于其缺乏刚性的威慑力,而“记过”这种名誉处罚及其潜在的严重后果恰是古罗马监察官在道德监督方面让人敬畏的重要原因。如何将古罗马这种刚性的名誉处罚柔化进对奢侈浪费行为的现代舆论监督中,从而有效发挥社会舆论在日常道德监督方面的引导作用,是另一个需要深思的难题。

① 参见《反食品浪费法》第28~30条所规定的罚则。它们所惩罚的主体仅限于“单位”(餐饮服务经营者、食品生产经营者、设有食堂的单位、广播电台、电视台、网络音视频服务提供者),对于个人,法律的惩戒仍然鞭长莫及。

附录一　老加图的演讲

——《为〈奥皮尤斯法〉辩护》*(公元前195年)

王闽琼**　译　李　飞***　校

监察官加图(公元前234年~公元前149年)

生于公元前234年,卒于公元前149年,于公元前195年担任执政官,公元前184年担任监察官,公元前150年被派往迦太基。加图的演讲至少有150篇,但只有部分内容被保留下来。

---

* 本附录所载老加图这篇演讲的译文,译自如下英译本:William Jennings Bryan(ed.),The World's Famous Orations,Vol. Ⅱ:Rome(218 B. C. -84 A. D.),New York:Funk and Wagnalls,1906. 中译文的注释亦系英译本所加。但英译本中存在一个明显的时间错误:老加图这篇演讲的原文保存在李维《罗马史》34,2-4中,根据李维的记载,本演讲发表于公元前195年,后世学者也都予以认同,但本中译文所依英译本把该演讲的时间标注为公元前215年。实际上公元前215年只是《奥皮尤斯法》颁布的年份,是年,老加图尚未步入仕途,仍在费边的军团中服役。——校者注

** 王闽琼,女,广东宝城律师事务所律师,华侨大学法律硕士。

*** 李飞,华侨大学法学院副教授,厦门大学和意大利罗马二大法学博士。

罗马人啊![1] 如果我们每个人都能维持丈夫对其妻子的特权和权威,那我们在男女之间的烦扰将大为减少。但是现在,我们的特权,在家里被女人的抗拒所压制,甚至在这里,在广场上,也被蔑视,被踩在脚下!而且由于我们没能单个地控制住她们,所以我们现在害怕她们这个群体。我倾向于认为这是一个虚构的神话:在某个岛屿上,所有的男性种族被女性的阴谋彻底消灭。但是,如果你容忍她们聚集、结团和密谋,没有哪个阶层能置身于此等极大的危险之外!

就我而言,我确实不能肯定,是该法本身还是它所提供的先例更具危害。后者主要是我们的执政官和其

① 该演讲于公元前 195 年发表于罗马广场上,由李维叙述,斯皮兰(Spillan)和埃德蒙兹(Edmonds)翻译。制定于布匿战争期间的《奥皮尤斯法》:"规定女人不得佩戴重量超过半盎司的黄金饰品、不得穿多重颜色的衣服(尤其是紫色的衣服)、在罗马城或其他城市及其四周 1 里的范围内不得乘坐两匹马拉的马车,除非是在参加公共宗教仪式的情形。"李维描述了加图发表演讲当天罗马的情景:"卡皮托山上挤满了支持或反对《奥皮尤斯法》的人。劝告、羞耻心,甚至是其丈夫的命令都不能让妇女们待在家里。她们包围每一条街道,在城里东奔西走,恳求那些正在走向广场的男人:目前的共和国正繁荣昌盛,所有人的私有财富与日俱增,他们应当容许妇女恢复她们先前的饰品。这群妇女的人数每天都在增加,她们甚至从城镇和乡村赶到这里,最后她们大胆地找到执政官、裁判官和其他执法官,极力提出她们的请求。然而她们发现,其中一位执政官特别不可动摇,他就是马尔库斯·波尔求斯·加图。"(《罗马史》34,1)争论结束后,李维说:"第二天,大量妇女涌入公共场所,数量比之前更多。她们一起围住反对她们的保民官家的大门。直到他们撤回其反对意见,她们才散去。"(《罗马史》34,8)《奥皮尤斯法》在"实施了 20 年后"被废除了。在史密斯的《希腊罗马古事词典》里,记述了妇女们是如何通过"穿戴上她们合法的华丽服饰,在街头和广场游行"来表达她们胜利的欢喜之情的。

他执法官考虑的事；而前者，我的同胞们，则由将要在这个场合投票的你们来决定：在你们看来，该法所规定的措施对国家是否有利！

至于这些女人的暴行，无论纯粹是她们自己的举动，还是由于马尔库斯·方达纽斯、路求斯·瓦勒流斯你们这些人的唆使，在执法官眼中无疑都是应当受到处罚的！我不知道它是否让你们这些保民官或执政官更加耻辱：如果你们带这些女人来此，就是为了给保民官的煽动言行添柴加火，那么你们肯定会因此而耻辱；如果我们容忍了以女人的撤离为要挟（就像平民曾经做过的那样）而强加给我们的法律，那我们也会因此而耻辱！就在刚刚，我带着痛苦的羞耻感，从一群女人中间穿过，才来到广场。

我要不是考虑到她们中的某些人（而不是所有人）的品德和尊严，不愿看到她们被执政官惩戒，我会不加克制地告诫她们："这是什么样的行为?！跑到公共场所，包围街道，而且对着其他女人的丈夫喋喋不休！每个女人不能在家向你们的丈夫提出同样的请求么？你们的甜言蜜语是不是在公共场合比在私人场所更加蛊惑？是不是比起自己的丈夫更能迷惑其他女人的丈夫？如果女人能以其品德将自己限制在其权利的界限内，即使是在家里，你们也不该去操心在这个地方应该通过或废除哪些法律的问题！"我们的祖先认为，在没有监护人授权的情况下，女人不得处理任何事务，即使是私人事务；她们应当永远处于父母、兄弟或丈夫的权力之下！但现状，看起来我们已经容忍她们干涉国家事务的管理了，容忍她们涌入广场，参加一般的民众大会和选举大会！此时她们在大街小巷里做什么呢？她们在劝说人们支持平民保民官的提议，在游说人们废除法律！

难道要放任她们不受约束的天性，然后期望她们在没有你们管束的情况下限制自己的肆意妄为？这*是习惯和法律课加给她们的限制中程度最小的，即便如此，她们也认为是不公正的：她们渴望自由——不，说实话，不是渴望自由，而是渴望在每件事上的不受拘束！如果她们现在取得胜利，那么还有什么她们不会尝试？回想一下所有关于女性的制度：我们的祖先限制她们的挥霍，并使她们服从于丈夫，然而，即使在所有这些制度限制的约束下，她们也很难保持在界限之内。那么，如果你们容忍她们逐一摆脱这些限制，将之撕成碎片，并且最后设立和你们平等的关系，你们能想象她们会再忍受吗？一旦允许她们和你们一样平等，她们将从那一刻起成为你的上司！

毫无疑问，她们会强烈反对任何针对她们的新的限制，她们不是祈求权利，而是抱怨对她们的不公正（*at hercule ne quid nouum in eas rogetur recusant, non ius sed iniuriam deprecantur*）。她们希望的是，你们通过投票而同意设定的，并由多年实践和经验证明有益的这

* 指《奥皮尤斯法》对女性的限制性规定。——校者注

样一项法律，现在应当被废除；而且她们还希望，通过废除这项法律，你们应该弱化所有其他法律。没有法律能完全符合共同体每个成员的胃口！唯一要考虑的是，总体而言，它是否有益于多数人。因此，如果因为某个人厌恶某项法律，就要废除这项法律，那么共同体制定法律的目的何在呢？可是我们来看一下，到底是什么重要之事，让这些妇人以如此有失体统的方式跑到公共场所，毫无节制地闯进广场和民众大会的会场？是祈求赎回她们被汉尼拔俘虏的父母、丈夫、子女和兄弟？［此事已经非常遥远，但愿共和国永远不再遭逢该等不幸！过去这种不幸发生时，你们拒绝了此等神圣的祈求。* 但是，既非出于仁慈，也非出于对其亲人的担忧，而是出于对神的敬畏将他们聚集在一起。他们将受到来自弗里吉亚（Phrygia）培希努（Pessinus）的

---

* 根据李维的记载，在汉尼拔俘虏了大批罗马人后，他允许被俘者赎取自己，赎金是骑兵每人 500 银币，步兵每人 300 银币，奴隶每人 100 银币。随后投票选取了 10 名被俘者作为代表前往罗马元老院，向罗马人传达赎取被俘者的有关情况。对这 10 人，汉尼拔没有要求任何信任担保，只是让他们发誓将返回。这种誓言本身在当时是具有宗教约束力的，因此后文才会说，“将他们聚集在一起”（10 名代表来到罗马向元老院祈求赎回被俘者）的是“对神的敬畏”。最终，罗马元老院作出了“不赎取被俘者”的决定。参见［古罗马］提图斯・李维著，［意］桑德罗・斯奇巴尼主编，［意］乔万尼・罗布兰诺选编：《自建城以来》（第二十一至第三十卷选段），王焕生译，中国政法大学出版社 2015 年版，第 59~61 页。——校者注

母亲女神*的眷顾！]那是出于什么动机，竟使这些女人连起码的体面都不顾，如此离经叛道？答案如下：

在从你们手中夺走选票，战胜这部法律使之被废除后，她们就可以穿戴闪闪发光的黄金和紫色服饰；在节日和平常的日子里，她们还可以坐着马车穿梭于城中；她们的一应开支和奢侈行为就没有了限制！

你们经常听到我对女人的挥霍花销的抱怨，经常也有对男人的此等抱怨，不仅有对男人以私人身份的挥霍花销的抱怨，也有对执法官的此等抱怨。我还经常抱怨说，国家已陷于两种迥然不同的恶习的危险之中，即奢侈和贪婪——它们是每个国家走向灭亡的祸根！随着共和国日益繁荣昌盛，随着领土扩大，随着我们征服希腊和亚细亚——这些地方充满可以点燃激情的各种诱惑，随着我们开始经管王室宝藏，我更加害怕，因为我深恐：这些事物将俘虏我们，而不是我们俘虏它们。

相信我，这些来自叙拉古（Syracuse）的雕像是怀揣敌意进入这座城市的！我已经听到太多对雅典和科林斯的饰物的赞扬和欣羡以及对立于其庙宇前的罗马诸神的土制塑像的嘲讽。就我而言，我更加喜欢这些

---

* “来自弗里吉亚培希努的母亲女神”（*matrem Idaeam a Pessinunte ex Phrygia venientem*）一语中，培希努为弗里吉亚的一座城市，而弗里吉亚为古代小亚细亚的一个王国，有对母亲女神（*Idaeam*）崇拜的传统。这种传统于公元前3世纪传到罗马，成为罗马人崇拜的主要神祇之一。另外可参见[古罗马]卢克莱修：《物性论》，方书春译，商务印书馆1981年版，第96页。——校者注

神灵,因为他们是祥瑞的,而且如果我们允许他们留身于其庙宇之内,我想他们会继续带来祥瑞。

在我们父辈的记忆中,皮鲁斯(Pyrrhus)通过其使者齐纳斯(Cineas)用赠送礼物的方式测试我们罗马男人和女人的性情:当时还没有制定旨在限制女性奢侈行为的《奥皮尤斯法》,但没有一个女人接受礼物!你们认为是什么原因?我们的先辈在这一问题上没有制定法律的原因是:彼时不存在需要被限制的奢侈行为。

就像在治疗之前必然已存在疾病,因此,在规制某项事物的法律制定之前,必然已产生对该事物的狂热!是什么催生了《李其纽斯法》,把一个人能够占有的公地限制为500尤格?是扩张公地的无限欲望!是什么催生了关于馈赠的《琴求斯法》?是因为平民已经成为元老院的附庸!因此,当女人们拒绝卸掉金饰和脱下紫色衣物时,她们不愿接受《奥皮尤斯法》或任何其他限制女性开支的法律,也就毫不足奇了。如果齐纳斯现在带着他的礼物在城中走一圈,他会发现,无数女人站在公共街道上准备接受馈赠!

有一些狂热我无法解释其原因和动机。禁止一个人做他正沉迷于其中的事,也许自然会激起某种程度的羞耻或愤慨。然而,如果所有人的衣服都是相似的,谁又会因为在着装上低人一等而感到羞耻?在各种羞耻中,最糟糕的是,因为节俭或贫穷而感到羞耻,但是法律已经把你们从这两种羞耻中解脱了。你们想要拥有的东西是非法的!

富有的妇人说,我不能忍受这种均等(*exaequationem*)! 为什么我不能用金饰和紫色衣物彰显与他人的区别? 为什么要将他人的贫穷掩盖在法律的外衣之下,以至于使人觉得,如果法律允许,他们就会拥有他们现在不能拥有的东西? 罗马人啊! 你们希望你们的妻子竞相效仿这样的做法吗:富人应当拥有其他人不能拥有的东西,而穷人,为免被鄙视,就应当寅吃卯粮? 可以确定的是,一个女人一旦开始为她不该感到羞耻之事而感到羞耻,那么她将不会为她应该感到羞耻之事而感到羞耻!

如果其能力允许,她会自掏腰包去买;如果其能力不济,则会将手伸向其丈夫。无论他是否同意其请求,不开心的都是丈夫,因为他不给的话,会有其他人给! 现在她们公然向其他女人的丈夫请求支持,更有甚者,请求一项法律和选票! 她们已经从一些人那里获得了这些,但是你们会发现,你们、你们的财产或你们的孩子,从中很难得到任何东西! 如果法律不再限制你们妻子的开支,那你们自己也永远无法限制这些开支! 不要认为在这个问题上,法律制定前后的状态会是一样的。对一个恶人来说,不被起诉比被宣判无罪更加安全! 奢侈行为,就像一只先被铁链锁住,然后又被释放,因而受到刺激的野兽,如果它从未受到规制,那么其状况或比现在更好! 我的意见是,《奥皮尤斯法》绝不能被废除! 无论你们做出什么决定,我都祈求所有的神明护佑它!

附录二　意大利的反食品浪费法

2016年8月19日第166号法律

关于为社会团结和限制浪费而捐赠和分配食品与药品的规定

李　飞[*]　译

发布于2016年8月30日第202号官方公报

自2016年9月14日起生效

共和国众议院和参议院已经批准,并由共和国总统颁布,如下法律:

第一章　目的和定义

第1条(目的)

第1款[**]　本法旨在,通过实现以下优先目标,减

---

[*] 李飞,华侨大学法学院副教授,厦门大学和意大利罗马二大法学博士。

[**] 需要说明的是,在意大利的法律中(早期的某些法律除外),即便某个条文只有一款,立法者仍习惯于为该款标注序号(第1款)。此举有如下好处:如果以后法律修订,需增加款数,则在原先第1款之后继续编号(第2款,第3款,等等)即可,不会触及原有的条款编号(如果是对原款本身的增补,则以附款的形式出现,如第×款附一,第×款附二,等等),这样就保证了修订前后对法律条款援引时的编号一致性。——译者注

少食品、药品和其他产品在生产、加工、分销和供应等各个阶段的浪费：

a）促进为社会团结而回收和捐赠过剩食品，并优先供人类使用；

b）促进为社会团结而回收和捐赠药品和其他产品；

c）通过旨在减少废物产生、促进再次使用和回收利用以延长产品生命周期的行动，致力于限制对环境和自然资源的负面影响；

d）致力于实现根据2006年4月3日第152号法令第180条第1款附一*通过的《国家废物预防纲要》确定的总体目标，以及该纲要所规定的《国家食品浪费预防计划》确定的总体目标，并致力于减少送往垃圾填埋场处理的可生物降解废物的数量；

e）致力于针对消费者和机构的，尤其是针对年轻一代的，就本法所涵盖事项的调查研究、信息处理和提高认识的活动。

---

* 2006年4月3日第152号法令的名称为《环境法规》。该法令第180条（"产品的再利用和废物再利用的准备"）第1款附一规定如下："出于第1款所述之目的，市政当局还可以在第183条第1款mm项提到的'收集中心'确定专门的空间，用于举办旨在为个人之间交换能够直接再利用且功能正常的二手物品的临时展览。还可以在'收集中心'确定专门的区域，用于预先存放所收集的准备再利用的废物和可以再利用的物品。还可以在'收集中心'确定专门用于预防废物产生的空间，目的是，在地方当局和城市卫生企业授权的二手物品专业经营者的供应链计划的框架内，使收集的物品可以再利用。"——译者注

第2条(定义)

第1款 就本法而言,相关概念的含义如下:

a)“食品经营者”:从事与食品生产、包装、加工、分销和供应阶段之一相关活动的公营或私营、营利性或非营利性主体。

b)“捐赠者”:为追求公益和团结目的设立的,且贯彻辅助性原则并符合各自章程或设立文件,通过生产和交换社会公益性财产和服务或者通过互助的形式,推广和开展具有普遍利益的活动的,非营利性公共实体和私人实体,也包括1997年12月4日第460号法令*第10条所述主体。

c)“过剩食品”:符合产品卫生和安全要求的食品、农产品、农副产品,例如但不限于:因缺乏需求而未售出或供应的产品;因不符合企业销售要求而退出销售的产品;促销活动的剩余产品;临近保存期的产品;新产品上市测试的剩余产品;因天气状况造成损坏而未售出的产品;因生产计划失误而未售出的产品;因二次包装改变而不适合销售但保存条件适当的产品。

d)“食品浪费”:由于商业或美学的原因,或者由于临近保存期,而将仍然可以食用,并可能用于人类或动物食用,且在没有其他替代用途的情况下注定要被处理掉的食品,从农食产品链中淘汰的各种行为。

---

* 该法令的名称为《非商业实体和非营利性社会公益组织的税收规定重编》,其第10条(非营利性社会公益组织)的内容繁多,此处不再译出。——译者注

e)“捐赠”:无偿转让财产。

f)“保质期”:食品在适当的保存条件下能保持其特性的日期。超过此期限的食品,在确保原始包装完整和保存条件适当的前提下,可以根据第 4 条转让。

g)“保存期”:在从微生物学的角度高度易腐食品的情形,替代“保质期”的日期。超过此期限的食品被认为是有风险的,不能转让或食用。

第二章　为社会团结而无偿转让食品的简化措施和限制食品浪费的简化措施

第 3 条(为社会团结而无偿转让过剩食品)

第 1 款　食品经营者可以无偿向捐赠者转让过剩食品,而捐赠者可以直接领取或者委托其他捐赠者领取。

第 2 款　第 1 款所述捐赠者必须无偿分配所收受的适于人类食用的过剩食品,并优先分配给穷人。

第 3 款　不适于人类食用的过剩食品可以转让,用于动物生命维持,或者用于自己的或集体的好氧堆肥。

第 4 款　标签不规范的食品,只要不是无法追溯保存期,或者无法追溯可能导致过敏和不耐受的营养成分或配料信息,可以转让给捐赠者。

第 5 款　允许将适于人类和动物食用的田间剩余农产品或畜产品,无偿转让给捐赠者。捐赠者直接进行的或者由其受托人进行的农产品的收取活动,由活动实施者自行负责,并且要符合食品卫生和安全规范。

第 4 条(转让过剩食品的方式)

第 1 款　第 3 条规定的食品转让,对于超过保质期的食品,在确保原始包装完整和保存条件适当的前提下,也被允许。

第 2 款　符合卫生和安全要求且在保存期内的过剩食品,可以进一步加工成优先供人类食用或动物生命维持的产品。

第 3 款　不需要冷热处理的烘焙成品和烘焙衍生品,在生产后二十四小时内未售出或供应,导致在零售店、量贩店、手工业者或工业生产者、有组织的餐饮业(也包括农业旅游业和集体餐饮业)中过剩的,可以捐给捐赠者。

第 5 条(无偿转让的过剩食品的要求和保存)

第 1 款　实施第 3 条第 1 款和第 4 条规定的转让行为的食品经营者,必须提供正确的操作规范,以确保食品的卫生健康安全符合 2004 年 4 月 29 日欧洲议会和欧洲理事会第 852/2004 号法规和 2013 年 12 月 27 日第 147 号法律第 1 条第 236 款(为本法第 7 条所修订)* 的规定。转让之前,食品的卫生健康要求由食品经营者负责维护,转让之后,适用 2003 年 6 月 25 日第 155 号法律**的规定。

第 2 款　对于第 3 条和第 4 条规定的转让,食品

* 详见下文第 7 条。——译者注

** 该法律的名称为《为社会团结而分配食品的规定》。详见下文第 13 条。——译者注

经营者应当根据现行法律规定的质量和卫生健康要求选择食品。

第3款　食品经营者应当采取必要措施，避免第3条和第4条规定的不同用途的产品发生混合或调换的风险。

第6条（对1982年7月29日第571号共和国总统令的修订）

在1982年7月29日第571号共和国总统令*第15条的最后补充一款，内容如下：

"如果适于人类或动物食用的食品被没收，第1款所述的当局应当将它们无偿转让给为追求公益和团结目的设立的，且贯彻辅助性原则并符合各自章程或设立文件，通过生产和交换社会公益性财产和服务或者通过互助的形式，推广和开展具有普遍利益的活动的，非营利性公共实体或私人实体，也包括1997年12月4日第460号法令第10条所述主体。"

第7条（对2013年12月27日第147号法律的修订）

2013年12月27日第147号法律**第1条第236款中的如下词句："根据1997年12月4日第460号法

---

* 该总统令的名称为《1981年11月24日第689号法律第15条最后一款和第17条倒数第二款关于刑事制度修订的实施细则》。——译者注

** 该法律的名称为《国家年度预算和多年预算编制规定——2014年稳定法案》。——译者注

令第10条所确认的非营利性社会公益组织”,替换为:“为追求公益和团结目的设立的,且贯彻辅助性原则并符合各自章程或设立文件,通过生产和交换社会公益性财产和服务或者通过互助的形式,推广和开展具有普遍利益的活动的,非营利性公共实体和私人实体,也包括1997年12月4日第460号法令第10条所述主体”。

第8条(协调委员会)

第1款　为2012年6月22日第83号法令*(该“法令”经修订后被2012年8月7日第134号法律**转化为“法律”)第58条所述之目的,并根据发布于2013年2月22日第45号官方公报上的2012年12月17日农业、食品与林业政策部部长令,***该部长令中所述常设协调委员会(以下简称“委员会”)的功能和组成,依以下标准进行整合:

a)委员会开展以下工作:

1)就“向穷人分配食品的基金”的管理,食品、财产和服务的捐赠,以及旨在限制浪费的创新项目,提出建议和意见;

2)就捐赠和回收过剩食品的信息处理和提高认

---

* 该法令的名称为《促进国家发展的紧急措施》,其第58条(“向穷人分配食品的基金”)的内容繁多,此处不再译出。——译者注

** 该法律的名称为《将2012年6月22日第83号法令“促进国家发展的紧急措施”经修订后转化为法律》。——译者注

*** 该部长令的名称为《向穷人分配食品的方针、方式与工具》。——译者注

识的举措,以及捐赠相关工具(也包括财税性质的工具)的推广和认知,提出建议;

3)就激励人们参与食品捐赠、回收和分配以及参与金钱、财产和服务捐赠的相关措施的制定,提出建议;

4)开展食品过剩和食品浪费的监督活动;

5)推动旨在限制食品浪费和利用过剩食品的创新项目和研究,特别是将其用于穷人的创新项目和研究;

6)就促进在一定地域范围内向穷人分配食品的公共实体和私人实体所采取举措的联网和整合,提出建议。

b)委员会的组成如下:

1)农业、食品与林业政策部的代表3名,其中1名被委派主持工作;

2)劳动和社会政策部的代表2名;

3)经济和财政部的代表1名;

4)卫生部的代表1名;

5)环境、领土与海洋部的代表2名,其中1名为“落实《国家废物预防纲要》科学技术委员会”的成员;

6)经济发展部的代表1名;

7)由较具代表性的分销协会指定的代表4名;

8)为分配食品而在农业支援局(AGEA)设立的名册中登记的每个慈善机构和组织的代表各1名;

9)由较具代表性的加工协会(也包括手工业协会

和农副产品业协会）指定的代表3名；

10）由较具代表性的向公众供应食品和饮料的协会指定的代表2名，其中1名为集体餐饮业的代表；

11）由农业协会指定的代表2名；

12）由各大区和自治省指定的代表2名；

13）意大利全国市政协会（ANCI）的代表2名；

14）由较具代表性的农副产品批发市场协会指定的代表2名；

15）农业合作的代表1名。

第2款　委员会的活动，应当在农业、食品与林业政策部的网站上公布，并且向众议院和参议院提交年度报告。

第3款　参加该委员会没有任何形式的报酬、津贴、薪俸、补偿或费用报销。

第9条（关于减少浪费的推广、教育和预防措施）

第1款　2005年7月31日第177号法令*所述《法律汇编》第45条所说的广播、电视和多媒体公共服务部门，应当确保，在用于信息播送的时间内，有与上述《法律汇编》第45条第2款b项规定的时数对应的相同时数，用于推广旨在减少食品浪费、能源浪费和其他浪费的行为和措施。

第2款　为促进基于团结和可持续性标准的消费

---

* 该法令的名称为《视听媒体和广播媒体服务法律汇编》，其第45条（对广播、电视和多媒体公共服务部门的职责的界定）的内容繁多，此处不再译出。——译者注

和购买模式,并激励出于慈善目的的回收和再分配,农业、食品与林业政策部,会同劳动和社会政策部,卫生部,环境、领土与海洋部,针对收集的有关食品回收和减少浪费的资料信息,应当开展全国宣传活动,以提高公众和企业对食品浪费的负面影响的认知,并特别关注如下问题:食物权、对环境和自然资源消耗的影响,以及反浪费的各种措施。

第3款　环境、领土与海洋部,会同农业、食品与林业政策部,卫生部,应当开展宣传活动,以激励人们预防食品废物的产生,并特别关注餐饮活动中允许顾客带走其剩余食品的良好实践。

第4款　为减少餐饮部门的食品浪费,同时也有助于实现《国家废物预防纲要》的目标,各大区可以签订协议或谅解备忘录,以促进旨在减少食品浪费的负责任行为和良好实践,并使餐饮经营者配备由可回收材料制作的适于顾客带走其剩余食品的可重复使用的容器。这些举措可以在有关市政当局的网站上进行宣传。

第5款　教育、大学和科研部,会同卫生部,农业、食品与林业政策部,环境、领土与海洋部,应当在各级教育机构中推广旨在教授如下内容的课程:健康饮食、生态可持续的食品生产、提高对反食品浪费的认识,以及国家和国际层面在获取食物上所存在的不平衡。

第6款　本条第2款、第3款和第5款规定的实施,不得给公共财政带来新的或更大的负担。相关部门应当在现行法律规定的人力、财力和工具资源的范围内开展上述各款所述活动。

第 10 条(旨在减少食品供应中的浪费的措施)

第 1 款　卫生部应当于本法生效后的九十日内，并在 1997 年 8 月 28 日第 281 号法令 * 第 8 条所述“联合会议”上达成一致后，确定针对学校食堂、企业食堂、医院食堂、社会食堂和社区食堂的管理机构的指导方针，以预防和减少与食品供应有关的浪费，同时要考虑到 2013 年 9 月 12 日第 104 号法令**（该“法令”经修订后被 2013 年 11 月 8 日第 128 号法律***转化为“法律”）第 4 条第 5 款至第 5 款附五的规定。

第 11 条(对“向穷人分配食品的基金”再注资，并为旨在限制浪费和利用过剩物的创新项目设立国家基金)

第 1 款　对 2012 年 6 月 22 日第 83 号法令（该“法令”经修订后被 2012 年 8 月 7 日第 134 号法律转化为“法律”）****第 58 条第 1 款所述基金，根据 2015

* 该法令的名称为《处理国家、各大区、特伦托和博尔扎诺自治省之间关系和各大区、省、市共同关心的事项和工作的常设会议，以及国家—城市—自治地方会议，此等会议职权的界定和扩大》，其第 8 条（国家—城市—自治地方会议和联合会议）的内容繁多，此处不再译出。——译者注

** 该法令的名称为《关于教育、大学和科研的紧急措施》，其第 4 条（学校中的健康保护）第 5 款的内容繁多，此处不再译出。——译者注

*** 该法律的名称为《将 2013 年 9 月 12 日第 104 号法令“关于教育、大学和科研的紧急措施”经修订后转化为法律》。——译者注

**** 详见上文第 8 条。——译者注

年12月28日第208号法律第1条第399款的规定再注资后*,2016年再注资200万欧元。

第2款　农业、食品与林业政策部将设立一项基金,于2016年、2017年和2018年每年注资100万欧元,用于资助创新项目(也包括与食品货架期和食品包装领域的研究和技术开发有关的创新项目),旨在减少本法第2条所界定的“浪费”和利用本法2条所界定的“过剩物”,特别是涉及如下事项的创新项目:食品以及将其用于穷人、促进可重复使用或易于回收的包装的生产;以及用于资助国家志愿服务项目。基金的使用方式,由应当于本法生效后的60日内颁布的农业、食品与林业政策部部长令确定。

第3款　本条规定的费用(2016年共300万欧元,2017年和2018年每年100万欧元)中,2016年的费用通过相应缩减2014年12月23日第190号法律第1条第200款所述基金的注资额来提供,**2017年和2018年的费用通过相应缩减2004年11月29日第

---

* 2015年12月28日第208号法律的名称为《国家年度预算和多年预算编制规定——2016年稳定法案》,其第1条第399款规定:“对2012年6月22日第83号法令(该‘法令’经修订后被2012年8月7日第134号法律转化为‘法律’)第58条第1款所述基金,2016年再注资200万欧元,自2017年起每年再注资500万欧元。”——译者注

** 2014年12月23日第190号法律的名称为《国家年度预算和多年预算编制规定——2015年稳定法案》,其第1条第200款规定:“经济和财政部将设立一项基金,以满足管理过程中出现的紧急需要。该基金2015年的注资额为2700万欧元,自2016年起每年的注资额为2500万欧元。基金每年的分配,基于经济和财政部长的提议,根据总理法令进行。经济和财政部长有权进行必要的预算调整。”——译者注

282 号法令 *（该“法令”经修订后被 2004 年 12 月 27 日第 307 号法律**转化为“法律”）第 10 条第 5 款所述“经济政策结构性干预基金”的注资额来提供。经济和财政部长有权通过部长令进行必要的预算调整。

第 12 条（向为减少食品废物的干预措施提供资金）

第 1 款　根据 2007 年 12 月 24 日第 244 号法律***第 2 条第 323 款之规定设立的基金，其设立目的还在于，推广旨在减少食品废物的干预措施，包括旨在促进餐饮经营者使用适于顾客带走剩余食品的可重复使用的容器的举措。

第 2 款　为第 1 款之目的，2007 年 12 月 24 日第 244 号法律第 2 条第 323 款所述基金的注资额，2017 年和 2018 年每年增加 100 万欧元。

---

* 该法令的名称为《关于税收和公共财政事项的紧急规定》，其第 10 条第 5 款规定：“为促进公共财政目标的实现（也通过旨在减少税收负担的干预措施来实现该目标），经济和财政部将设立一项专门性的‘经济政策结构性干预基金’。该基金的设立需要耗费较高的收入：根据第 1 款的规定，2005 年预计为 22.155 亿欧元。”——译者注

** 该法律的名称为《将 2004 年 11 月 29 日第 282 号法令“关于税收和公共财政事项的紧急规定”经修订后转化为法律》。——译者注

*** 该法律的名称为《国家年度预算和多年预算编制规定—2008 年金融法案》，其第 2 条第 323 款规定：“为推广减少废物和预防废物产生的干预措施，以及开发新的回收技术，环境、领土与海洋部将设立一项基金。从 2008 年开始，该基金每年注资 2000 万欧元，从第 321 款规定的资金中支出。该基金旨在，为推广前述干预措施，由环境、领土与海洋部长签署计划协议和进行公开招标。基金的使用方式，由应当在本法生效后的五个月内颁布的环境、领土与海洋部部长令确定。”——译者注

第3款　考虑到2016~2018三年预算,第2款规定的费用(2017年和2018年每年100万欧元),通过相应缩减2017年和2018年注册资本账户专项资金的拨款来提供,并作为经济和财政部将针对2016年设立的“共享资金”中“专项储备金”计划的一部分。为此,要部分动用环境、领土与海洋部的相关储备金。

第4款　经济和财政部长有权通过部长令进行必要的预算调整。

第三章　为社会团结而促进无偿转让食品、药品和其他产品的进一步措施

第13条(对2003年6月25日第155号法律的修订)

第1款　2003年6月25日第155号法律* 第1条,替换为:

“第1条 为社会团结而分配食品、药品和其他产品

第1款　为了使食品、药品和其他产品处于妥当的保存、运输、储藏和使用状态,出于慈善目的而向穷人无偿分配食品、药品和其他产品的,为追求公益和团

* 该法律的名称为《为社会团结而分配食品的规定》,其全文只有1条,即第1条(为社会团结而分配食品),原文如下:“为了使食品处于妥当的保存、运输、储藏和使用状态,出于慈善目的而向穷人无偿分配食品的,根据1997年12月4日第460号法令第10条及其后续修订所确认的非营利性社会公益组织,在所提供服务的范围内等同于最终消费者。本法盖有国玺,将被纳入意大利共和国规范性文件的官方汇编。任何人均有义务遵守之,并将其作为国家法律予以遵守。”——译者注

结目的设立的，且贯彻辅助性原则并符合各自章程或设立文件，通过生产和交换社会公益性财产和服务或者通过互助的形式，推广和开展具有普遍利益的活动的，非营利性公共实体或私人实体，也包括 1997 年 12 月 4 日第 460 号法令第 10 条所述主体，在所提供服务的范围内等同于最终消费者。”

第 14 条（为社会团结而分配二手衣物和配饰）

第 1 款　个人直接在捐赠者的经营场所给予二手衣物和配饰的，视为无偿转让。

第 2 款　非依第 1 款规定捐赠的财产，或者被认为不适于以后使用的财产，依 2006 年 4 月 3 日第 152 号法令*所述废物规范进行处理。

第 3 款　为促进第 1 款所述衣物和配饰的回收活动的经济可持续，并促进本法目标的实现，同时避免对健康的负面影响，公布于 1998 年 4 月 16 日第 88 号官方公报“补遗”板块的 1998 年 2 月 5 日环境部部长令的附件一（之一）**第 8.9.3 条 a 项中的如下词句：“通过挑选和卫生处理以符合如下标准”，替换为：“通过挑选和卫生处理（其中卫生处理是必要的）以符合如下标准”。

第 15 条（对 2006 年 4 月 24 日第 219 号法令的修订，关于未使用药品或过期药品的收集和药品的捐赠）

---

* 该法令的名称为《环境法规》。——译者注

** 该部长令有三个附件，即附件一、附件二和附件三，其中附件一又有两个子附件，即附件一（之一）和附件一（之二）。——译者注

第1款　2006年4月24日第219号法令* 第157条修订如下：

a)废除第1款第3句。

b)第1款之后增加如下一款：

“附一：将未使用药品捐赠给非营利性社会公益组织的方式，以及后者使用这些药品的方式，由应当于本规定生效后的90日内颁布的卫生部部长令确定。这些药品应当包装完整、保存妥当并仍在有效期内，以确保其原始的质量、安全和效力。下列药品不适用上述规定：需要保存在控制温度的冰箱中的药品、含有麻醉成分或精神药物的药品，以及只能在医院配发的药品。前述部长令还应当规定，能够确保所收受和分配的药品被妥当保存的场所和设备的要求，以及对其批次进行追溯的程序。非营利性社会公益组织，如果拥有符合现行法律规定的卫生人员，可以直接向穷人免费分配未使用药品，但必要时需出示医疗处方。从事救济活动的实体，就药品的持有和保存而言，在所提供服务的范围内等同于最终消费者。对捐赠药品，禁止任何形式的有偿转让。”

第16条(关于为社会团结而无偿转让食品、药品和其他产品的规定)

---

* 该法令的名称为《与人用药品的共同体代码有关的2001/83/CE指令(及其后续修订指令)和2003/94 / EC指令的落实》，其第157条(未使用药品或过期药品的收集制度)的内容繁多，此处不再译出。——译者注

第1款　1972年10月26日第633号共和国总统令*第10条第1款第12项规定的转让，由转让人以电子通讯方式向主管的金融管理办事处或金融警卫队指挥部报告，其中注明开始运输的日期、时间、地点、财产的最终目的地以及根据最终销售价格计算的无偿转让财产(包括食品)的总额。报告必须在其中所指无偿转让发生的月底之前到达上述办事处或指挥部。报告中所涉月份内进行的每一项单笔转让，如果其财产价值不超过15000欧元，可以不予报告。对于易腐食品的转让，免于报告义务。

第2款　税务局局长应当在本法生效后的六十日内，通过相关措施，对用于发送第1款所述报告的简便的电子通讯方式作出规定。

第3款　政府应当在本法生效后的九十日内，对1997年11月10日第441号共和国总统令**第2条作出必要的修订，以使其符合本条第1款和第2款之规定。

第4款　对于1999年5月13日第133号法律***第6条第15款之适用，第1款规定的报告同样有效。

---

* 该总统令的名称为《增值税的设立及规则》，其第10条第1款第12项规定的内容原文未能查证，故在此无从译出。——译者注

** 该总统令的名称为《重整转让和取得推定规则的相关规定》，其第2条(转让推定的无效)的内容繁多，此处不再译出。——译者注

*** 该法律的名称为《关于财政均衡、合理化和联邦主义的规定》，其第6条(关于增值税的进一步规定)第15款的内容繁多，此处不再译出。——译者注

1997年11月10日第441号共和国总统令第2条第4款的规定,不适用于本法第3条规定的转让。

第5款　对1997年12月4日第460号法令*第13条,作出如下修订:

a)对于第2款:

1)在"食品和药品"之后插入如下内容:"以及由经济和财政部部长令确定的,用于非营利性社会团结目的的其他产品";

2)"非营利性社会公益组织",替换为"为追求公益和团结目的设立的,且贯彻辅助性原则并符合各自章程或设立文件,通过生产和交换社会公益性财产和服务或者通过互助的形式,推广和开展具有普遍利益的活动的,非营利性公共实体、社会公益组织和私人实体";

3)在最后增加如下一句:"本款规定的适用条件是,为每一项单笔转让配备一份累进编号的运输单据或等效单据,其中注明日期、转让人、受让人和运输责任人的详细身份信息,以及转让财产的质量、数量和重量。"

b)第4款替换为:

"第4款　第2款和第3款规定的适用条件是,受益人每季度对受让财产的使用作出具体声明。该声明

---

* 该法令的名称为《非商业实体和非营利性社会公益组织的税收规定重编》,其第13条(捐赠)的内容繁多,此处不再译出。——译者注

保存在转让企业的文件中,其中注明每次转让对应的运输单据或等效单据的详细信息,且承诺将收受的财产直接用于符合制度目的的用途,并实现为非营利性社会团结目的的直接有效利用,否则将取消其本法令所规定的税收优惠。”

第6款　对1999年5月13日第133号法律第6条第15款,作出如下修订:

a)在“食品”之后插入如下内容:“(即使超过保质期,只要确保原始包装完整和保存条件适当)和药品,以及由经济和财政部部长令确定的,用于非营利性社会团结目的的其他产品”;

b)在“无偿转让给1972年10月26日第633号总统令第10条第1款第12项规定的主体,”之后插入如下内容:“以及无偿转让给为追求公益和团结目的设立的,且贯彻辅助性原则并符合各自章程或设立文件,通过生产和交换社会公益性财产和服务或者通过互助的形式,推广和开展具有普遍利益的活动的,非营利性公共实体和私人实体”。

第7款　经济和财政部长,应当在听取第8条所述常设协调委员会的意见后,于本法生效后的一百二十日内颁布部长令,在不给公共财政带来新的或更大负担的情况下,确定为本条所修订的1997年12月4日第460号法令第13条第2款和1999年5月13日第133号法律第6条第15款所述“用于非营利性社会团结目的的其他产品”。

第 17 条(降低有关废物税的税率)

第 1 款　在 2013 年 12 月 27 日第 147 号法律*第 1 条第 652 款的最后,增加如下一句:“对于与一般性商业活动、工业活动、职业活动和生产活动有关的非家庭用户,从事食品生产或分销,并且直接或间接将此等食品无偿转让给穷人和更需要的人或者用于动物饲料的,市政当局可以采用一个与退出销售而捐赠的财产和产品数量成正比的降低税率的系数。”

第 18 条(最后条款)

第 1 款　本法所称捐赠,如第 2 条第 2 款 e 项之定义,其效力不要求书面形式,而且不适用《民法典》第二编第五章**之规定。

本法盖有国玺,将被纳入意大利共和国规范性文件的官方汇编。任何人均有义务遵守之,并将其作为国家法律予以遵守。

2016 年 8 月 19 日于罗马

总统　马塔雷拉

总理　伦齐

签发人:司法部长　奥兰多

---

* 详见上文第 7 条。——译者注

** 意大利《民法典》第二编(继承)第五章是关于“赠与”的规定。——译者注

附录三　日本的反食品浪费法

令和元年(2019 年)第 19 号法律

削减食品浪费推进法

陈乾勇*　译

目　录

前　言

在我国,尚可食用的食品在生产、制造、销售、消费等各个环节经常被废弃,造成大量的食品浪费。2015 年 9 月 25 日,在联合国大会通过的《2030 年可持续发展议程》中提及食品浪费问题,可见削减食品浪费在

* 陈乾勇,华侨大学法学院讲师,日本桐荫横滨大学法学博士。

国际上也成为重要课题。世界上很多人还处于营养不良的状态,特别是作为进口大量食品、依赖进口食品的我国,这是必须认真对待的课题。

为了消减食品浪费,全体国民在各自的立场上主动致力于这个问题,将其作为社会整体问题予以回应,并培养和树立不浪费粮食的意识,是非常重要的。另外,对于尚可食用的食品,重要的是尽可能物尽其用,包括提供给因贫困、灾害等原因而无法获得充足必要食物的人,而不是将其废弃。

为了使国家、地方公共团体、经营者、消费者等多种主体联合起来,将共同推进消减食品浪费作为一项国民运动,制定本法。

第一章　总　　则

第一条(目的)

本法旨在明确国家、地方公共团体等在消减食品浪费方面的职责,同时通过制定基本方针及其他消减食品浪费相关措施的基本事项等,全面推进消减食品浪费。

第二条(定义)

1. 本法所称"食品",是指《关于医药品、医疗器械等的品质、有效性及安全性的确保等的法律》(1960 年第 145 号法律)第二条第一款规定的医药品、同条第二款规定的准医药品及同条第九款规定的再生医疗等产品以外的饮食品。

2. 本法所称"消减食品浪费",是指为了防止尚可食用的食品被废弃而采取的社会性措施。

第三条(国家职责)

国家有责任全面制定和实施消减食品浪费的相关措施。

第四条(地方公共团体职责)

地方公共团体有责任与国家及其他地方公共团体合作,制定并实施符合本地区特性的消减食品浪费的措施。

第五条(经营者义务)

经营者在其经营活动中,应当努力配合国家或者地方公共团体实施消减食品浪费的相关措施,同时积极致力于消减食品浪费。

第六条(消费者的作用)

消费者应当加深对消减食品浪费重要性的认识和关心,并通过改进购买或者烹调食品的方式等,自觉致力于消减食品浪费。

第七条(相关者的相互联合及合作)

为了全面且有效地推进消减食品浪费,国家、地方公共团体、经营者、消费者、从事消减食品浪费活动的团体以及其他相关者,应当相互协作、共同努力。

第八条(在抑制食品废弃物产生等措施中推进消减食品浪费)

国家和地方公共团体根据《食品回收资源再利用等促进法》(2000 年第 116 号法律)和其他相关法律,采取抑制食品废弃物产生等措施时,应当立足于本法的宗旨和内容,适当地推进消减食品浪费。

第九条(消减食品浪费月)

1. 为了加深国民对消减食品浪费的理解和关心,设立消减食品浪费月。

2. 每年 10 月为消减食品浪费月,同月 30 日为消减食品浪费日。

3. 国家及地方公共团体应当在消减食品浪费月期间,尤其在消减食品浪费日,努力开展符合其宗旨的活动。

第十条(财政措施等)

政府应当努力采取必要的财政措施和其他措施,以落实消减食品浪费的措施。

第二章　基本方针等

第十一条(基本方针)

1. 为了全面推进消减食品浪费的相关措施,政府必须制定推进消减食品浪费的基本方针(以下简称"基本方针")。

2. 基本方针规定以下事项:

(1)关于推进消减食品浪费的意义和基本方向的事项;

(2)关于推进消减食品浪费的内容的事项;

(3)关于推进消减食品浪费的其他重要事项。

3. 关于基本方针草案,内阁总理大臣必须征求内阁会议决定。

4. 根据前款规定内阁会议做出决定时,内阁总理大臣应当立即公布基本方针。

5. 基本方针变更的,准用前两款规定。

第十二条(都道府县消减食品浪费推进计划)

1. 都道府县应当根据基本方针,积极制定关于所辖区域内消减食品浪费的推进计划(本条以及次条第一款简称"都道府县消减食品浪费推进计划")。

2. 都道府县在制定都道府县消减食品浪费推进计划时,应当与《废弃物处理和清洁法》(1970 年第 137 号法律)第五条之五第一款规定的废弃物处理计划及其他法律计划规定的推进消减食品浪费相关事项保持协调一致。

3. 都道府县制定都道府县消减食品浪费推进计划的,应当及时公布。

4. 都道府县消减食品浪费推进计划变更的,准用前两款规定。

第十三条(市町村削减食品浪费推进计划)

1. 市町村应当根据基本方针(都道府县消减食品浪费推进计划已制定的,则根据基本方针以及都道府县消减食品浪费推进计划),积极制定关于所辖区域内消减食品浪费的推进计划(次款简称"市町村消减食品浪费推进计划")。

2. 前条第二款至第四款规定,准用于市町村消减食品浪费推进计划。这种情况下,同条第二款(含同条第四款准用的情况)中的"第五条之五第一款规定的废弃物处理计划",应理解为"第六条第一款规定的一般废弃物处理计划”。

第三章　基本措施

第十四条(促进教育学习、普及宣传等)

1. 国家和地方公共团体应当采取促进教育学习、宣传和知识普及等必要措施,促进消费者、经营者等加深对消减食品浪费的理解和关心的同时,从各自的立场采取措施。

2. 前款规定的措施,包括根据需要销售和购买食品、为了防止浪费销售和购买的食品而采取的措施,以及其他通过消费者和经营者的合作加深理解消减食品浪费重要性的宣传。

第十五条(支持食品相关经营者等的措施)

1. 国家和地方公共团体应当采取必要的措施,支持食品相关经营者(指从事食品制造、加工、批发、零售或者提供膳食的经营者。第十九条第一款同此。)、农林渔业者及其各自组织的团体(次款简称“食品相关经营者等”)在食品生产、制造、销售等各个阶段消减食品浪费。

2. 国家和地方公共团体应当采取必要措施,支持食品相关经营者等强化相互合作,有效推进从食品生产到消费的一系列过程中消减食品浪费。

第十六条(表彰)

国家和地方公共团体对在消减食品浪费方面有显著成绩者,应当进行表彰。

第十七条(实际情况调查等)

国家和地方公共团体应当推进对尚可食用食品的废弃情况及有效消减方法等的调查和研究,以利于有效实施消减食品浪费的相关措施。

第十八条(信息的收集及提供)

国家和地方公共团体应当努力收集和提供有关消减食品浪费的先进措施的信息和其他信息。

第十九条(支持提供未使用食品等活动)

1. 为了使食品相关经营者及其他人提供的未使用但尚可食用的食品,顺利转交给因贫困、灾害等原因而无法获得充足必要食物的人,国家和地方公共团体应当采取必要的措施,加强该项活动相关者之间的相互合作。

2. 除前款规定外,国家和地方公共团体应当采取必要措施,支持民间团体开展的该项活动。

3. 国家应当努力调查和探讨因向第一款活动提供食品等而产生的责任。

第四章　消减食品浪费推进会议

第二十条(设置及职责)

1. 内阁府设立削减食品浪费推进会议(以下称为"会议"),作为特殊机构。

2. 会议履行下列职责:

(1)制定基本方针草案;

(2)除前项所列事项外,还要审议推进消减食品浪费的相关重要事项,以及推进实施消减食品浪费的相关措施。

第二十一条(构成)

会议由主席及二十人以内的委员组成。

第二十二条(主席)

1. 根据《内阁府设立法》(1999 年第 89 号法律)第十一条之二规定,主席由特命担当大臣担任。

2. 主席主持会务。

3. 主席因故无法履行其职责时,由事先指定的委员代理其职务。

第二十三条(委员)

1. 委员由下列人员担任:

(1)农林水产大臣;

(2)环境大臣;

(3)除前二项所列大臣外,内阁总理大臣在主席以外的国务大臣中指定的人;

(4)内阁总理大臣从对消减食品浪费有优秀见解的人中任命的人。

2. 前款第四项规定的委员为兼职人员。

第二十四条(委员任期)

1. 前条第一款第四项规定的委员任期为两年。但是,补缺委员的任期为前任委员的剩余任期。

2. 前条第一款第四项规定的委员可以连任。

第二十五条(委任政令)

除本章规定的事项外,有关会议的组织和运营的必要事项由政令规定。

附　则

第一条（施行日期）

本法自公布之日起六个月以内颁布的政令规定之日起施行。

参考文献

一、中文文献

1. [德]迪特尔·梅迪库斯:《德国民法总论》,邵建东译,法律出版社 2001 年版。

2. [德]米夏埃尔·耶克尔:《奢侈与经济息息相关》,曹一帆译,载《社会科学报》2014 年 5 月 29 日,第 6 版。

3. [德]特奥多尔·蒙森:《罗马史》(第 2 卷),李稼年译,李澍泖校,商务印书馆 2004 年版。

4. [德]威廉·罗雪尔:《历史方法的国民经济学讲义大纲》,朱绍文译,商务印书馆 2009 年版。

5. [德]维尔纳·桑巴特:《奢侈与资本主义》,王燕平、侯小河译,刘北成校,上海人民出版社 2000 年版。

6. [法]菲利浦·阿利埃斯、乔治·杜比主编:《私人生活史·I·古代人的私生活:从古罗马到拜占庭》,

李群等译,北方文艺出版社 2009 年版。

7. [法]孟德斯鸠:《论法的精神》(上册),张雁深译,商务印书馆 1959 年版。

8. [法]孟德斯鸠:《罗马盛衰原因论》,婉玲译,商务印书馆 1962 年版。

9. [古罗马]M. P. 加图:《农业志》,马香雪、王阁森译,商务印书馆 1997 年版。

10. [古罗马]M. T. 瓦罗:《论农业》,王家绶译,商务印书馆 2006 年版。

11. [古罗马]阿庇安:《罗马史》(上卷),谢德风译,商务印书馆 1978 年版。

12. [古罗马]阿庇安:《罗马史》(下卷),谢德风译,商务印书馆 1976 年版。

13. [古罗马]奥卢斯・革利乌斯:《阿提卡之夜》(1~5 卷),周维明等译,中国法制出版社 2014 年版。

14. [古罗马]奥卢斯・革利乌斯:《阿提卡之夜》(11~15 卷),周维明等译,中国法制出版社 2020 年版。

15. [古罗马]盖尤斯:《法学阶梯》,黄风译,中国政法大学出版社 1996 年版。

16. [古罗马]卢克莱修:《物性论》,方书春译,商务印书馆 1981 年版。

17. [古罗马]普林尼:《自然史》,李铁匠译,上海三联书店 2018 年版。

18. [古罗马]撒路斯提乌斯:《喀提林阴谋 朱古

达战争》，王以铸、崔妙因译，商务印书馆 1995 年版。

19. [古罗马]塞涅卡：《哲学的治疗：塞涅卡伦理文选之二》，吴欲波译，中国社会科学出版社 2007 年版。

20. [古罗马]苏维托尼乌斯：《罗马十二帝王传》，张竹明等译，商务印书馆 2000 年版。

21. [古罗马]塔西坨：《阿古利可拉传 日耳曼尼亚志》，马雍、傅正元译，商务印书馆 1959 年版。

22. [古罗马]塔西坨：《编年史》（上下册），王以铸、崔妙因译，商务印书馆 1997 年版。

23. [古罗马]塔西坨：《历史》，王以铸、崔妙因译，商务印书馆 1981 年版。

24. [古罗马]提图斯·李维著，[意]桑德罗·斯奇巴尼选编：《自建城以来》（第一至第十卷选段），王焕生译，中国政法大学出版社 2009 年版。

25. [古罗马]提图斯·李维著，[意]桑德罗·斯奇巴尼主编，[意]乔万尼·罗布兰诺选编：《自建城以来》（第二十一至第三十卷选段），王焕生译，中国政法大学出版社 2015 年版。

26. [古罗马]提图斯·李维著，[意]桑德罗·斯奇巴尼主编，[意]乔万尼·罗布兰诺选编：《自建城以来》（第三十一至第四十五卷选段），王焕生译，中国政法大学出版社 2018 年版。

27. [古罗马]西塞罗：《国家篇 法律篇》，沈叔平、苏力译，商务印书馆 1999 年版。

28. [古罗马]西塞罗:《论共和国 论法律》,王焕生译,法律出版社 1997 年版。

29. [古罗马]西塞罗:《论演说家》,王焕生译,中国政法大学出版社 2003 年版。

30. [古罗马]西塞罗:《论义务》,王焕生译,中国政法大学出版社 1999 年版。

31. [古罗马]西塞罗:《论至善和至恶》,石敏敏译,中国社会科学出版社 2017 年版。

32. [古罗马]西塞罗:《西塞罗全集 · 演说词卷》(上),王晓朝译,人民出版社 2008 年版。

33. [古罗马]优士丁尼:《法学阶梯》(第 2 版),徐国栋译,[意]阿贝特鲁奇、纪蔚民校,中国政法大学出版社 2005 年版。

34. [古罗马]优士丁尼主编:《法学阶梯》(第 3 版),徐国栋译,[意]阿尔多 · 贝特鲁奇、纪慰民校,商务印书馆 2021 年版。

35. [古罗马]优士丁尼:《学说汇纂(第二十三卷)婚姻与嫁资》,罗冠男译,[意]腊兰校,中国政法大学出版社 2013 年版。

36. [古罗马]优士丁尼:《学说汇纂(第三卷)起诉的问题与基本制度》,吴鹏译,[意]腊兰校,中国政法大学出版社 2016 年版。

37. [古罗马]优士丁尼:《学说汇纂(第十二卷)请求返还之诉》,翟远见译,[意]纪蔚民校,中国政法大学出版社 2012 年版。

38. [古罗马]优士丁尼:《学说汇纂(第四卷)》,窦海阳译,[意]埃马努埃莱·拉依尼校,中国政法大学出版社 2012 年版。

39. [古希腊]普鲁塔克:《普鲁塔克全集》(Ⅰ-Ⅶ),席代岳译,吉林出版集团股份有限公司 2017 年版。

40. [古希腊]普鲁塔克:《希腊罗马名人传》(上册),黄宏煦主编,陆永庭、吴彭鹏等译,商务印书馆 1990 年版。

41. [荷]B. 曼德维尔:《蜜蜂的寓言》(第 1 卷),肖聿译,商务印书馆 2016 年版。

42. [美]克里斯托弗·贝里:《奢侈的概念:概念及历史的探究》,江红译,上海人民出版社 2005 年版。

43. [美]威尔·杜兰:《世界文明史·3·凯撒与基督》,幼狮文化公司译,东方出版社 1998 年版。

44. [美]詹姆斯·哈威·鲁滨孙:《新史学》,齐思和等译,商务印书馆 2016 年版。

45. [葡]平托(Carlos Alberto da Mota Pinto):《民法总论》,澳门翻译公司等翻译,法律翻译办公室、澳门大学法学院 1999 年版。

46. [日]盐野七生:《罗马人的故事·Ⅲ·胜者的迷思》,林雪婷译,台北:三民书局 1998 年版。

47. [意]阿尔贝托·安杰拉:《古罗马的日常生活:奇闻和秘史》,廖素珊译,社会科学文献出版社 2019 年版。

48. [意]阿尔贝托·安杰拉:《原来,古罗马人这样过日子!》,廖素珊译,台北:商周出版 2011 年版。

49. [意]阿尔多·贝特鲁奇:《〈巴西尔法律全书〉的特色和在拜占庭法与欧洲法律传统中的地位》,徐国栋译,载徐国栋编:《罗马法与拉丁法族——贝特鲁奇教授在华法学传习录》,中国政法大学出版社 2014 年版。

50. [意]彼德罗·彭梵得:《罗马法教科书》,黄风译,中国政法大学出版社 2005 年版。

51. [意]弗朗切斯科·德·马尔蒂诺:《罗马政制史》(第 2 卷),薛军译,北京大学出版社 2014 年版。

52. [意]弗朗切斯科·德·马尔蒂诺:《罗马政制史》(第 1 卷),薛军译,北京大学出版社 2009 年版。

53. [意]桑德罗·斯奇巴尼选编:《民法大全选译·人法》,黄风译,中国政法大学出版社 1995 年版。

54. [意]桑德罗·斯奇巴尼选编:《婚姻·家庭·遗产继承》,费安玲译,中国政法大学出版社 2001 年版。

55. [意]朱塞佩·格罗索:《罗马法史》,黄风译,中国政法大学出版社 1994 年版。

56. [英]H. F. 乔洛维茨、巴里·尼古拉斯:《罗马法研究历史导论》,薛军译,商务印书馆 2013 年版。

57. [英]安德鲁·林托特:《罗马共和国政制》,晏绍祥译,商务印书馆 2016 年版。

58. [英]莱斯莉·阿德金斯、罗伊·阿德金斯:

《古代罗马社会生活》,张楠等译,张强校,商务印书馆2016年版。

59.［英］玛丽·比尔德:《古罗马的笑:演说家、弄臣和猴子》,王迪译,广西师范大学出版社2020年版。

60.［英］玛丽·比尔德:《罗马元老院与人民:一部古罗马史》,王晨译,民主与建设出版社2018年版。

61.《新华大字典》编委会编:《新华大字典》(新媒体版),商务印书馆国际有限公司2016年版。

62.本报评论员:《反浪费更要反奢侈》,载《法制日报》2013年1月31日,第1版。

63.陈帮锋:《论浪费人》,载《现代法学》2011年第6期。

64.陈伯山:《要运用法律手段制裁浪费》,载《法学杂志》1996年第4期。

65.陈彩云:《明清时期江南士绅的禁奢思想及实践》,载《江西社会科学》2011年第5期。

66.陈可风:《罗马共和宪政研究》,法律出版社2004年版。

67.陈思伟:《埃及与印度次大陆的海上贸易及其在罗马帝国经济中的地位》,载《历史研究》2018年第1期。

68.陈卫佐译注:《德国民法典》(第2版),法律出版社2006年版。

69.《瑞士民法典》,戴永盛译,中国政法大学出版社2016年版。

70. 董克伟:《“制度反奢”应提上政府日程》,载《中国改革报》2007 年 6 月 26 日,第 3 版。

71. 范丰丽:《浪费人制度之发展》,载《湖北警官学院学报》2013 年第 10 期。

72.《意大利民法典》,费安玲等译,中国政法大学出版社 2004 年版。

73. 汉语大字典编辑委员会:《汉语大字典》(第一/三卷),湖北辞书出版社、四川辞书出版社 1986/1988 年版。

74.《俄罗斯联邦民法典》,黄道秀译,北京大学出版社 2007 年版。

75. 黄风编著:《罗马法词典》,法律出版社 2002 年版。

76. 黄美玲:《〈关于赠礼的琴其亚法〉探究》,载陈小君主编:《私法研究》(第 19 卷),法律出版社 2016 年版。

77.《埃及民法典》,黄文煌译,蒋军洲校,厦门大学出版社 2008 年版。

78. 姬庆红:《古风与新潮的碰撞与交融——古罗马共和时期的两项教师法令释读》,载《首都师范大学学报》(社会科学版)2013 年第 6 期。

79.《韩国民法典 朝鲜民法》,金玉珍译,北京大学出版社 2009 年版。

80. 李飞:《取得方式与(市)民法的体系化》,中国政法大学出版社 2015 年版。

81. 李飞:《英美法上董事对公司债权人的义务——以实务见解与理论评析展开》,载陈小君主编:《私法研究》(第10卷),法律出版社2011年版。

82.《马耳他民法典》,李飞译、齐云校,厦门大学出版社2012年版。

83. 李行健主编:《现代汉语规范字典》(第3版),外语教学与研究出版社2010年版。

84.《拿破仑法典(法国民法典)》,李浩培等译,商务印书馆1997年版。

85. 李艳芳:《关于制定我国反浪费法的建议》,载《法学家》1994年第3期。

86. 李艳辉:《评阿忒奈奥斯的"奢侈误国"理念及其循环史观》,载杨共乐主编:《史学理论与史学史学刊》2014年卷(总第12卷),社会科学文献出版社2014年版。

87. 林丽月:《明代禁奢令新探》,载《第五届中国明史国际学术讨论会暨中国明史学会第三届年会论文集》,黄山书社1993年版。

88. 刘园园、任新民:《古典时期到18世纪西方"奢侈"观念的变迁与解读》,载《兰州学刊》2019年第12期。

89.《路易斯安那民法典》,娄爱华译、胡雪梅校,厦门大学出版社2010年版。

90.《法国民法典》(上册),罗结珍译,法律出版社2005年版。

91.《越南民法典》，米良译，徐中起校订，云南大学出版社1998年版。

92. 倪文杰等主编：《现代汉语辞海》，人民中国出版社1994年版。

93.《西班牙民法典》，潘灯、马琴译，中国政法大学出版社2013年版。

94. 齐云、徐国栋：《罗马的法律和元老院决议大全》，载徐国栋主编：《罗马法与现代民法》（第8卷），厦门大学出版社2014年版。

95.《巴西新民法典》，齐云译，徐国栋审校，中国法制出版社2009年版。

96. 丘汉平：《罗马法》，中国方正出版社2004年版。

97. 渠涛编译：《最新日本民法》，法律出版社2006年版。

98. 阮智富、郭忠新主编：《现代汉语大词典》（上册），上海辞书出版社2009年版。

99.《德意志联邦共和国民法典》，上海社会科学院法学研究所译，法律出版社1984年版。

100.《魁北克民法典》，孙建江、郭站红、朱亚芬译，中国人民大学出版社2005年版。

101.《葡萄牙民法典》，唐晓晴等译，北京大学出版社2009年版。

102. 完颜绍元：《汉唐明清官场如何反奢侈之风》，载《人民论坛》2013年第36期。

103. 王楚云:《论罗马法的浪费人保佐制度》,载《青海师范大学学报(哲学社会科学版)》2014 年第 1 期。

104.《日本民法典》,王书江译,中国法制出版社 2000 年版。

105. 王同亿主编:《语言大典》(上下册),三环出版社 1990 年版。

106.《奥斯曼帝国民法典》,王永宝译,商务印书馆 2018 年版。

107. 王涌:《私权的分析与建构:民法的分析法学基础》,北京大学出版社 2020 年版。

108.《土库曼斯坦民法典》,魏磊杰等译,蒋军洲校,厦门大学出版社 2016 年版。

109. 巫仁恕:《品味奢华:晚明的消费社会与士大夫》,新北:联经出版事业股份有限公司 2019 年版。

110. 巫仁恕:《奢侈的女人:明清时期江南妇女的消费文化》,商务印书馆 2016 年版。

111.《普鲁塔克〈传记集〉选》,吴于廑等译,商务印书馆 1962 年版。

112.《越南社会主义共和国民法典》,吴远富译,厦门大学出版社 2007 年版。

113.《越南民法典》,伍光红、黄氏惠译,商务印书馆 2018 年版。

114. 向东、陈荣文:《奢侈行为的法律规制——从古罗马到现代》,载《福建论坛·人文社会科学版》

2015 年第 4 期。

115. 向东:《古罗马城镇化建设保障立法研究》,载《社会科学论坛》2014 年第 9 期。

116. 谢大任主编:《拉丁语汉语词典》,商务印书馆 1988 年版。

117. 徐爱国、潘程:《中国反垄断法的法理基础和法律设计》,载《河南财经政法大学学报》2018 年第 2 期。

118. 徐爱国:《"浪费"的法律惩戒与约束》,载《武汉大学学报》(哲学社会科学版)2015 年第 4 期。

119.《秘鲁共和国新民法典》,徐涤宇译,北京大学出版社 2017 年版。

120.《智利共和国民法典》,徐涤宇译,北京大学出版社 2014 年版。

121. 徐涤宇译注:《最新阿根廷共和国民法典》,法律出版社 2007 年版。

122. 徐国栋:《〈十二表法〉研究》,商务印书馆 2019 年版。

123. 徐国栋:《公平与价格—价值理论》,载《中国社会科学》1993 年第 6 期。

124. 徐国栋:《罗马公法要论》,北京大学出版社 2014 年版。

125. 徐国栋:《优士丁尼〈法学阶梯〉评注》,北京大学出版社 2011 年版。

126.《〈十二表法〉新译本》,徐国栋等译,载《河北法学》2005 年第 11 期。

127. 徐国栋主编:《绿色民法典草案》,中国社会科学文献出版社 2004 年版。

128.《埃塞俄比亚民法典》,薛军译,厦门大学出版社 2013 年版。

129. 杨共乐:《罗马社会经济研究》,北京师范大学出版社 2010 年版。

130. 杨立新主编:《中国百年民法典汇编》,中国法制出版社 2011 年版。

131. 易培强:《中国传统节俭思想略论》,载《消费经济》2018 年第 2 期。

132.《瑞士民法典》,殷生根译,艾棠校,法律出版社 1987 年版。

133.《阿尔及利亚民法典》,尹田译,厦门大学出版社 2013 年版。

134.《独联体成员国示范民法典》,张建文译,法律出版社 2014 年版。

135. 中国社会科学院语言研究所编:《新华字典》(第 11 版),商务印书馆 2012 年版。

136. 中国社会科学院语言研究所词典编辑室编:《现代汉语词典》(第 6 版),商务印书馆 2012 年版。

137. 中央纪委监察部法规室编:《关于制止奢侈浪费的规定及相关法规》,中国方正出版社 1997 年版。

138. 种明钊:《试论用法律手段制裁浪费》,载《法学杂志》1983 年第 1 期。

139. 周安平、李旭东、赵云芬主编:《新中国宪法的历程——问题、回应和文本》,人民出版社 2017 年版。

140. 周枏:《罗马法原论》,商务印书馆 2004 年版。

141.《泰王国民商法典》,周喜梅译,谢尚果审校,中国法制出版社 2013 年版。

二、外文文献

1. Adolf Berger, *Encyclopedic Dictionary of Roman Law*, Transactions of the American Philosophical Society, New Series-Vol. 43, No. 2, 1953.

2. Alan Hunt, *Governance of the Consuming Passions: A History of Sumptuary Law*, New York: St. Martin's Press, 1996.

3. Alan K. Bowman, Edward Champlin and Andrew Lintott (eds.), *The Cambridge Ancient History* (2nd ed.), Vol. 10, Cambridge: Cambridge University Press, 2008.

4. Anna Bottiglieri, *La Legislazione sul Lusso nella Roma Repubblicana*, Napoli: Edizioni Scientifiche Italiane, 2002.

5. Antonio Guarino, *Diritto Privato Romano* (12 ed.), Napoli: Jovene Editore, 2001.

6. Athenaeus, *The Deipnosophists* (in three volums), Vol. I, literally translated by C. D. Yonge, London: Henry G. Bohn, 1854.

7. Aulus Gellius, *Noctes Atticae*, Text online at http://www.ancienttexts.org/library/latinlibrary/gellius.html.

8. Carlo Augusto Cannata, *Corso di Istituzioni di Diritto Romano* (I), Torino: G. Giappichelli Editore, 2001.

9. David Daube, *Roman Law: Linguistic, Social and Philosophical Aspects*, Edinburgh: The University Press, 1969.

10. Decimus Iunius Iuvenalis, *Saturae*, Text online at http://www.ancienttexts.org/library/latinlibrary/juvenal.html.

11. Diler Tamer, *Lex Oppia and the Sumptuariae Leges*, in *Annales de la Faculté de Droit d' Istanbul*, 2007, 39(56).

12. E. Astin, F. W. Walbank, M. W. Frederiksen, and R. M. Ogilvie(eds.), *The Cambridge Ancient History* (2nd ed.), Vol. 8, Cambridge: Cambridge University Press, 2008.

13. Emanuela Savio, *Intorno alle Leggi Suntuarie Romane*, in *Aevum*, 1940, 14(1).

14. Emanuela Zanda, *Fighting Hydra-Like Luxury: Sumptuary Regulation in the Roman Republic*, London:

Bristol Classical Press, 2011.

15. Feliciano Serrao, *Diritto Privato Economia e Società nella Storia di Roma*, Napoli: Jovene Editore, 1999.

16. Filippo Cancelli, *Studi sui Censores e sull' Arbitratus della Lex Contractus*, Milano: Dott. A. Giuffrè Editore, 1960.

17. Gaius Plinius Secundus, *Naturalis Historia* (*NH*), Text online at http://www.latin.it/autore/plinio_il_vecchio/naturalis_historia.

18. Giovanni Rotondi, *Leges Publicae Populi Romani*, Hildesheim-Zürich-New York: Georg Olms Verlag, 1990.

19. Giuseppe Dari-Mattiacci and Anna E. Plisecka, *Luxury in Ancient Rome: Scope, Timing and Enforcement of Sumptuary Laws*, Amsterdam Center for Law & Economics Working Paper No. 2010-03, in *Legal Roots*, Vol. 1, 2012.

20. Guido Clemente, *Le Leggi sul Lusso e la Società Romana tra III e II Secolo A. C.*, in Andrea Giardina e Aldo Schiavone (a cura di), *Società Romana e Produzione Schiavistica*, Ⅲ, Roma-Bari: Gius. Laterza & Figli Spa, 1981.

21. Iustinianus, *The Digest of Justinian*, Latin text edited by Theodor Mommsen, English translation edited

by Alan Watson, Philadelphia: University of Pennsylvania Press, 1985.

22. J. A. Crook, Andrew Lintott and Elizabeth Rawson (eds.), *The Cambridge Ancient History* (2nd ed.), Vol. 9, Cambridge: Cambridge University Press, 2008.

23. Laura Solidoro Maruotti, *La Tutela dell' ambiente nella sua Evoluzione Storica: L' esperienza del Mondo Antico*, Torino: G. Giappichelli Editore, 2009.

24. Leonardo Ferrero e Nevio Zorzetti (a cura di), *Opere Politiche e Filosofiche di M. Tullio Cicerone* (Volume primo), Torino: Unione Tipografico – Editrice Torinese, 1974.

25. Lucille M. Ponte, *Echoes of the Sumptuary Impulse: Considering the Threads of Social Identity, Economic Protectionism, and Public Morality in the Proposed Design Piracy Prohibition Act*, in *Vanderbilt Journal of Entertainment and Technology Law*, 2009, 12(1).

26. Macrobius, *Saturnalia*, Ludwig von Jan (ed.), Quedlinburg and Leipzig: Gottfried Bass, 1852.

27. Marcus Tullius Cicero, *Ad Atticum/Ad Familiares/De Finibus/Pro Caecina/Pro Murena/Tusculanae Disputationes*, Text online at http://www.ancienttexts.org/library/latinlibrary/cic.html.

28. Mario Talamanca, *Istituzioni di Diritto Romano*, Milano: Dott. A. Giuffrè Editore, 1990.

29. Matteo Marrone, *Istituzioni di Diritto Romano*, Palermo: Palumbo, 2006.

30. Max Kaser, *Roman Private Law* (Third edition), Translated by Rolf Dannenbring, Pretoria: University of South Africa, 1980.

31. Michel Humm, *Il Regimen Morum dei Censori e le Identità dei Cittadini*, in *Homo, Caput, Persona. La Costruzione Giuridica dell' identità nell' esperienza Romana*, Pavia, 2010.

32. Molly Ann Rosser Dauster, *Roman Republican Sumptuary Legislation*: 182–102, in Carl Deroux (ed.), *Studies in Latin Literature and Roman History*, Vol. XI, Brussels: Latomus, 2003.

33. Molly Ann Rosser Dauster, *Roman Sumptuary Legislation of the Republican Era C.* 200–100 *B. C.*, Thesis (M. A.) of Texas Tech University, 1996.

34. Nico P. Swartz, *The Censor in the Late Republican Empire and His Meaning for Modern Democracy*, in *Journal of Politics and Law*, 2010, 3(1).

35. Patricia A. Johnston, *Poenulus I*, 2 *and Roman Women*, in *Transactions of the American Philological Association*, 1980(110).

36. Peter Goodrich, *Signs Taken for Wonders: Community, Identity, and A History of Sumptuary Law*, in *Law & Social Inquiry*, Vol. 23, No. 3, Summer, 1998.

37. Pietro Bonfante, *Istituzioni di Diritto Romano*, Torino: G. Giappichelli Editore, 1946.

38. Pliny the Elder, *The Natural History*, John Bostock and H. T. Riley (eds.), London: Taylor and Francis, 1855.

39. Polybius, *Histories*, translated in English by Evelyn S. Shuckburgh, London and New York: Macmillan, 1889.

40. Richard Alston, *Roman Military Pay from Caesar to Diocletian*, in *Journal of Roman Studies*, 1994(84).

41. Rudolf von Ihering, *Law: As a Means to an End*, translated from the Germany by Isaac Husik, Boston: The Boston Book Company, 1913.

42. S. P. Scott (ed.), *The Civil Law: including the Twelve Tables, the Institutes of Gaius, the Rules of Ulpian, the Opinions of Paulus, the Enactments of Justinian, and the Constitutions of Leo*, Cincinnati: The Central Trust Company, 1932.

43. Salvator Riccobono, Johannes Baviera, A. C. Ferrini, J. Furlani, V. Arangio – Ruiz, (eds.), *Fontes Iuris Romani Antejustiniani* (*FIRA*), Florentiae: Apud S. A. G. Barbèra, 1968.

44. Sextus Pompeius Festus, *De Verborum Significatione*, Text online at http://remacle.org/bloodwolf/erudits/Festus/index.htm.

45. Thomas A. J. McGinn, *Something Old, Something New…Augustan Legislation and the Challenge of Social Control*, in *The Ancient History Bulletin*, Vol. 22, 2008.

46. Titus Livius, *Livy's History of Rome*, Ernest Rhys (ed.), translated in English by Rev. Canon Roberts, London: J. M. Dent & Sons, Ltd., 1905.

47. Valerius Maximus, *Factorum et Dictorum Memorabilium*, Text online at http://www.ancienttexts.org/library/latinlibrary/valmax.html.

48. Vincent J. Rosivach, *Lex Fannia Sumptuaria of 161 BC*, in *The Classical Journal*, 2006, Vol. 102, No. 1.

49. Vladimir A. Kvashnin, *Did Leges Sumptuaria Exist in Rome?* in *Diritto @ Storia*, N. 9, 2010.

50. Vladimir A. Kvashnin, *On a Paradox of Roman Sumptuary Laws*, in *Problemy Istorii, Filologii, Kul'tury*, 2017(4).

51. W. Jeffrey Tatum, *The Lex Clodia de Censorial Notione*, in *Classical Philology*, 1990, 85(1).

52. William Jennings Bryan (ed.), *The World's Famous Orations, Vol. II: Rome* (218 *B. C.* −84 *A. D.*), New York: Funk and Wagnalls, 1906.

53. William Smith (ed.), *A Dictionary of Greek and Roman Antiquities*, London: John Murray, 1875.

54. William Smith, LLD, William Wayte, G. E. Marindin (eds.), *Dictionary of Greek and Roman Antiqui-*

ties, London: John Murray, 1890.

55. Y. Lassard and A. Koptev (eds.), *Leges Regiae, Rogatae, Datae*, Text online at https://droitromain.univ-grenoble-alpes.fr/.